インダストリーX.0《エックス・ポイント・ゼロ》

製造業の「デジタル価値」実現戦略

エリック・シェイファー

河野真一郎、丹羽雅彦、花岡直毅 監訳

井上大剛 訳

INDUSTRY X.0
REALIZING
DIGITAL
VALUE
IN
INDUSTRIAL
SECTORS

日経BP社

目次

Table of Contents

PART

I

産業用モノのインターネット
——製造業は想像を超えて変貌する

第1章

現在進行中の製造業のデジタル革命は今後さらに加速する

第2章

IIoTはどのようにして成果型エコノミーをもたらすか

第3章

デジタルが生み出す巨大な価値

——デジタル戦略の道しるべ

PART Ⅱ

製造業のデジタル革命を最大限活用するには

第4章

第5章

ズームイン データ分析を活用する方法　149

第6章

ズームイン
デジタル化製品の開発をどう進めるか 184

第7章

ズームイン　コネクテッド・ワークフォースを準備する

第 8 章

ズームイン 新しい世界でのイノベーションの起こし方 254

第9章

ズームイン
プラットフォームとエコシステムを最大限活用する

PART

III

未来はすでに始まっている

第10章

第11章

序文

世界のデジタル化は、とどまることを知らない。毎日、約500万台のデバイスがインターネットあるいは相互接続の輪に新しく加わっている。現在、世界にはデータをやりとりするデバイスが約64億個存在し、この数は2020年までに約200億個に達すると言われている。(注1)デジタルの宇宙の拡大は今後も続く。

それを考えると、リストバンド式の脈拍計やスマートウォッチ、衛星ナビゲーションシステム、インテリジェントサーモスタットをはじめとする現在のデバイスブームなど、ほんの序章にすぎない。最終的には、デジタル技術が隅々までいきわたり、あらゆる面で生活を助けてくれるようになる。その時、人類はこれまでにない世界を経験することになるだろう。しかし、それまでの道のりは長くて波乱に満ちている。

技術革新を求める声はやむことがなく、新しい機器もすぐに当たり前のものになってしまう。消費者は足りない部分を埋めてくれるデバイスやソフトウェアによるソリューションを常に求めている。そして、本書『インダストリーX・0』の主役である企業と、これからますます増えていくであろう、デジタル技術に囲まれて育った「デジタルネイティブ」の従業員たちも、いずれベンダーに対して、いまの消費者と似たような要望を投げかけていくことになるだろう。これは、言うならば、「産業の消費者運動」である。

これから起こる大変動の核になるのが、ソフトウェアとしての機能を備えた製品、リビングプロダクトだ。これは、自ら考え、行動し、ユーザーとエコシステムの仲立ちをする「生きた製品」である。

そして、製品を製造する技術を持つ産業分野が、世界のデジタル化にあたって中心的な役割を果たすのは間違いない。数年のうちにデジタル技術は、私たち一般人の生活だけでなく、企業や業界の専門家たちの働き方も大きく変えることになるだろう。

たとえば2021年には、世界初のロボットだけの薬局がオープンする予定になっている。(注2)患者が薬を飲んだかどうかを製薬会社に知らせるセンサーが埋め込まれた錠剤も、現在開発中だ。シーメンスでは、無人で、作業工程の再編成までを自動で行う、生産性のきわめて高い工場のプロトタイプをすでに稼働させている。(注3)大手資源企業のリオ・ティントでは、鉱山での大規模な採掘に、重機メーカーのキャタピラーや小松製作所が製造した自動運転のトラックや採掘システムを利用している。(注4)その他、車や産業機械、ポンプ、ブレーカーなども、ソフトウェアの内蔵によって、将来リビングプロダクトになる可能性がある。

一般の人だけでなく経営者も、もはやデジタル化を避けて通ることはできない。世界のGDPの3分の2を占める製造業界は、デジタル技術によって大きく様変わりする。過去数十年のビジネス慣行や業務モデルは破壊され、社員の働き方、機械による生産工程、情報共有の方法などは一変する。経営陣は企業の将来のため、データをもとにした、まったく新しいビジネスモデルの導入に注力するはずだ。ものづくり企業が本拠地を置くアメリカ、ドイツ、中国、日本といった国々が、それぞれやり方は違っても、デジタル技術による製造業の改革、「デジタル・トランスフォーメーション」を最優先課題として挙げているのも、当然だと言えるだろう。

もう後戻りはできない。デジタル・トランスフォーメーションをいかにうまくやるか。問題はそれだけだ。機は熟している。だが、絶対の正解はない。それぞれの企業が、自分たちに合った道を選択しなければならない。

そのため本書では、製造業全体のデジタル化が「なぜ」起こるかという論点だけでなく、類書では見逃されがちな、個々の企業が「どのように」デジタル化を進めるべきかという問題も取り扱う。というよりも、重点はむしろ後者にあると言っていい。具体的なステップを細かく検討して、デジタル技術を最大限に活用する方法を探っていこう。

本書には、わかりやすい分析と、すぐに実行可能な具体策を多数盛り込んだ。部署を問わず、メーカーの経営幹部や、その下のあらゆるレベルのリーダーにとって、必須の1冊になるはずだ。これからまだ見ぬ土地に踏み出すことになる企業が、正しい目的地を発見し、そこに向かって進むのに必要なロードマップ作成の助けとなり、実際に旅に出たあとには、それまでの足跡を記した覚書として本書が役立つことを切に願っている。

日本語版序文

歴史は、事象が起きた「現在」から「過去」を振り返ることで、その史実が検証され、その前提となった「原因」と引き起こされた「結果」が理解される。第4次産業革命と言われるいまの時代、変化はまだ始まったばかりで、歴史が検証可能な時点にはたどり着いていない。

本書は、現時点でデジタル化が引き起こしている変化を「過去」として捉えつつ、企業あるいは組織が「将来」に対して「現在」どのように準備する必要があるのかに答えようとしている。つまり、「将来」の「原因」と「結果」を予測し、その備え方のHｏｗについて語るものである。

産官学が連携し推進するドイツのインダストリー4・0、米国でGEを中心として進むインダストリアル・インターネット・コンソーシアム（IIC）、あるいは中国が2016年からその動きを本格化させているメードイン・チャイナ2025をはじめとする、世界中のさまざまな取り組みは、デジタル化がもたらす破壊的な変化をいち早く捉え、社会的価値に変換することを意図した動きだ。本書が提唱する「インダストリーX・0」というコンセプトは、その動きすべてを包含し、破壊的変化に対処するための道しるべである。

インダストリーX・0の時代には、企業は従来の10倍以上のスピードで成長する。過去のフォーチュン500企業は、時価総額1000億円に達するまでに平均で20年近くを要していたが、グーグルは8年、ウーバーは2年。仮想現実を体験できるVRヘッドマウントディスプレイを開発するオキュラスリフトは、18カ月で1000億円を突破している。

こうした変化の背景には、技術の急速な進化がある。その最たる例は半導体だ。1971年に登場したインテル初のCPUと2015年のCPUを比較すると、性能は3500倍、電力効率は9万倍、性能あたりの単価は6万分の1になった。その一方で、物理的な世界の変化は非常に緩やかだ。1971年の自動車の最高速度は時速130キロだった。仮にCPUと同レベルの進化を遂げていれば、2015年の最高速度は時速48万キロ超（月に1時間で到達できるスピード）ということになる。CPUと同じ速度で自動車も進化すべきと言っているのではない。デジタルの世界と物理的な世界の間には、これほど大きな違いがあるということだ。

パワフルなデジタル技術はいま、製造業の形、ビジネスのあり方を大きく変えようとしている。コネクテッドカーや自動運転は、自動車産業の構造を根本的に変えてしまうだろう。構造的な変化は、普及しつつある電気自動車によっても起こりうる。内燃機関をモーターに代替すれば、部品点数はほぼ半減する。

一方、3Dシミュレーションの進化により、製品設計のあり方も大きく変わった。バーチャルなテストと実物を使ったテストによる結果の差は、なくなる方向にある。モジュール化の進展、エンジニアリングにおけるデジタル技術の発展を前提とした時、すり合わせを得意とする日本の自動車メーカーはどのような戦略で臨むべきか。それは自動車のみならず、ものづくりに共通する大きなテーマだ。

デジタルの世界においては、これまで以上に規模がモノを言う。輸送機器や工作機械、家電製品やスマートフォンなど、あらゆる製品がネットワークにつながる時代には、最初に規模を拡大できたプレイヤーが圧倒的に有利だ。ネットワークの外部性が発揮され、先行者にはより多くのデータが集まり、ハイスピードでサービスを向上させることができるからだ。価値の源泉は、「製品＝モノ」から「サービス＝コト」にシフトしていく。米ウーバー・テクノロジーズはそれを体現した。名詞から動詞の時代になるということだ。

従来とはまったく異なる様相を呈するデジタル社会に対して、日本企業はいかに向き合うべきか。どの企業にも適用できる解はない。そのための戦略は企業によってさまざまだ。ただ、注意すべき重要なポイントがある。

それは、自前主義へのこだわりを捨てること。内部リソースだけに依拠して、グローバル市場で一定以上の規模を確保することは困難だ。自社の知見やアイデアだけでは、デジタル技術を活用した新たな価値創造も難しいだろう。おそらく、これはどんな大企業にも言えることだ。

多くの企業にオープンイノベーションが求められている。自社のどの強みを生かすか、それを外部の強みと組み合わせて、どのような価値を実現するのか。それは、企業の将来を左右する判断になる。適切な判断を下すためには、現在と将来のビジネス環境、技術動向への深い洞察が欠かせない。

そこで、本書では、第11章として「インダストリーX・0の世界観と日本企業への提言」を日本語版向けに追加執筆した。欧米企業と比べ、日本企業は、この破壊的な変化に対する認識が少々甘い気がしてならない。「気づいた時には周回遅れ」という事態に陥らないためにも、この小論が、日本の経営者やリーダー層にとって、インダストリーX・0の理解を深める一助になればと思う。

日本の製造業がデジタル時代を勝ち抜くため、本書が何らかの刺激となり、日本の誇る強い製造業が、デジタルの力を得てますます光り輝くことを願ってやまない。

本書の出版にあたり、日経BP社の沖本健二氏に多大なご支援をいただいたことをあらためてお礼申し上げます。そして製造業のデジタル化という、日本の製造業にとってはきわめて挑戦的なテーマに、日々ともに取り組んでいるアクセンチュアの同志、特に丹羽雅彦、花岡直毅、林真帆、錦美良、澤近房雄、上條由、阿部秀哉、相馬修吾、霜鳥香代、南嶋宏映、吉田未麗に感謝します。最後に本書の出版にあたり、プロフェッショナルな支援をくれたアクセンチュア・マーケティングコミュニケーション部の渡辺園子、増井恵奈、神田健太郎、増田繁夫に、あらためて感謝します。

アクセンチュア 製造・流通本部 インダストリアルグループ アジア・パシフィック統括
マネジング・ディレクター　河野真一郎

謝辞

本書の目的は、産業用モノのインターネット（IIoT）の出現と、それに伴う製造業界の変化という複雑な問題について、企業に将来を見据えたアドバイスをすることにある。個別の問題を細部にわたって検討し、企業に与える影響を評価することで、現在必要とされるリーダーシップについてかなりの部分まで掘り下げることができた。

それもこれも、本書のチームメンバーだけでなく、それ以外の多くの有識者の協力がなければなしえなかった。私は幸運にも、アメリカ、イギリス、ドイツ、フランス、イタリア、韓国、日本、中国で活動する企業の戦略立案者、コンサルタント、クライアントから話を聞くことができた。彼らは業界全体としてのマクロな視点と、一企業としての実務を通した、ミクロな視点の両方から意見を聞かせてくれた。そのため私は、本書の目的や扱うべきテーマについて、重要な示唆を得ただけでなく、自説の妥当性を各業界の実務に照らして検証することもできた。本書に示した所見、分析、仮説は、彼らの情報に依拠するところが大きい。

皆さまには心からお礼を申し上げたい。製造業界の最も差し迫った課題に対して、企業に向けた一つの先進的な意見を形にすることができたのは、協力者の方々、一人ひとりの協力のおかげである。

アクセンチュアでは特に、デイビット・アブード、ファビアン・ボーン、クリストフ・ブラスレ、ジャン・カバーン、ブライアン・ドイル、ダン・エルロン、アンドレアス・ギスラー、AJ・グプタ、フランシス・ヒンテルマン、リチャード・ホールマン、ヴェンカテッシュ・アイヤル、リサ・チェン・ジャクソン、ジーテンドラ・A・カバサカー、河野真一郎、ボード・ケルバー、ジュゼッペ・ラ・コンマーレ、JC・ルドゥー、セバスチャン・ルピカール、マヘシュ・マハジャン、スーラト・メイティン、ブライアン・メイ、ブルーノ・ル・モアル、エリック・モクレンスキー、マッシモ・パゲラ、マーク・H・ピアソン、ブルーノ・ファイファー、フィリップ・プリュボ、ケヴィン・プレンドビル、カウサー・カズィルバッシュ、ウー・チー、エイダン・クイリガン、ガニサン・ラマチャンドラン、相馬修吾、ベン・サラーマ、マルセロ・タミエティ、マクサンス・ティリエット、セドリック・ヴァティエール、パトリック・フォルマー、ベン・ワン、ウィル・チャンに感謝したい。

物流業界からは、サンダー・ファント・ノーディエンド、オマー・アボッシュ、フランク・リーマンスパージャーの協力を得て、業界におけるリーダーの感性や考え方を学ぶことができた。

再びアクセンチュアに戻ると、ゲオルク・ベーガー、ジェンマ・キャッチポール、アンドレアス・エゲテンメイヤー、ソニア・フィンク、ウルフ・ヘニング、フィオナ・モリス、マティアス・ヴァレンドルフには本書の出版チームのメンバーとして働いてもらった。また、イェンス・シャーデンドーフ、タイタス・クローデル、ジョン・モーズリーからは執筆や出版に関して、経験に基づく多くの助言をもらった。

さらに原書の出版元であるレッドラインのマイケル・ウルスター、コーガン・ページのヘレン・コーガン、ジェニー・ヴォリックにはお世話になりっぱなしだった。このプロジェクトに常に信頼を寄せてくれたことに深く感謝したい。

そして最後に、辛抱強く私を支え続けてくれた妻のパスカルと、新しいデジタル経済について何度も話し合いをしてくれた私の子どもたち――ウィリアム、メリル、エドゥアールに特別の感謝を捧げる。彼らにとって、本書が変化を乗り切るための道しるべとなりますように。

イントロダクション

デジタル技術の普及によって、社会全体で大規模なネットワーク化が進んでいる。それに合わせて、全世界のGDPの3分の2を占める製造業にも破壊と変革の波が押し寄せ、大きな影響を受けている。(注1)自動車、航空機、鉄道、家電製品、重機、エンジニアリング、製薬、資源や公益事業などを手がけるすべての企業が技術の地殻変動のさなかにいる。

近いうちに、工業製品の生産や事業の運営は、スマート化した、個々のプロセスが密接に連携する、データ主導のオペレーションが主流となる。この変化は、すべての先進市場と新興市場の大半で起きるだろう。世の中は、モノのインターネット（IoT）という大きな流れに乗っている。そして、そのなかの一つである、産業用モノのインターネット（IIoT）は、工場、生産物、労働者、さらに企業内の機能や運用プロセスなどをデジタルで制御することで、多くの潜在的価値を生み出す。

製品を超えて
――成果と価値

わずか数年のうちに、私たちは21世紀の最初の20年が「製品の終わり」であったと認識するようになるだろう。進化したデジタル技術が切り開く新たな世界では、消費者は単に物理的な製品を購入するのではなく、ハードウェアとそれに付随するデジタルサービスによってもたらされる「成果《アウトカム》」を求めるようになる。

産業部門にソフトウェアが「神経組織」のように張り巡らされ、データ分析の手法が普及すると、経済はいままでとはまったく違った段階に移行する。企業は、利ざやの薄い製品をマスマーケットで売るのではなく、代わりに、製品のスイッチを押した瞬間にソフトウェアを通じて需要を知らせてくる一部の顧客に向けて、個人に合わせた製品を生産、販売するようになる。こうした製品は、最終的にはリビングプロダクト、あるいはリビングサービスに変化し、さらなる価値を生む可能性を秘めている。さらに企業は、デジタル技術によって、自分たちが提供する成果を顧客がどのように利用するか、リアルタイムで知ることもできるようになる。

こうした変化のなかで、Ｂ２Ｂ（企業間取引）とＢ２Ｃ（企業対消費者取引）の境目はあいまいになっていく。実はこれが、産業のデジタル化の際立った特徴の一つである。以前は企業だけを相手にビジネスをしていた会社が突然、「産業の消費者運動《コンシューマリズム》」によって、消費者向けの事業をしている会社と同じようなやり方を余儀なくされる。違う言い方をすれば、扱っている製品やサービスが消費者向けか企業向けかとは関係なく、会社の命運を左右するのは、提供する成果の質であり、そして、その成果こそが、会社の価値の唯一の源泉になる。

この流れの大本には、消費者の考え方の変化がある。政府は、デジタル化という大きなうねりの発生源は企業だと考えているようだが、現実はまったく逆だ。変化は、モノやサービスを供給する側ではなく、明らかにそれを求める側から起きている。

つまり、変化を促しているのは、産業の消費者運動とリビングプロダクトの出現である。この点から考えると、現在の政府の施策は、労働現場をデジタル化するための制度づくりに偏りすぎている。企業にとって、新しいビジネスモデルの出発点はそこではないことに政府は気づいていないのである。

間もなく、私たちがこれまで長く慣れ親しんできた、モノとしての製品は、ソフトウェアの入れ物に変わる。そして価値の源泉は、モノ自体から、それが提供するサービスのほうに移っていく。

これによってビジネスにおける製品の扱い方も大きく変わる。個々の企業はエコシステムの一部として機能するようになり、これまでには考えられなかった相手と協調する時代がやってくる。これが、産業界に訪れるもう一つの大きな波だ。

変化のスピードは速い。そのため、それにどう対応するかが企業にとって最優先の課題となる。事業モデルや組織の構造、労働力の使い方をいまとはまったく違う形に変更していくことになるだろう。さもなければ、市場への影響力や利益率の大幅な低下が待っている。

本書の目的は、そうした事態を避けるために、製造業界のビジネスリーダーたちに、これから訪れる変化に対処するために鍵となるコンピテンシーを示すことにある。たとえば、首尾一貫したプロダクトライフサイクルマネジメント（PLM）や、内蔵したソフトウェアでインターネットを経由して有機的につながる製品やサービス。また、企業価値向上のためのデータ分析（アナリティクス）や、自動でフィードバックを取り込むことのできる開発、製造工程。さらに、製品単体だけではなくインターネットを通じてサービスを提供する「XaaS《エックス・アズ・ア・サービス》」や、デジタル化された製造業界のエコシステムとの協調など。しかし、これだけ並べても、必要な要素のほんの一部にすぎない。

二つの戦場とそこに眠る価値、失敗を防ぐための六つの必須能力

デジタル化による混乱によって、製造業界の企業は二つの戦場に直面する。一つ目は、新しいデジタル技術による社内機能の効率化だ。リビングプロダクト関連の市場に投入する資金を捻出するため、まずは既存業務の効率化が課題となる。特に古くから存在する業種では効率化の余地が大きい。デジタル技術の導入でそのポテンシャルは明確になり、結果として投資がさらに加速するだろう。

もう一つの戦場は企業の外にある。リビングプロダクトと高度なソフトウェアをどうやって利益に結びつけるのか。顧客との間に、技術志向の高付加価値な関係をどのように築いていくのか。そして、その関係をなじみのない成果型ビジネスに組み込むにはどうすればいいのか、という問題だ。

ビジネスリーダーにとっては、どちらの戦場も、地平線が見えないほど巨大な建設現場のようなものである。個々の技術は常に進化を続けており、全体をはっきり見通すことはできない。次はどの技術を取り入れればいいのか。どのような計画に従って、どのタイミングで前に進め

ばいいのか。こうした迷いから、企業やその経営陣は、デジタル戦略の立案を延期したり、場合によっては完全に放棄したりすることもある。

実際、ＩＩｏＴ導入の動きはきわめて緩慢だ。世界経済フォーラムの白書では、調査対象となったＣレベル管理職（経営幹部）の72パーセントが、ＩＩｏＴが業界を根本的に変化させるだろうと回答したにもかかわらず、実際にＩＩｏＴを使いこなすための戦略を持っていると答えたのはわずか20パーセントだった。[注2]

このような矛盾が起きるのは、単にデジタル技術の進化が速すぎるだけでなく、その組み合わせが複雑すぎるからだ。処理能力の向上したコンピューターやセンサー、クラウドコンピューティング、ビジネスインテリジェンスアルゴリズム、ロボット、人工知能、コグニティブ・コンピューティング、ビッグデータ……。ＩＩｏＴではこれらの技術のコンビネーションが要求される。

テクノロジーは目まぐるしく変化し、もはやその出発点を見定めるのも困難だ。本書のタイトルを『インダストリーX・0』としたのも、この状況によるところが大きい。インダストリー4・0はすぐに5・0、6・0になり、その後もカウントは続いていく。

だが、デジタルテクノロジーの嵐が吹き荒れるなかでも、基礎となるモデルや指針、評価基準は存在する。基礎を学び、十分に使いこなすことができれば、すぐに利益を上げられるだけでなく、将来どんな変化が起ころうとも、またデジタル技術がどのように進化しようとも、正しい方向に進んでいけるだろう。

流れに乗ることのできた企業は、いままでにないスピードで成長する。これが、デジタル時代の大きなメリットである。正しい戦略を持った企業は、巨大な利益を手にし、その規模を急速に拡大するだろう。デジタル技術を駆使して圧倒的な成功を収めたアマゾンやフェイスブックのような企業が、製造業の分野にも出現する可能性はきわめて高いと私は見ている。

なぜなら、両社が現在提供しているソフトウェアのみで構成されたプラットフォームをひな形にして、工業製品の世界にも同じようなサービスが出現する可能性があるからだ。もちろん、すべての製品がプラットフォームに変わるわけではない。しかし遅かれ早かれ、あらゆる製品が、プラットフォームとして機能するほかの製品に取り込まれていくのは間違いない。

本書では、製造業界の実務に役立ててもらうため、デジタル化の「失敗を防ぐ」ための必須能力について解説する。これはすべての会社が備えるべき基本であり、デジタル化のいわば「発射台」である。また、これから数年の間に大きな変化を経験するであろう企業に、戦略と今後の見通しを、そして、デジタル技術を活用するすべを与えてくれるだろう。

流動性と企業内外でのデータの普及

俗に「第4次産業革命」と呼ばれる（インダストリーX・0という形で示したほうが、意味が明確になると思うが）製造業界のデジタル革命は、企業のコスト構造や事業プロセスの設計、人間の労働への関与、そして何より、製品やサービスのあり方を大きく変化させる。

デジタル化とは、単に生産工程や現場作業の自動化だけを指すのではなく、企業の全部署におけるデジタル技術の刷新や、ネットワークに接続可能な製品、「コネクテッドプロダクト」を活用した包括的な運用プロセスの導入など、その影響は非常に広範囲に及ぶ。

企業内部に目を向けると、デジタル化は、アイデアの創出、テストや試作、研究開発など、顧客との直接のやりとりを含まないすべての工程に関連する。さらに、デジタル制御の新しい生産工程によって、顧客、サプライヤーやパートナー企業との関係は大きく変化する。

一方、企業の外では、デジタル化とは顧客に対する魅力的な提案の探究にほかならない。なぜならデジタル技術は、ソフトウェアによる効率や利便性の向上を通じて、企業に、顧客の求める成果を達成し、付加価値をつけるための能力を与えてくれるからだ。

デジタル戦略の強固な土台は、俊敏性とスピードを兼ね備えた生産工程である。製品やサービスの開発は、市場の変化に即座に反応できなければならない。需要主導型《デマンドドリブン》エコノミーのなかでは、顧客一人ひとりの個性に合わせた製品やサービスを、たとえロット数が1であろうとも、素早い生産が求められる。

このような急速な変化に適応するには、企業内の縦割り型組織を解消し、デザイナーからエンジニア、マーケティング担当者、顧客、サプライヤーから経営陣まで、情報が滞ることなく流れるようにしなければならない。組織の隅々までデータがいきわたり、分析に基づいてそれぞれの現場で意思決定が下される。これが、うまくデジタル化をなし遂げた未来の組織の姿だ。

新事業とコア事業におけるイノベーション
──正しい方向に進むために

改革にあたっては、通常、二つの異なるアプローチが必要になる。ほとんどの企業には、現在利益を出している既存の製品やサービスがあるはずだ。それらの改善を続けながら、新しい事業の準備を段階的に進めていかなければならない。だが、データ主導の、顧客を満足させる新たな提案は、既存の事業とはまるで関係のないところから生まれてくるため、両者は完全に別物である。これまでにない独創的な発想と、アイデアを形にするための資金や人的資源も必要になる。

要するに企業は、方向性の違う技術をそれぞれ異なるスピードで考案、運用しなければならない。これは決して簡単ではない。しかし、全体が有機的に接続された「ハイパーコネクテッド」な企業に生まれ変わるためには、この段階は避けては通れない。しかも、そのあとには、二つの流れを、長期的な運用が可能な一つの新しいビジネスモデルとして統合する作業が待っている。

顧客はもう、製品やサービスが前よりも速くて高性能で大きくなる（あるいはコンパクトになる）だけでは満足しない。これからの企業には、ネットワークを通じて顧客と親密な関係を築き、顧客や「顧客の顧客」が必要とするものをあらかじめ知っておくことが求められる。このような「製品を超えた要望」を理解するには、需要主導型アプローチによる改革が必要となる。

企業は、エコシステムから流れてくる情報や、エンドユーザーからのフィードバックに重きを置くようになるだろう。

デジタル化はバリューチェーン全体に影響し、エンジニアや現場の労働者、営業担当者などの働き方も大きく変わる。高度な機能によって知性を持つ機械「インテリジェント・マシン」や、その他のソフトウェアツールの導入は、製造業における労働を、全体が有機的につながったまったく新しい形に生まれ変わらせる。

業種を問わず、デジタル技術はすべての労働者の能力を拡張する。工場では、人が半自律制御の機械と意思疎通をしながら協力して働く。データ収集機能のついためがね（スマートグラス）やヘルメットを身につけることで、作業員の生産性はいまよりも向上する。エンジニアたちは、人工知能（ＡＩ）を搭載したソフトウェアや、コンピューターが自動生成するデザイン（ジェネレーティブデザイン）の助けを借りるようになる。特に人工知能は、「経営陣の一員」として会議に参加するようになり、企業の戦略決定に大きな力を発揮するだろう。

だが、こうした新しい働き方や職場環境に適応するためには、トレーニングやスキルの見直しが欠かせない。ブルーカラーもホワイトカラーも、さらに、一般社員から中間管理職、経営幹部まで、全員がトレーニングを受け、デジタル化に向けて準備しなければならない。これを怠れば、企業はいずれ深刻なスキル不足に悩まされるだろう。

製品、エコシステム、プラットフォームの密接なつながり

最終的に企業のIIoT化には、顧客や請負業者、パートナー企業やサプライヤーからの反応を、製品のライフサイクル全体を通じて、常にフィードバックする体制が必要となる。アイデアを形にして素早く生産し、いち早く市場に出すためには、エコシステム内における企業との協力も不可欠だ。こうした変化は全体として、業種の区分をさらにあいまいにする。

新しいエコシステムをつくり出すにはスキルが求められる。ビジネスリーダーは幅広い分野のパートナーとの協力を視野に入れながら、これまでになかった事業を考え、チャンスを探さなければならない。ただものづくりに集中していればよかったこれまでと比べると、やるべきことは格段に増えた。だが、新たなエコシステムからは莫大な価値が生み出されるだろう。

このエコシステムを背景に、それ自体がプラットフォームを形成するような製品やサービスが多数出現する。アップルとグーグルはそのお手本である。両社とも、自社のスマートフォンのOSというプラットフォームの周りに、多くのソフトウェア開発企業からなる――しかも、それ自体がエコシステムとして機能する――コミュニティーを形成している。サードパーティーのソフトウェア開発企業が、アプリをつくることで、単体ではただの空箱にすぎないスマートフォンに命が吹き込まれる。そして、アプリの開発企業も、プラットフォームのオーナーも(つまり、アップルやグーグル)、ユーザーも、全員がハッピーになるという仕組みである。もう

一度言っておくが、このような目覚ましい成功を、ものづくりの企業が実現できないと考える理由は一つもない。鉱業用トラックやジェットエンジンなどの産業機械、もしくは照明、暖房、セキュリティーなどのホーム・テクノロジーの分野で、同じ状況が生まれることは十分に考えられる（もちろんすべての製品や技術がプラットフォームになるわけではないのは言うまでもないが）。

本書の使用方法

ここまでの説明でもうおわかりかもしれないが、ものづくりに携わる企業にとって、デジタル技術は魅力的であると同時に、混乱をもたらすものでもある。本書はそうした企業が新しい土地を歩くための地図となる。地形は複雑に入り組んでいるが、先をうまく見通すことができれば、進むべき道もわかってくるはずだ。

本書はいわばＩＩｏＴの取扱説明書だ。ただ読むのではなく、ぜひ「使って」ほしい。もちろん、読み物としても楽しめるようにしたつもりだ。本書の主なターゲットは、実際に企業のデジタル化を進めようとしているビジネスパーソンである。まずは、これから企業が直面する課題とチャンスを明確にし、それから、デジタル化を正しい方向に導くための指針を示したいと思う。もちろん、実際にどの道を通るかは企業によって異なる。

デジタル化への道が一つではないように、本書の読み方も一つではない。最初から順番通りに読んでもいいいし、必要な章に集中してもいい。

それぞれの章は独立して読めるようになっている。実際の会社の例を多く盛り込み、章の最後には要点を載せた。以下、各章の内容を概説するので参考にしてほしい。

PARTⅠ（第1章〜第3章）では、まずは新しい世界に慣れてもらうため、IIoTがもたらす変化の全体像を見てみよう。第1章では、一連の破壊的な新技術の組み合わせによるIIoTの実現が、製造業界にかつてない影響を与え、企業活動がこれまでとは大きく変わるまでの流れを解説する。第2章は、IIoTがもたらす新たな経済形態である「成果型エコノミー」について、第3章では、デジタル化された産業が生み出す巨大な価値について論じる。

PARTⅡ（第4章〜第9章）では、デジタル化を進めるにあたって、必ずカバーすべき主要分野を解説する。第4章では、デジタル化の第一歩を踏み出すために、「失敗を防ぐ」ための六つの必須能力について説明する。どの能力もすぐに開発が可能で、確実に結果に結びつくだろう。第5章では、ビッグデータに焦点をあてる。正しい分析手法を身につければ、これからも増え続けるデータは、インダストリーX・0における最も強力なバリュー・ドライバーとなる。第6章は、デジタル技術を使った製品開発について。ソフトウェアの能力強化、ハードウェアとの開発サイクルの同期、さらにデジタル・プロダクトライフサイクルマネジメントの確立などのテーマを取り扱う。第7章では、ロボットや人工知能の普及後における、人間の労働力の扱い方と、その課題を取り上げる。第8章は、変化の早いIIoTの世界におけるイノベーションについて解説する。四つのタイプに分けられるイノベーターのうち、成果型エコノミーのもとで大きく成長できるのは一つのみだ。その理由を解説する。第9章では、すべてがニッチ化し、全体が有機的につながるＩＩｏＴの世界において、企業はエコシステムの一部になる必要があること、そして自らプラットフォームを形成すればさらなる利益を得られる可能性があることなどを論じる。

ＰＡＲＴⅢは第10章だけだ（日本語版向けに第11章を収載した）。ここでは、２０３０年、あるいはさらにその先に出現する、魔法のような超流動的世界を予想してみよう。製品はいまとは大きく形を変え、成果型エコノミーは自律型エコノミーへとさらなる進化を遂げるだろう。

そして、本書の最後には各章の要点をまとめて載せ、デジタル化の必要条件を簡単に確認できるようにした。

手をこまねいていれば多くを失う

一部の従業員や株主、ビジネスパートナーはデジタル化に懐疑的かもしれない。彼らを説得するため、組織のリーダーには、知恵と勇気、スタミナ、それに、さまざまな技術が要求される。それでもあきらめてはならない。その努力は必ず報われる。どのみち改革は避けられないのだから。

製造業界では、すでに急速なデジタル化が始まっている。しかしこれは、決してピンチではない。従来の仕事はダイナミックな変化を遂げ、新しく誕生する刺激的な事業からは多くの価値が生まれる。これはチャンスだ。企業は指をくわえて見ているのではなく、積極的に前に進まなければならない。デジタル化が遅れれば、イノベーションは起きづらくなり、利ざやは縮小し、売り上げは減少する。場合によっては、市場から退場することにもなりかねない。

ただ、必要以上に恐れることはない。アプローチさえ間違えなければ、デジタル化を始めるのはそれほど難しくはない。小さく始めて、うまくいったら一気に拡大する。デジタルの世界ではそれが可能なのである。

PART I

産業用モノのインターネット

——製造業は想像を超えて変貌する

第1章 現在進行中の製造業のデジタル革命は今後さらに加速する

工業製品の生産はこれから数年のうちに、スマート化した、個々のプロセスが密接に連携する製造工程が主流になる。この変化は、すべての先進市場と新興市場の大半で起こるだろう。モノのインターネット（IoT）の下位分類の一つである、産業用モノのインターネット（IIoT）は、工場、生産物、労働者などの要素をデジタルで制御することで、巨大な価値を生み出す。しかし、この新しい世界で成功するためには、いくつかの必要条件がある。それは、正しい技術を適所に展開し、それぞれをうまく協調させることや、適切なパートナーとのエコシステムのなかで事業を展開すること。そして、正しいスキルを持った人材を見つけることである。

すでに広く知られている通り、モノのインターネット（IoT）という言葉は、簡単に言えば、電気製品や装置をデジタル技術でネットワーク化することを指す。実際に使ったことがあるかはともかくとして、パソコンやスマートフォンで監視制御が可能な車、トースター、暖房装置など、IoTの代表的な例については、ほとんどの人が少なくとも耳にしたことはあるはずだ。

産業用モノのインターネット（ＩＩｏＴ）は、ＩｏＴのなかでも特に重要な分野である。家庭にある電気製品より目立たないが、世界のメカニズムを変える力は間違いなくこちらのほうが大きい。ＩＩｏＴは、ネットワーク化された技術とさまざまなプラットフォームを通じて、製品、機械装置、サービス、現場のつながりをより効率的なものに変えるだろう。さらに、顧客、現場労働者、マネジャー、サプライヤー、取引相手との関係にも同様の変化をもたらすはずだ。

要するにＩＩｏＴとは、物理的な装置とデジタルの業務システムをつなぐ架け橋であり、これを可能にしたのが、デジタル技術による産業の大変革、いわゆる「第４次産業革命」である。この革命は、人工知能やロボット、ビッグデータ分析など、複数の革新的技術が集まることで起きた。さらに量子コンピューターもその列に加わろうとしている。

これらの技術すべてを組み合わせた時の効果は、想像を絶する（図１－１参照）。おそらく消費者用、業務用製品の生産の歴史上、空前絶後となる大変動が起こる。そして、現在正しいとされているビジネスのやり方は、リソースの配分、生産工程、物流、労働者の関与、顧客管理、環境保全などを含め、ほとんどが見直しを迫られることになる。

見方によっては、ＩＩｏＴが、そのまま第４次産業革命の同義語なのではないかと思えることがある。ＩＩｏＴはすべての革新的技術をネットワークによって統合するからだ。しかし、本書で取り上げる具体例を見れば、ＩＩｏＴと第４次産業革命それ自体は、まったく別物であ

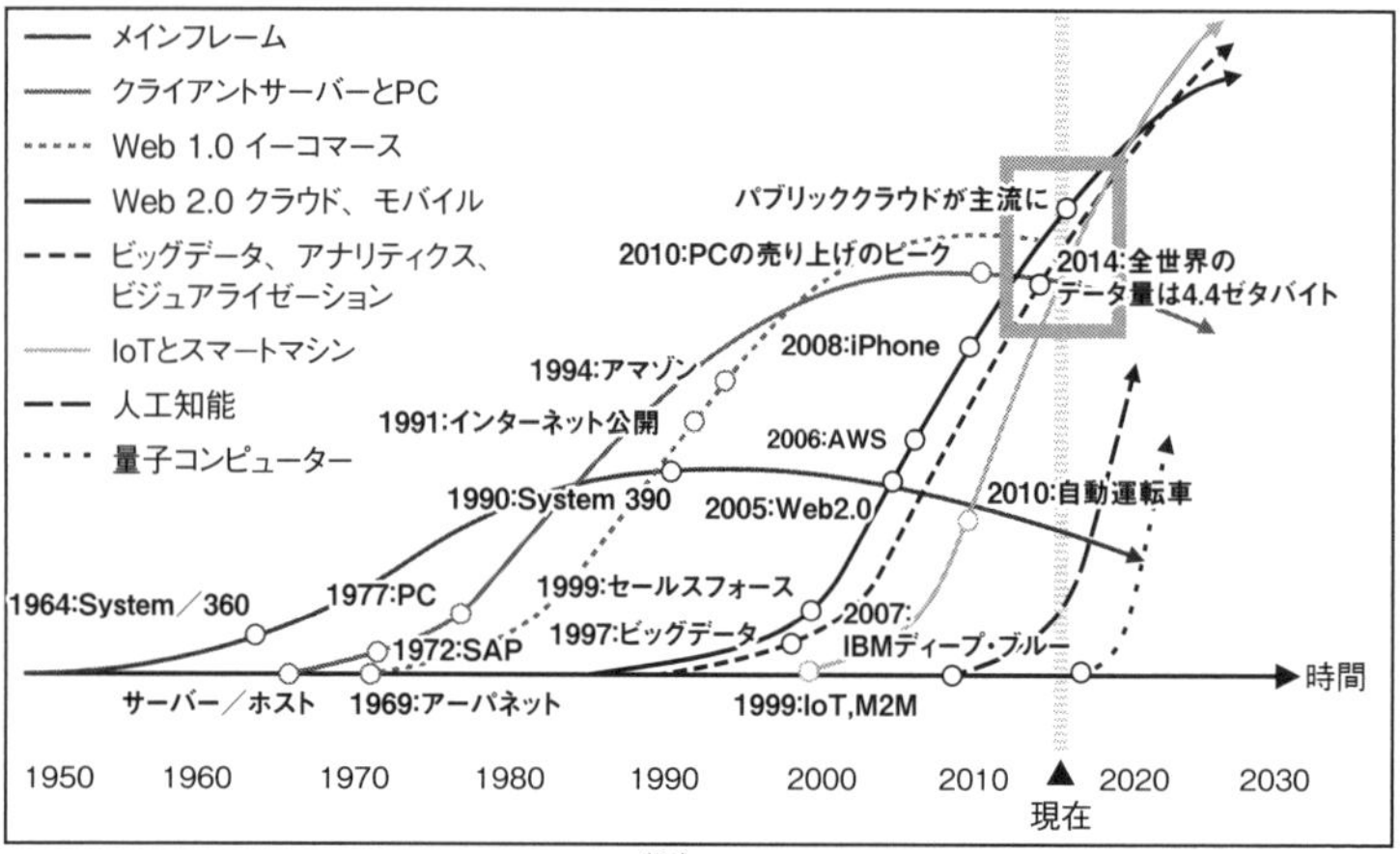

【図1-1】テクノロジーの組み合わせ効果[注1]

ることがわかる。ＩＩｏＴとは、それぞれが十分に破壊的であるほかの技術と組み合わせることで、さらに大きな効果を生み出す、いわば増幅装置のような存在だ。

本書は、第４次産業革命全体、あるいはそれを構成するすべての技術革新について包括的に解説したものではない。テーマはあくまでＩＩｏＴだ。ただ、ＩＩｏＴ自体がほかの要素を結びつける性質を持っているために、結果として、産業革命全体を活用し、革命に取り残されないための道しるべを読者に示すことになるだろう。

また、本書では特に、ＩＩｏＴを支える、ネットワークコネクティビティやデータ収集における革新的なテクノロジーに焦点をあてる。具体的にはセンサーや携帯端末、クラウド、アプリケーションプログラミングインターフェース（ＡＰＩ）やアプリケーションなど、その数はいま爆発的に増加している。

こうした技術すべてが、研究開発、生産工程、アフターサービス、製品・サービスの構成を変えるために使われている。現時点では試験的運用がほとんどであるとはいえ、すでに多くの企業で、現場での労働や経営管理、プラットフォームやエコシステムを、デジタルで運営する試みが始まっている。

これによって、以前は存在しなかった収益の余地が生まれる。そして企業は、単に製品を顧客に届けるだけでなく、全体として質の高い「成果《アウトカム》」を提供できるような新たなビジネスモデルの創出を目指せるようになる。

この成果という概念こそ、ＩＩｏＴの出現が歴史的な重要性を持つ、もう一つの理由である。これからはいかなる状況においても、接続機能《コネクテッド》を持つ製品は、それを持たない製品をはるかに上回る成果をもたらす。そのため、後者の価値は相対的に下がり、およそ２００年にわたって続いてきた近代工業生産は大きく変わる。

いまこそまさに時代の転換期であり、変化の全貌を把握するのにこれほど適したタイミングはない。そして、本書の目的はその手助けをすることにある。第１章ではまず、現在、発達段階にある（比較的初期の）ＩＩｏＴの輪郭と必要性を見ていく。

第１章の後半では、ほかの章の内容紹介を兼ねて、これから行うべき取り組みと理解しておくべきコンセプトを紹介する。変化の早いＩＩｏＴ時代のなか、個々の企業は市場のどのポジションを目指せばいいのか。それを知るための、絶好の手がかりになるだろう。

製造業における変化の促進要因

ネットワークに接続された、スマートプロダクトがこれからの変化の核になる。スマートプロダクトとサービス、新たな顧客体験の組み合わせは、旧来のビジネスモデルを破壊し、バリューチェーン全体を大きく変化させるだろう。

話を先に進める前に、ここでIIoTへの移行を促進する主な要因をリストアップしてみよう（図1－2参照）。

1 コネクテッドテクノロジーの普及に伴うコンテキストの共有

図1－2にある通り、日用品レベルの製品にもセンサーが搭載されて、APIを備えるようになる。そして、データの蓄積や、ほかの機器と接続可能にすることで、スマートプロダクトの情報処理能力はいまよりもさらに向上する。

2 プラットフォームとデータによる最適化

高度な組み込みソフトウェアによって、スマートプロダクトはリビングプロダクトに進化する。そして、使用中にもプラットフォームと常に接続され、データ主導型のサービスや分析ツールからフィードバックを受けて、リアルタイムでその機能を最適化するようになる。

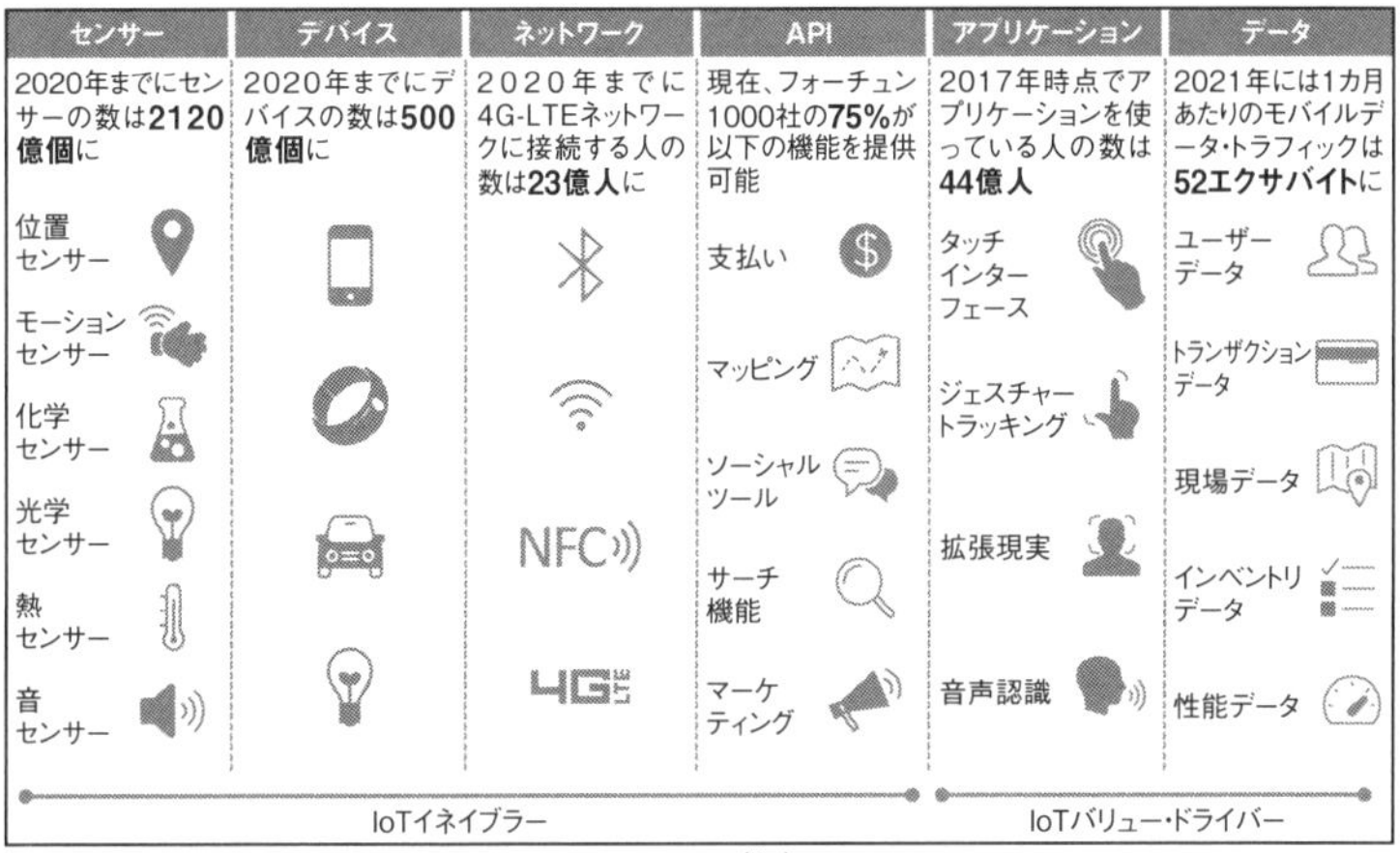

センサー	デバイス	ネットワーク	API	アプリケーション	データ
2020年までにセンサーの数は2120億個に	2020年までにデバイスの数は500億個に	2020年までに4G-LTEネットワークに接続する人の数は23億人に	現在、フォーチュン1000社の75%が以下の機能を提供可能	2017年時点でアプリケーションを使っている人の数は44億人	2021年には1ヵ月あたりのモバイルデータ・トラフィックは52エクサバイトに
位置センサー			支払い	タッチインターフェース	ユーザーデータ
モーションセンサー			マッピング	ジェスチャートラッキング	トランザクションデータ
化学センサー			ソーシャルツール	拡張現実	現場データ
光学センサー		NFC	サーチ機能		インベントリデータ
熱センサー		4G	マーケティング	音声認識	性能データ
音センサー					

IoTイネイブラー	IoTバリュー・ドライバー

【図1-2】製造業での変化を促進する主な要因（注2）

3 エコシステムとサービスによる付加価値

スマートプロダクトから提供されるデータやサービスと、プラットフォームエコシステムは、情報を相互に補完しあう付加価値サービスを生み出す。これにより、スマートプロダクトの使用中に新たな収益の機会が発生するようになる。

4 ハイパー・パーソナライゼーションと新たな体験による破壊的影響

スマートプロダクトにはハイパー・パーソナライゼーション――つまりユーザーの使用状況に合わせて製品をカスタマイズする機能がついている。ハイパー・パーソナライゼーションは、製品を目的に合わせて最適化することで、新たなユーザー体験を提供する。そのため、スマートプロダクトとサービス、新たな体験の組み合わせをめぐる競争が活性化し、既存のビジネスモデルは大きな影響を受ける。

5 XaaSビジネスモデルの出現

消費主導型のビジネスモデルが、従来の「販売・アフターサービス」型のビジネスモデルに取って代わる。これにより、バランスシート上の資本支出が、顧客からサービス提供者にシフトするという重大な変化が起こる。

6 新たなテクノロジーによるさらなる混乱

ロボット工学、自律システム、人工知能とディープラーニング、拡張・仮想現実、5Gネットワーク、3D・4Dプリンター、ブロックチェーンをはじめとする新技術が、業務用途に耐えるレベルまで進化し、製品の企画、製造、運用の方法を根本的に変化させる。

7 セキュリティーとデータプライバシーによる復元力と公平性の確保

業務に耐えうるレベルのセキュリティー、データ所有権とデータ共有の管理、データプライバシー・ソリューションはIIoTの前提条件である。セキュリティー・ソリューションはサイバー攻撃にさらされた時の復元力を高めるように設計され、新たな水準のデータ共有はステークホルダー間の公平性を担保することになるだろう。

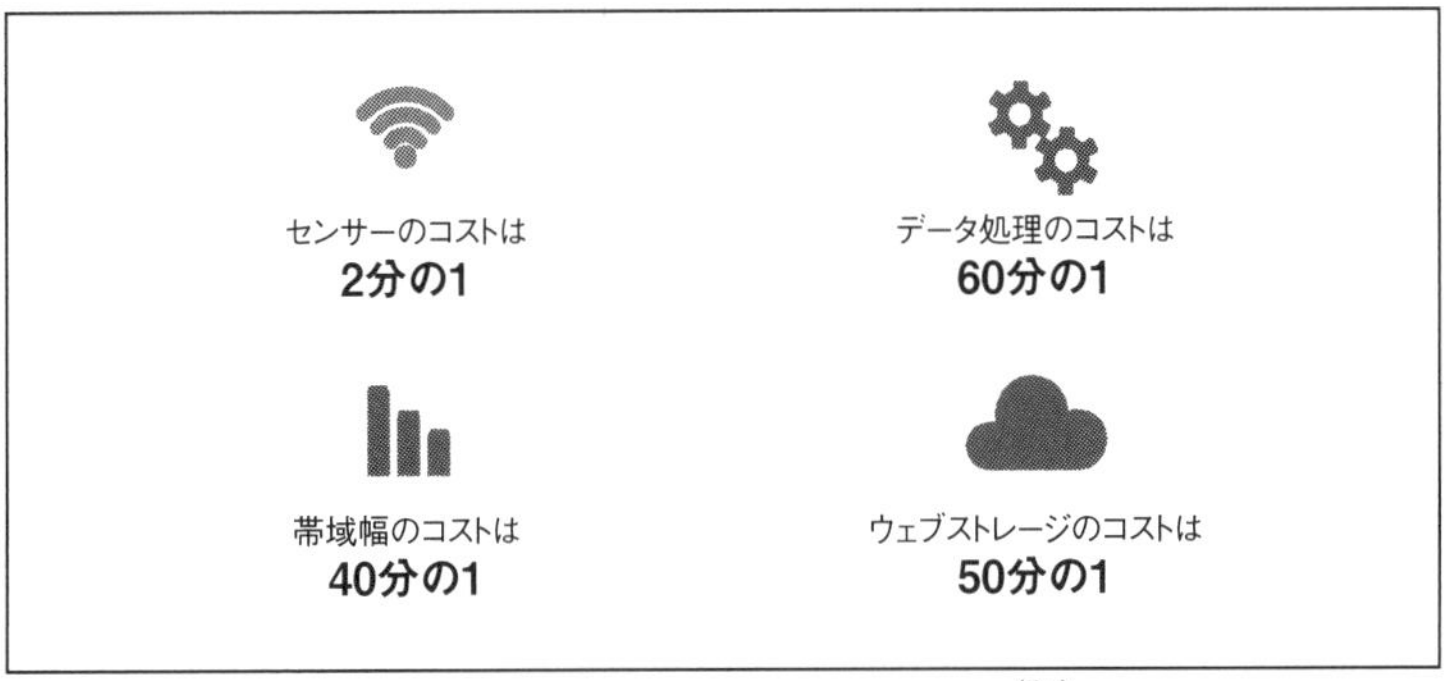
センサーのコストは
2分の1
データ処理のコストは
60分の1
帯域幅のコストは
40分の1
ウェブストレージのコストは
50分の1

【図1-3】直近10年間におけるIIoT関連技術のコストの低下(注3)

技術のコスト低下がIIoTを加速させる

IIoTがいま、これほど注目されているのは、新たな技術が成熟し、実用レベルに達した時に見られる典型的なパターンを満たしているからだ。IIoTの技術は、安価になると同時に洗練の度合いを増しており、世の中の主流となる準備が整いつつある。

一般的に言って、製品の製造コストや市場価格はここ20年で大きく低下した。そして、IIoTの実現に必要な処理能力の高い大容量のコンピューターや、クラウドコンピューティング、分析ツール、モバイル接続などの技術が低コストで実現できるようになり、センサーをはじめとする機器の値段も大きく下がった。技術的なコストは、たった10年で劇的に下がった（図1-3参照）。そのため、技術の入れ替わるスピードも加速し、企業が変化に対応するための時間はますます限られてきている。

これらのコストの低下により、数年前には考えられなかったような投資が、現実的かつ魅力のある選択肢になった。たとえば、小規模製造ラインを持つ都市部の金属加工会社でも、ソフトウェア制御のセンサーのキットを使うことで、簡単な予測分析をして、旋盤のメンテナンスや消費電力の管理を自社で行えるようになる。

このような小規模な事業者も間もなく、一昔前までは、所有しているのはほとんど研究機関だけで、民間の工場に設置するには膨大な費用がかかったようなデジタル制御の機械を使うようになるだろう。

従来の企業体制を全体的にスマート化することによるポテンシャルはとてつもなく大きい。アクセンチュアでは、全体の約3分の2にのぼる数の企業が、段階的なデジタル化によって生産性と価値を容易に向上させることができると予想している。なぜならそのうちの大半が、過去10年間、デジタル技術の導入にはほとんど取り組んでこなかったからだ。近いうちに世界中でデジタル技術による事業最適化の波が起き、経済効果は数兆ドル規模になるだろう。

その意味において、IIoTは、メーカーが顧客に提供する史上最大のバリュー・プロポジション（価値提供）になる。

IIoTの真価発揮はこれからが本番

新たなスマート技術がすでに効果を上げている分野を見れば、IIoTがどれほどのポテンシャルを秘めているかわかる。IIoTは、プロセスの可視化や、データ効率の向上、あるい

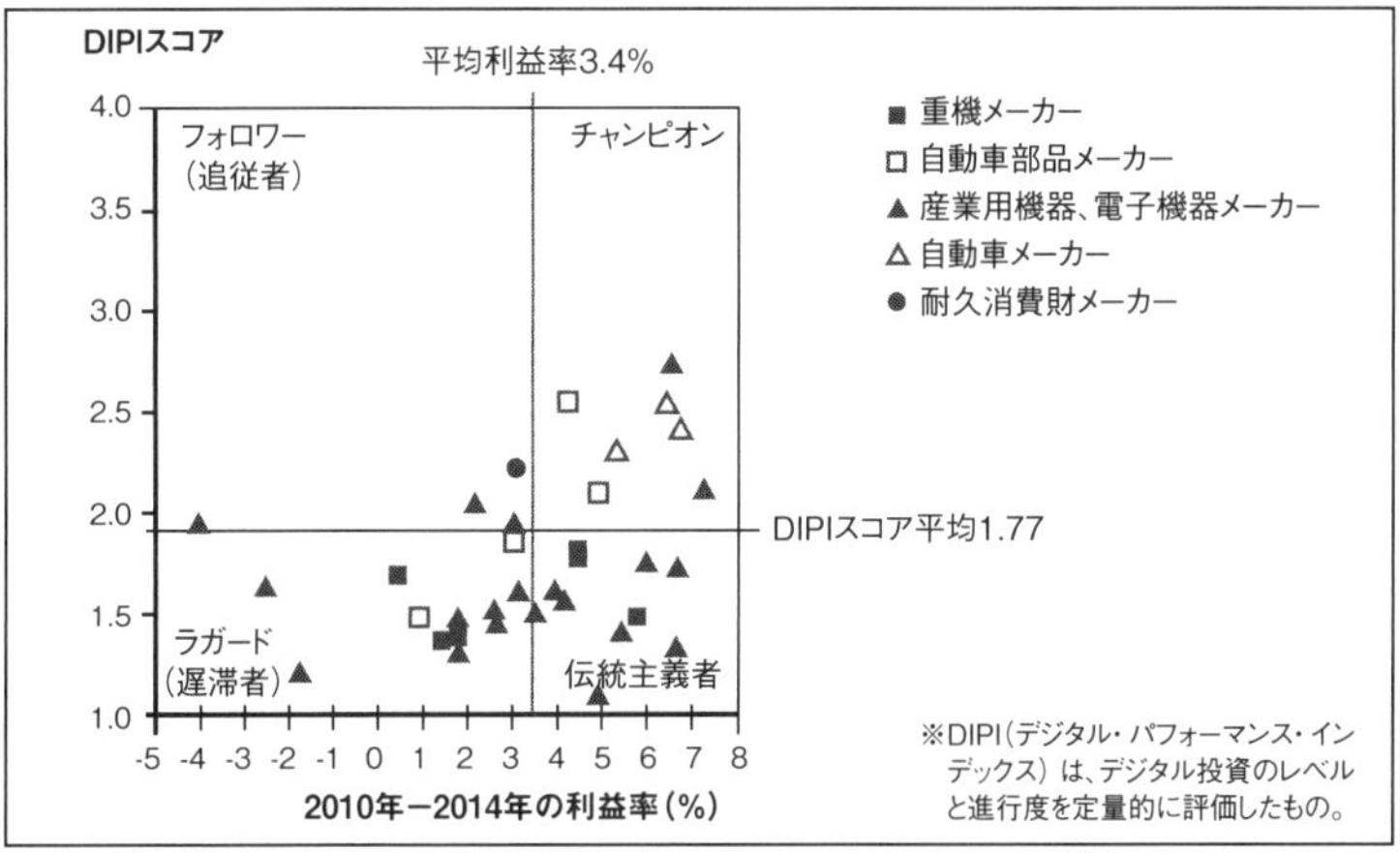

【図1-4】ドイツにおける製造業の業種別のデジタル化指標と業績[注7]

は基盤となるシステムとサブシステムの協調を実現し、生産単位あたりのコストや、働き方の柔軟性、製品の品質に多大な影響を与える。

たとえば、機器から集めたデータから将来の保守作業のタイミングを予測する「予知保全」という技術によって、修繕費の12パーセント、維持費の30パーセントを節約することが可能になると言われている。[注4]

さらに、機器に組み込んだセンサーとインテリジェント診断プログラムを使った予測分析により、機器の故障は70パーセントも減少する。[注5]これほど急激に生産性を向上させる技術革新は、過去に例がない。

産業界全体でのＩＩｏＴの効果はさらに驚くべきものになりそうだ。世界中の工場で業務や生産プロセスがデジタル制御されるようになると、２０２５年までに、社会や産業全体を合わせて１００兆ドルの価値を生むと試算されている。[注6]

これによって、製造業における実質的な競争の拠点が、コストの低い新興国から高度に工業化された欧米諸国に逆戻りする可能性がある。新興国では競争力を維持するために、自国内に独自のデジタル産業基盤を整備することが急務になるだろう。簡単に言えば、これから始まるＩＩｏＴの流れを無視することは、誰にもできない。

ＩＩｏＴの重要性を見抜き、変化にいち早く対応した航空機や車の製造、あるいは鉱業の分野では、生産性の向上、事業コストの減少、労働環境の改善、機械の稼働率アップなどの効果がすでに現れている。これらの業種では、以前に比べて利益率が著しく上昇した。(注8)

エコシステムはイノベーションの源

ここであらためて強調しておきたいのは、スマート化された生産工程（スマート・マニュファクチャリング）は、特定分野の業績を個別に改善するだけではなく、その総和以上の効果をもたらすことである。これは、ＩＩｏＴが多くのイノベーションの組み合わせからなる多次元的な性質を持つためだ。

それぞれの技術は、個別に導入するよりも、ネットワーク化した時のほうが効果は桁外れに大きく、応用範囲もはるかに広い。新しく開発された技術はあくまでただのパーツにすぎない。だが、それが組み合わさった時、従来の製品、サービス、経営戦略、生産工程、さらには、業界全体における個々の企業の役割までが決定的に変化する。この変化は、まるで滝から水が流れ落ちるような、止めることのできない流れである。

スマート・マニュファクチャリングとは定義上、試験的に開始した単独のプロジェクトが進化したものではなく、あるセクターにおける製造工程全体の変化から生まれてくる。さらに、業界の区別を超えてエコシステムが広がった時に、さらなる効果を発揮する性質を持つ。

別の言い方をすれば、お互いに協調しあう個々のイノベーションは、それぞれが複数のプロセスの組み合わせで成り立っていて、さらにそれぞれのイノベーションから、新たな組み合わせのパーツとなるプロセスが生み出される。企業とその取引相手が、プロセス・チェーンやコンポーネント、製品に、ユーザー体験志向のＩＩｏＴ技術を導入すればするほど、それを足がかりとして、新たなビジネスモデルをつくるチャンスが生まれる。しかもその可能性は市場参加者全員に開かれている。技術の組み合わせが、お互いに価値を補いあう製品を生み、市場に新たな需要をつくり出すのである。

だがＩＩｏＴによる業務プロセスは、一度導入したら後戻りができない。そのため既存の事業モデルを一歩ずつ確実にＩＩｏＴに適合させなければならない。最終的に企業は、業界内外のほかの会社との間に、常に形を変え続けるデジタル的なコネクションを複数持ち、そのつながりのなかで機能するようになる。デジタル化のペースは、顧客、取引相手、サプライヤーが持つプロセスの兼ね合いで変わってくる。つまり企業は、さまざまなエコシステムのなかで、ほかの関係者と歩調を合わせて進んでいく必要がある。

そのため、ビジネスリーダーには、エコシステムに気を配りつつ、関係者がつくるオープン・イノベーションの流れに乗り、サイロを破壊する能力が求められる。これからは特定の製品市場でライバルと競争するよりも、パフォーマンスの高いエコシステムの一部として市場に参加するほうが、間違いなく有利になる。

こうした流れから、従来の製品志向のメーカーは最終的には、定量化が可能な「成果」の提供者に変化するだろう。成果とは、サービスやハードウェア、顧客体験が複雑に組み合わさった概念を指す。

「私のための製品」対「大量生産品」

デジタル化によってもたらされる新しい成果型エコノミーの鍵になるのは、これまでとは想像もつかないほど密接な顧客との関係だ。次章で詳しく説明するが、マスマーケットに向けた大量生産というビジネスモデルは、いま以上に厳しい状況に立たされるようになるだろう。

企業はもう、従来のように生産前に市場調査を行って、特定の製品へのニッチなニーズがあるかを確かめる必要はない。その代わり、具体的な需要に対して、デジタル化された工程で機動的に製品を生産し、供給すればよい。つくる数が少なくても何の問題もない。

実際、需要は一人の顧客の一つの注文でもよい。この、生産数が1のロット、つまり「私のための製品」こそ、IIoTの象徴だと言ってよい。こうしたハイパー・パーソナライゼーションの結果として、顧客は車やトースター、さらには掘削装置などのあらゆる製品を、現在では考えられないほど、自分の使い方に合わせた形でメーカーにつくらせることができる。

一方で、「私のための製品」は、内蔵したソフトウェアで機能を調節することで、異なる使用状況や広い用途にも対応可能だ。さらに、コンピューターとしての機能を持つデジタルユーザーインターフェースを備えているため、複数のユーザーの特徴に合わせて使用することもできる。ユーザーに最高の機能を提供するにあたって、主役になるのはソフトウェアである。この先、すべてのハードウェア製品は、内蔵されたソフトウェアが最大限に力を発揮できる形に合わせて、つくられるようになるだろう。

流動性のあるフルフィルメント・ネットワークが従来の工場生産に取って代わる

ここまで見てきた新しい生産体制への移行はすでに始まっており、その流れは止まることがない。ただ、製造業の大半が実際に新しく生まれ変わるまでには、まだ少し時間がかかる。

では、ここでは一足先に、新時代の製品生産が具体的にどのようなものなのか見てみよう。

将来、企業は、広範にわたるマシン・インテリジェンスと、高度に自動化された汎用性のある製造工程によって、非常に流動的な体制をとるようになる。個々の製造工程は、「フルフィルメント・ネットワーク」と呼ばれるマルチソース化された部品やサービスのプールとつながり、必要な調達がいつでも可能になる。知能を持った機械が、部品や材料の情報を自動で管理し、顧客の要望に合わせた製品を低コストで組み立てられるよう調整を行う。

さらにこの機械は、データ分析を通じて、工程のボトルネックを発見あるいは予測し、工場の運営や労働力の配分、サプライチェーンリスクの管理に対して適切な判断を下して、製造プロセスをより効率的にする。

こうした生産体制を実現するには、企業はこれまでに使ったこともなければ、テストしたことすらない技術や工程を導入しなければならない。それでも、ネットワーク化やソフトウェア組み込みによるメリットは大きい。恩恵は製品だけでなく、工場全体に現れる。

IIoTの時代に成功するためには、現実的なユースケース（訳注＊利用者がそのシステムを使ってできること。システムへの要求利用を表すツールとして使われる）から、冒険的で緻密な新事業モデルをつくりあげ、投資利益率を容易に予測できるようにすることが基本となる。

とはいえ、IIoTの実用化にかなりのコストがかかるのは確かだ。ITシステムを近代化し、既存の設備をセンサー技術に対応させるには、まったく新しい設備を導入するのと同じくらい費用がかかる可能性がある。おそらく後者を選ぶ企業も出てくるだろう。

現在使われている機械制御システムは、企業のなかで10年以上前に開発されたものがほとんどだ。使われているテクノロジーは単独で動作するものが大半で、組み合わせて使うのは難しい。そのため、サプライヤーだけでなく消費者から集められたデータが常に製造プロセスにフィードバックを与え続ける開かれたエコシステムに、いまの体制を適合させるにはかなりの費用がかかる。

さらに、ほとんどの場合、運用、計画、設計に使われるそれぞれのシステムは、企業内の異なる部門に存在している。そのため、たとえその企業がシステム統合のための技術をすでに持っていたとしても、実際に統合して、新たな業務プロセスをつくるのは決して簡単ではない。

だが、既存の企業インフラのアップグレードや改変は、資金を分割して投入することで、段階的に進めることが可能だ。そして、ある段階に達すれば、生産機械のネットワーク化によるメリット、具体的には作業時間の短縮、生産性向上、カスタマイゼーションの柔軟化、消費者需要への対応の迅速化、コスト削減から生じる経済効果で、投入した資金を取り戻すことができるだろう。

また、既存のインフラに最小限の投資をするだけで、すぐにでもコストを削減できる可能性があることも忘れてはならない。大都市の水道事業を手がけるある企業では、水道管と給水の管理システムの制御を強化するため、デジタルインフラを導入した。(注9) すると、新しい分析ツールを導入した地域で運用コスト（OPEX）が最大8パーセント減少した。また、既存のキャパシティーの見直しによって、設備投資に関する資本支出（CAPEX）を最大で12パーセント押し下げることができた。(注10)

航空宇宙・防衛産業でも、同じようなやり方で成功を収めた例がある。飛行機の座席の組み付け作業にかかる時間を6分の1にするとともに、ミスの発生率をなんとゼロ（！）にしたのである。

このような例に加え、次々と新しい産業用データ・プラットフォームが登場していることにも注目する必要がある。詳細は第9章に譲るが、シーメンスのマインドスフィアやマイクロソフト・アジュールなどに代表される、ソフトフェアの組み合わせからなるこれらのサービスを使えば、事業を丸ごとデジタル化することが可能となる。また、必要とあれば、段階的に導入を進めることもできる。こうしたサービスの大きなメリットは、サプライチェーン、研究開発、製造、アフターサービスなどの要素をひとまとめにするバックボーンが提供され、企業独自の事業プロセスの統合管理をサポートしてくれる点だ。同時に、プラットフォームは、通信能力を持った製品（コネクテッドプロダクト）などを通じて、企業が顧客とつながる手段も提供してくれる。

デジタル・ワークフォースの準備は必要不可欠

ＩＩｏＴ化によって、労働力はいまよりも高い柔軟性を発揮する。従業員は、ネットワーク化された装備や端末、ウェアラブルデバイスを使ってコミュニケーションをとりながら、これまでにないやり方で連携して働けるようになる。

たとえばアクセンチュアでは、拡張現実を活用したソリューションに関するユースケースを作成した。製造エンジニアたちは、たとえそれぞれが離れた場所にいても、ウェアラブルデバイスを使って、バーチャルな製品を同時に加工できる。３Ｄのデジタルモデルを見れば、ほかのエンジニアがどのような変更を加えたかがすぐにわかるため、場所の制約に縛られず、協力して働くことができる。

ＩＩｏＴの世界では自動化が一気に加速し、成功に必要なスキルセットなども含め、製造業は大きく様変わりをする。製造だけでなく、機器の開発や、保守、修繕など、より複雑なスキルがこれからは求められる。

ある調査によれば、製造業の経営者たちは、２０２０年までに工場では人間と機械の協働が当たり前になると予想しており、そのメリットも認識していることがわかっている。(注11)

人間とロボットの柔軟な組み合わせは、どちらか一方だけではなしえない「成果」を生み、生産効率はさらに高まる。

新しいテクノロジーによって、産業界では、国境を越えて技術や人材を確保することがかなりの程度まで可能になる。ただ、テクノロジーに素早く対応できるかどうかは、企業の、デジタル時代に合わせた労働力の見直し、再編成の能力にかかっている。こうした状況のなか、新技術が定着するにつれて、新しい職場環境や経営手法に社員を適応させる役割を担う、「チェンジマネジメントを担うマネジャー」の需要が高まることになるだろう。

企業のＩＩｏＴ導入の驚くべき遅さ

これほどのポテンシャルを秘めているにもかかわらず、企業の戦略立案者の大半は、ＩＩｏＴを未知数だと考えている。多くの企業が、これまで利益を上げてきた、おそらくは10年以上前につくられた技術基盤や業務プロセスに固執している状態である。

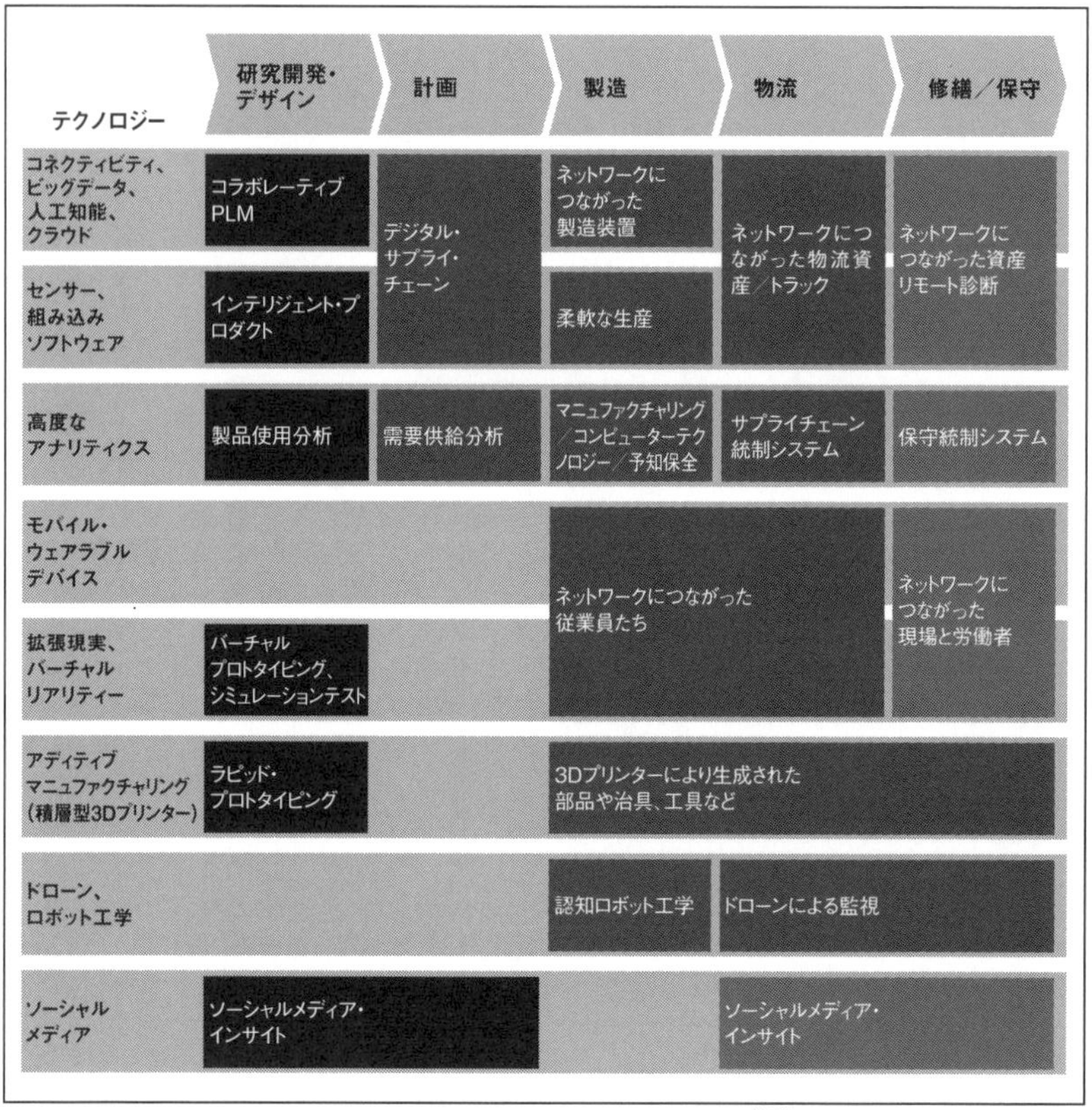

テクノロジー	研究開発・デザイン	計画	製造	物流	修繕／保守
コネクティビティ、ビッグデータ、人工知能、クラウド	コラボレーティブPLM	デジタル・サプライ・チェーン	ネットワークにつながった製造装置	ネットワークにつながった物流資産／トラック	ネットワークにつながった資産リモート診断
センサー、組み込みソフトウェア	インテリジェント・プロダクト		柔軟な生産		
高度なアナリティクス	製品使用分析	需要供給分析	マニュファクチャリング／コンピューターテクノロジー／予知保全	サプライチェーン統制システム	保守統制システム
モバイル・ウェアラブルデバイス			ネットワークにつながった従業員たち		ネットワークにつながった現場と労働者
拡張現実、バーチャルリアリティー	バーチャルプロトタイピング、シミュレーションテスト				
アディティブマニュファクチャリング（積層型3Dプリンター）	ラピッド・プロトタイピング		3Dプリンターにより生成された部品や治具、工具など		
ドローン、ロボット工学			認知ロボット工学	ドローンによる監視	
ソーシャルメディア	ソーシャルメディア・インサイト				ソーシャルメディア・インサイト

【図1-5】インダストリーX.0における新技術のビジネスへの応用(注12)

ここには奇妙な矛盾がある。世界経済フォーラムの調査によれば、ビジネスリーダーの84パーセントが、5年以内に自社の事業モデルにＩＩｏＴが破壊的効果をもたらすだろうと考えている。しかし、会社を挙げてＩＩｏＴ戦略を実行していると回答したのはたったの7パーセントで、驚くことに73パーセントがＩＩｏＴについて何もしていないと答えた。調査結果からは、ＩＩｏＴのポテンシャルを漠然とは認識しながらも、実際の導入には極端に慎重になっている世の中の経営者たちの姿が浮かび上がってくる。(注13)

とはいえ、多くの場合、慎重になるのもやむをえない。スマート化された工場あるいは製造業というのは、とてつもなく複雑で、現在の形とはまったく異なっているからだ。究極的には、自己組織化され、ソフトウェアによって知性を持ち、高度に自動化された、プラットフォームベースで需要主導型の生産工程が、エコシステムを形成するようになる。

ただ、先進工業国でも、その段階まで技術が洗練されるにはもう少し時間がかかりそうだ。しかも、前に触れた通り、洗練の結果として生まれるまったく新しいビジネスモデルや生産プロセスによって、状況はさらに複雑の度合いを増す。

そのため、経営者が慎重になるのは当然だし、しばらく様子を見るのもいいだろう。しかし、手をこまねいていてはいけない。すでに全社的にＩＩｏＴ導入を進めている企業が全体の7パーセントいることを思い出し、その動向に注目してほしい。変化はいままさに起こっている。事業の運用とＩＴ技術の融合をいち早く進めた企業こそ、変化をチャンスに変えるために最適なポジションにいるのである。

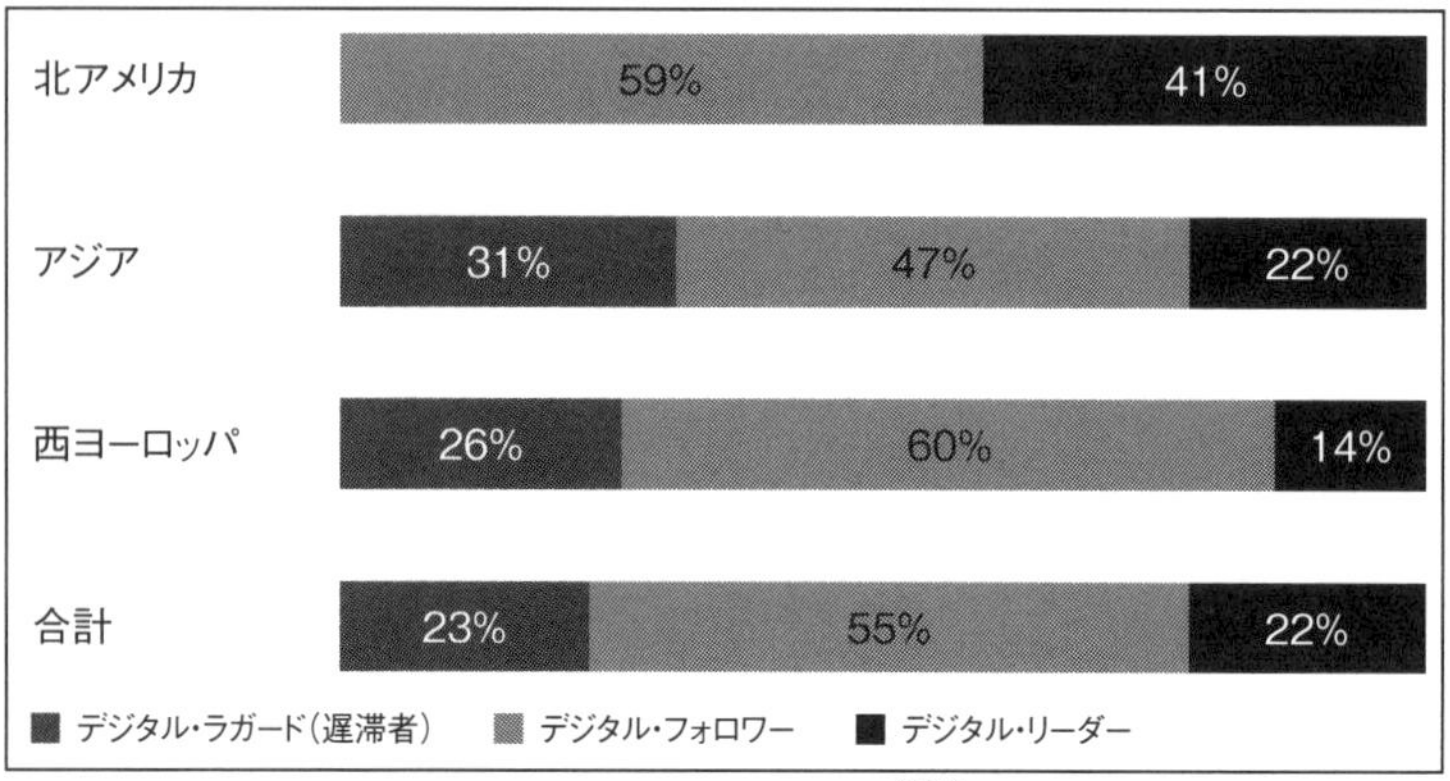

【図1-6】地域別、企業におけるデジタル化の自己評価(注17)

業界ごと、企業ごとにＩＩｏＴ導入の速度や規模は自然と変わってくる。家電製品やホーム・テクノロジーのメーカーは、製造装置や製品にソフトウェアを組み込むことのメリットの大きさをようやく認識し始めたところだ。一方、航空宇宙産業や生産工学（インダストリアルエンジニアリング）の分野では、法定の安全基準を満たすため、センサーやデータ分析の導入がほかの分野よりもはるかに進んでいる。航空機メーカー、エアバスの新モデルの飛行機には翼の部分に約２万個のセンサーが搭載されており(注14)、ゼネラル・エレクトリック（ＧＥ）の新型ジェットエンジンは１秒間に５０００カ所を測定する(注15)。

過去において新しい技術の導入から大きな利益を得た業界では、今回も綿密な計画を立て、イノベーションへの対応を進めている傾向が強い。自動車メーカーでは、イノベーションによる効率化の歴史は、当時、最先端だった組立ラインの導入によって１９０８年に生産を開始した、フォードのＴモデルまでさかのぼる(注16)。

自動車メーカーは、1970年代初期に生産ラインの大規模な機械化を実現済みで、自動化された製造ラインを持っているため、IIoTとの親和性が高く、技術的にもほかの業界より進んでいる。だがそれでも、IIoTによる生産性向上の余地はまだ残されている。詳細は第3章で解説する。

ちなみに、デジタル化の進捗状況に関する企業への最新の意識調査では、地域ごとに大きく異なる結果が出た。アメリカ企業と一部のアジア企業は、自社のデジタル化は着実に進んでおり、さらなる資金を投入する準備も十分できていると考えている。一方、ヨーロッパの企業はデジタル化が遅れていると思っている。しかし、これはおそらく、単なる主観にすぎない。概して、どの国の企業にも改善の余地は多く残されている。

いずれにせよ、飛躍的な生産性の向上を求めて、ほかの業界でもすぐに大規模なIIoT化が始まるのは間違いない。機器がネットワーク化されていない場所や、故障時にだけ修理される場所、保守作業が機器の負荷や用途に応じて計画されているのではなく、単に一定の間隔で実施されている場所では、不測の事態によって、経済的損害や顧客満足を大きく損なうおそれがある。

対応が遅れ気味の業界でも、すでに多くの現場にIIoTの技術が導入され始めている。一部の製品ラインナップに限定して活用されていても、全社的な業務や機能に影響を与えている。現時点では、技術はばらばらに用いられていて、それらの統合、調整が進んで、IIoTが効果を存分に発揮するのはまだ先の話だ。ただ、単独であるとはいえ、導入が進んでいるのは間違いない。すでに、生産に関わる基幹系システムと情報系システムの統合という、企業のＩＩｏＴ化にとって最も重要な決断に踏み切った例もある。

一方で、最新技術を投入してつくられた機械設備のほとんどは、業種を問わず、組み込みセンサーと数値制御で動作するようになった。さらに、生産のスマート化に必要な基礎的要素はすでに実用化され、限定された範囲ではあるが製造工程をタイムリーかつ継続的に監視することが可能になっている。

たとえば、ドイツのシーメンスは、ドイツのアンベルクで小規模な電子部品の製造工場を稼働させている。工場での作業は、１９９０年の時点で25パーセントが自動化されていたが、現在ではその割合が75パーセントまで上がっている。効率面でのメリットは明らかで、従業員数はほぼ同じだが、欠陥製品率は１００万個あたり12個以下に減少し、生産量は８・５倍になった。(注18)

変化の初期段階では、データの流れがシームレスになることで、プロセス・チェーンのなかにあるすべての機械がデータを共有するための基礎ができる。ここで言うプロセス・チェーンとは、在庫管理、設計開発、生産管理、サプライチェーンにおける物流、ＥＲＰなどを言い、最近ではここにソフトウェアを内蔵した製品自体も含まれる。

そして、この最初の変化こそが本書のテーマである。ＩＩｏＴ導入が進んでいる業界や企業は、私たちにとって脅威ではなく、そのアプローチを観察することで多くの学びを得ることができる、お手本のような存在と言える。われわれが最初に学ぶべきは、小規模かつシンプルな変更が、大規模で複雑な改革の土台となるという点だ。「大きくジャンプしようとせずに小さな一歩を積み重ね、ロードマップに従いながらも必要な場合には進路を変更する柔軟性を忘れるな」というのが、ＩＩｏＴに関する最も現実的なアドバイスだろう。言うまでもなく、ＩＩｏＴ化にいたる道は一つではなく、将来どのような技術が開発されるかは誰にもわからないのだから。

要点　Take aways

01—— 製造業は重大かつ劇的な進化を遂げつつある。変化を促進する要素は、ネットワーク技術の普及、プラットフォームとデータ最適化、ハイパー・パーソナライゼーション、XaaSビジネスモデルなど、数多い。そして、変化はまだ始まったばかりである。

02—— 個々のプロセスが密接に連携する製造工程がこれからすぐに主流になる。産業用モノのインターネット（IIoT）は、工場、製品、労働者などの要素をデジタル技術を活用して統合することで、巨大な価値を生み出す。

03—— デジタル化された新しい産業界で成功するには、正しい技術を適所に展開し、デジタル・ワークフォース運用の準備を整えて、それぞれをうまく協調させなければならない。さらに、適切なパートナーとのエコシステムのなかで事業を展開することも必要な条件となる。

第2章 IIoTはどのようにして成果型エコノミーをもたらすか

IIoTが影響を与えるのは工場だけではない。企業同士の関係や顧客への製品の売り方も劇的に変化する。IIoTはまったく新しい形の経済をもたらすといっても過言ではない。これからたった数年のうちに、私たちは21世紀の最初の20年が「製品の終わり」であったと認識するようになる。そして、その時には、新たに出現した成果型エコノミー——長く慣れ親しんできたハードウェア製品がさらに有益なサービスという製品に取って代わられる世界を、当たり前のものだと感じていることだろう。「使用型エコノミー」とも呼ばれるこの経済形態は、ビジネスと製品の扱い方を大きく変化させる。個々の企業はエコシステムに深く組み込まれ、これまでには考えられなかった相手と協調する時代がやってくる。

いまの状況からはにわかには信じられない話かもしれない。しかし、最後には消費者も企業も物理的な製品ではなく、成果《アウトカム》を買う時代がやってくる。成果型エコノミーと呼ばれるこの形態が完全に姿を現すまでにはまだ数年がかかるだろう。だが、IIoTの行き着く先は間違いなくそこである。それゆえ、成果型エコノミーを見据えたデジタル化計画を立てるのが、企業にとって重要となる。

すでに多くの業種で、この取り組みは始まっている。そして、モデルとなる一部のビジネスは、すでに成果型エコノミーが実現可能であることを証明しつつある。

たとえば、航空機エンジンメーカーは、航空会社や航空機メーカーに完成品のエンジンを販売するというビジネスが、割に合わないことに以前から気づいていた。研究開発費は莫大で、安全基準をクリアするためのコストもばかにならない。市場には顧客の絶対数が少なく、改革の余地は限られている。そのため、利益確保がままならないこともしばしばだった。

そこで、メーカーは、エンジンそのものではなく、それをベースにしたサービスを売ることにした。「パワー・バイ・ザ・アワー（power by the hour）」というキャッチーなコピーのついたそのサービスは、飛行機がどこを飛んでいるかには関係なく、特定数の機体の、一定の飛行時間に対して、エンジンのメンテナンスと正常な動作を保証するというシンプルなものだ。

このサービスは、形のある製品ではなく、製品がもたらす結果――つまりは「成果」に値段をつけたものである。航空会社はこの方法を歓迎した。便利で予定が立てやすく、費用がわかりやすいからだ。このサービスによって航空会社は、飛行機の運航にかかる費用を（燃料代を除いて）年の初めに正確に見積もることができるようになった。

売る側にとっては運用が複雑になるが、このサービスは間もなく大きな利益を生むようになる。そして、割に合わなくなった従来のエンジン販売事業で出た損失を、十二分に補ってくれるだろう。

この例は、あくまで単独のプロジェクトであって、経済システム全体が新しく生まれ変わるまでにはまだ時間がかかる。だが、成果型エコノミーが確実に現実のものとなりつつあることはわかるはずだ。

これから企業は、単なる製品ではなく、顧客を満足させる体験《エクスペリエンス》を提供するようになる。ジェットエンジンのメーカーの例で言えば、単に顧客（航空会社）が必要とする道具（飛行機のエンジン）を納入して終わりではなく、その動作を保証する包括的なサービスを提供する。結果として、顧客体験を向上させることができる。

新たなテクノロジーによる新たなビジネスモデルの創出

顧客のニーズに対し、成果という形で答えるというコンセプトは以前から存在したが、これまでは実現が難しかった。成果を実現するための技術や機器が必要なのは当然だが、それに加えて、顧客を満足させる成果が出たかどうかを判定し、さらに、その成果の実現にどれくらいコストがかかったかを測定できるセンサーがなければ、このビジネスモデルは成り立たないからだ。特に、マスマーケットで大量にサービスを供給した際にその結果を測定する、高性能かつ安価なデバイスが、成果型ビジネスの実現にはどうしても必要だった。

そしていま、その技術がついに実用レベルに達し、成果型エコノミーが現実のものとなりつ

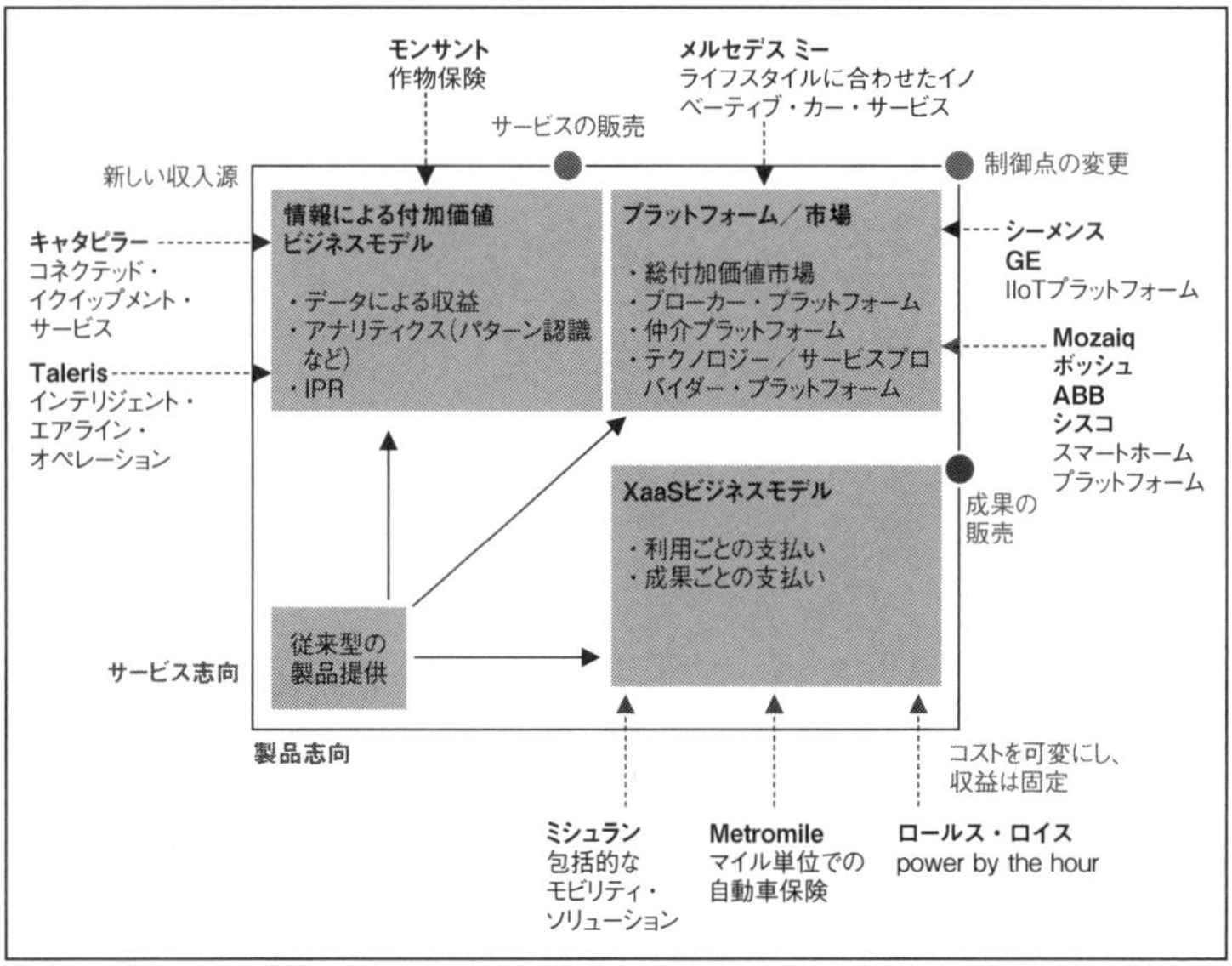

【図2-1】XaaSビジネスモデルの製品[注1]

つある。ネットワーク化したセンサーは、現実世界の定量化を可能にし、有機的につながった機器や製品からは、使用状況やユーザーの行動に関する詳細な情報が手に入る。この情報に高度なアナリティクスを運用し、ほかのデータを組み合わせたものを、ドメインモデル（訳注＊システムの主要な実体と関係を示すもの）を使って整理することで、企業は、投入した要素がどのように作用しているかを理解し、よりよい成果を出すため修正できる。

　サービスを正確に定量化できれば、適正な価格設定も可能になる。近い将来、消費者も企業も、この「製品のサービス化」を受け入れる。そして数年のうちに、B2B、B2Cを問わず、すべての産業部門に普及するはずだ。

一部の企業が成果型のサービスで利益を上げるようになれば、競合他社もすぐ追従を始めるだろう。

成果型のサービスというコンセプトが普及するにつれて、製品と、定量化可能なサービスを合わせて提供する方法を模索する企業は増えていく。これがうまくいった時、企業は、製品だけを販売していた時代をはるかに上回る利益を得ることになるだろう。一度きりの製品販売の機会を求めて市場で競争するのではなく、顧客との長期における関係のなかでサービスを提供することで、新たな収益が生まれるからだ。

成熟した成果型エコノミーのもとでは、ドリルのメーカーは壁にあける穴一つひとつに値段をつけ、製薬会社は患者に正しい頻度で薬を提供するサービス、いやもっとシンプルに、病気が治るまで薬を提供するサービスを販売するようになるだろう。

そして経済のすべてがこうした仕組みで動くようになった時、「成果のネットワーク」ができあがる。すると、消費者はドリルや車に限らず、形のある製品を新しく購入する必要がほとんどなくなる。成果を生み出すために必要なハードウェアは、サービスを提供する企業が持っていれば十分だからだ。場合によっては、企業ですらハードウェアを購入せず、エコシステムのなかの第三者から借りてくるようになるかもしれない。

すると、同じ数の穴をあけるにしても、必要なドリルは少なくて済む。つまり、世界に存在するハードウェアの数が減る一方で、残りは常にフル稼働している状態である。専門家はこのような経済形態を「使用型エコノミー（Usage economy）」とも呼んでいる。

バークレイズの予想によれば、2040年には自動運転車のシェアは50パーセントに達し、個人の自動車の保有台数はいまの半分になる。そして、共有物として使われる自動運転車が1台増えるごとに、従来の車を7台減らすことができるとしている。(注2)

製造業において、これまでのように製品のデザインや生産技術だけを追い求めればよい時代が終わったのは明らかだ。この先、生き残るためには、長期にわたってサスティナブルな新しいビジネスモデルを見つける必要がある。

リビングプロダクトか既存のプロダクトの改革か

産業界では旧世界からの脱却が、ペースは遅いものの、すでに始まっている。いったん製品のスマート化が始まれば、変化は一気に加速するだろう。収集したデータを分析することで企業は新たな武器を手にする。そして、製品に関連したプラットフォームがつくられ、事業はエコシステムと一体化し、ハイパー・パーソナライゼーションによる顧客体験を提供する「IIoTの新世界」への扉が開く。

変化の中心になるのは、ネットワークに接続されたスマートプロダクトである。

適切な場所に配置されたスマートプロダクトは、事業のポテンシャルを引き出し、設計や製造の柔軟性や効率を高める。その効果はまさに破壊的で、新技術によって従来の製造、設計方法は大きく変化するだろう（3Dプリンターやデジタル・ツインなどがその例だ）。一時的に

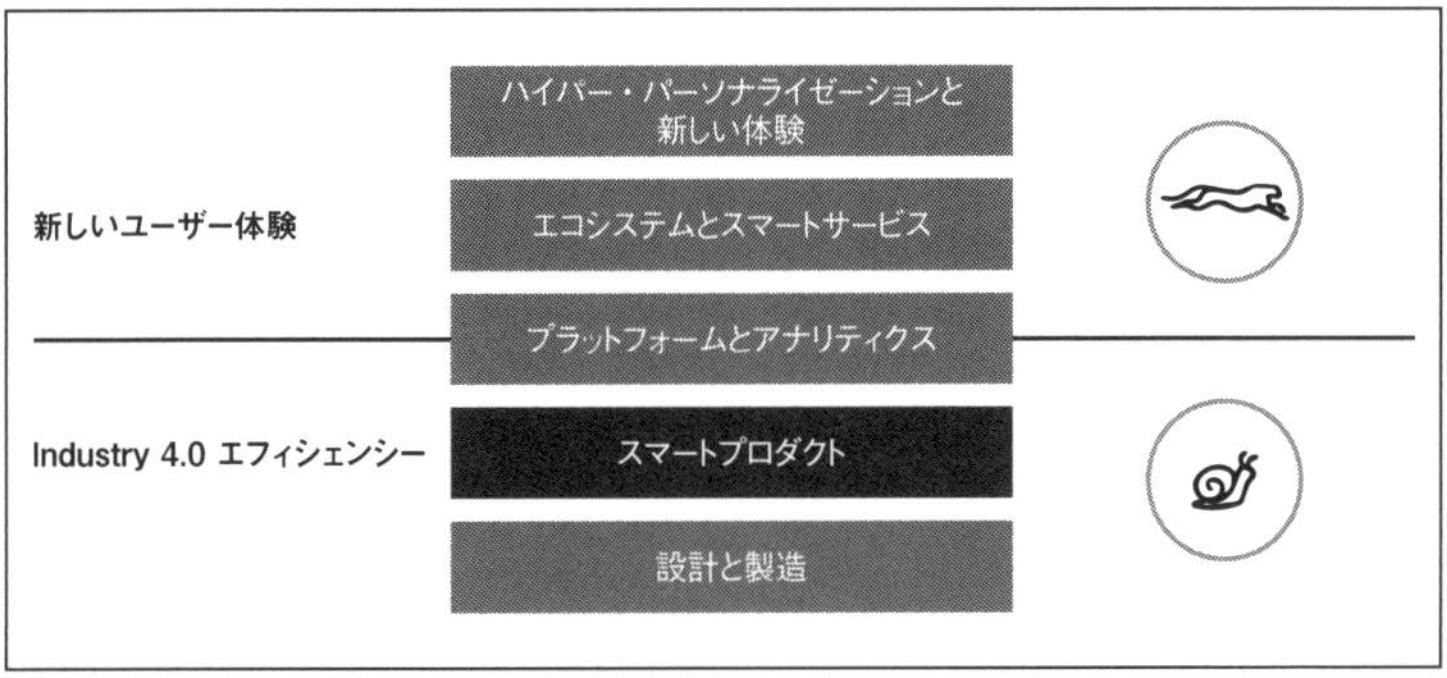

【図2-2】インダストリーX.0フレームワーク[注3]

事業を減速させることの多かった従来の設備更新への投資とは、大きく異なっている。

　さらに、スマートプロダクトによる破壊的なビジネスモデルは、新たな収入源を生む。複数のエコシステムを利用したプラットフォームベースのサービスにスマートプロダクトが接続されることによって、個人の用途や使用状況に合わせた体験がユーザーに提供される。この変化は、急速かつ破壊的であり、市場における競争の焦点は製品から成果へと移ることになる。

　そして成果型エコノミーは、物理的な製品がこれまでとはまったく違った役割を果たすことで成り立つ。そこでは、車や、製造機械の部品などのハードは、メーカーやユーザーにとっての価値の源であるソフトウェアの入れ物にすぎなくなる。各製品のプラットフォーム上で動くこうしたソフトウェアは、使用状況に合わせてユーザーインターフェースを変化させるようになるだろう。

　これは開発エンジニアやプロダクトマネジャーにとってもまったく新しい世界である。ネットワークにつながって

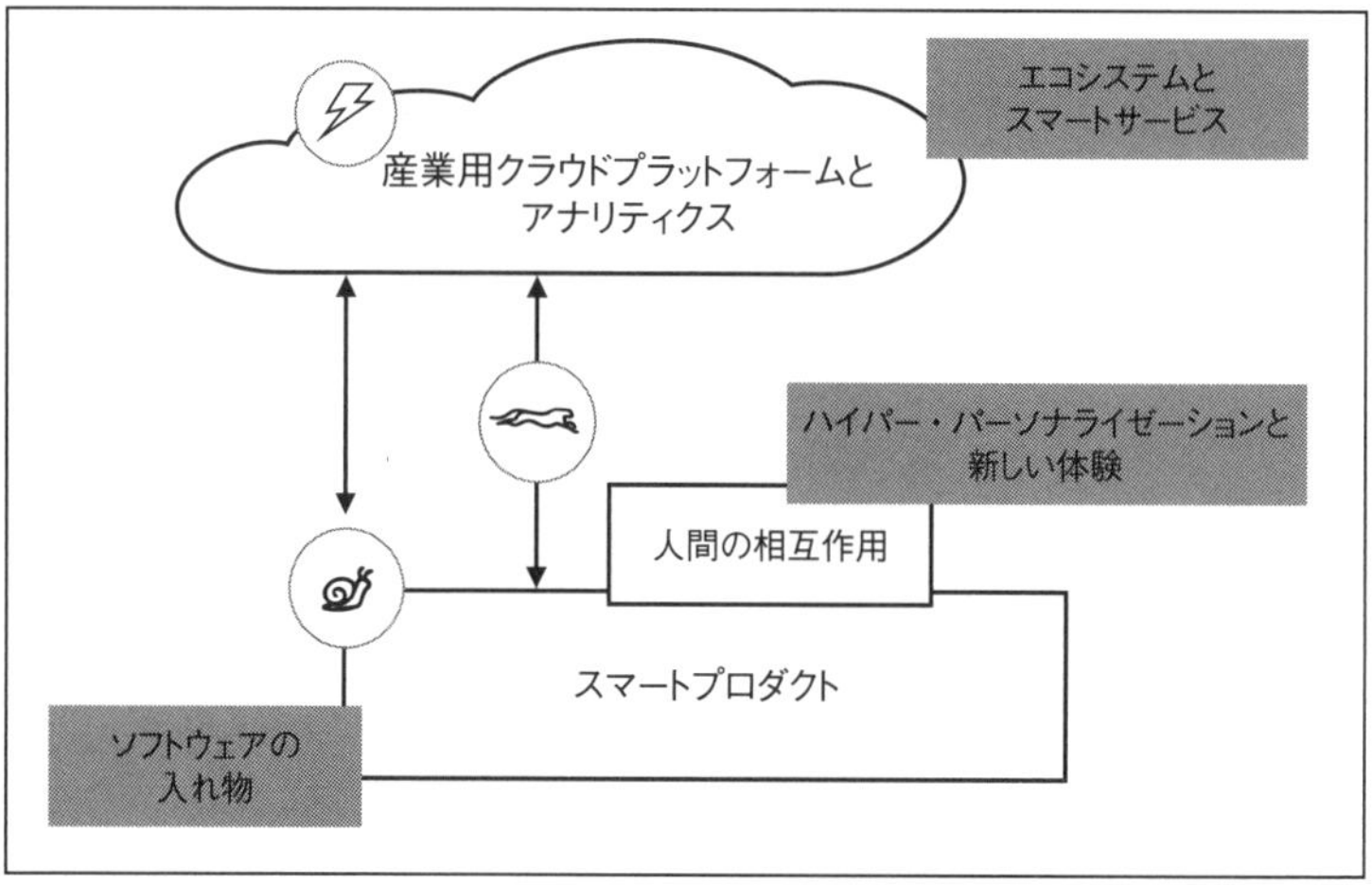

【図2-3】リビングプロダクト-スマートプロダクトの未来(注4)

いない従来のハードウェア製品は、利ざやを稼げなくなり、いずれ消えていく運命にある。

その後、さらに多くのテクノロジーが加わることで、スマートプロダクトやプラットフォームベースの製品はやがて、「リビングプロダクト」に進化する。リビングプロダクトとは、非常に高性能でかつ直感的な操作が可能であるため、人間からは知的作業を助けてくれる生き物のように見えるハードウェア製品のことだ。

成果志向が製品とサービスのイノベーションを加速

成果というコンセプトは製品やサービスに対する発想を大きく広げる。そのため、時には驚くような場所で新技術の応用を目にすることもある。

たとえば、顔認識ソフトウェアが安価になり、決済システムや入国審査など、日常生活のいたるところで使われるようになった。しかもいまでは、個人を特定するだけではなく、その人が笑ったかどうかまで判定することができる。

実際にこの技術が使われているのが、スペインのバルセロナにある小さなコメディー劇場、テアトレネウだ。観客席のシートに内蔵された光学センサーが、それぞれの客が笑った回数をカウントし、一回笑うごとに30セント課金する。堅物には安上がりでも、笑い上戸は破産してしまいかねない仕組みである。まあ、いくら笑っても24ユーロが上限なのでそんなに心配することはないのだが。(注5)

これをつまらないアイデアだと思う人もいるかもしれない。しかしここには、ほかの分野の産業にも広く応用可能な、奥の深いロジックが隠れている。テアトレネウの場合、観客、つまりサービスの買い手は、自分たちにとって価値がある部分にだけ料金を支払うことができるわけだ。一方、売り手も「お支払いは食べた分だけ」という形式でサービスを提供することで、うまく事業を回転させ、利益を上げるための流動性を確保できる。ジョークとオチをコメディーショーという商品としてひとまとめにし、それを丸ごと観客に売りつける従来のやり方とは、明らかに性質が違う。

要するに成果型エコノミーは、買い手にとっても売り手にとっても魅力的で柔軟性のある選択肢を与えてくれる。さらに、あえて情報収集のための努力をしなくても、これまでにない経路から、ほぼ自動で客観的なフィードバックループを与えてくれるのが、この方法の大きなメリットだ。たとえばこの例で言えば、コメディーショーのシナリオライターは、観客の反応を正確かつ即座に把握できるようになり、ジョークの質を高め、次回の公演時には、よりよい「成果」、つまり、観客のさらなる笑いを引き出すことができる。

これと同じように、たとえば、飛行機エンジンのメーカーなら、実際に稼働しているエンジンから送られるデータを分析することで業務を改善できるだろう。航空会社各社の使い方に合わせたメンテナンス計画を立てたり、それに沿って自社内の物流をコントロールしたりすることも可能になる。

話をまとめよう。成果志向のビジネスモデルはイノベーションを促進し、サービスは個別化が進む。そして、即時にデータがフィードバックされることで、実際の製品やサービスの使用と並行して、リアルタイムで改善を提案できるようになる。これによる付加価値は非常に大きい。しかしそれは同時に、メーカーが、それぞれ異なるスピードで進む複数の製品開発ライフサイクルを管理しなければならないことも意味する。

成果は産業の垣根を越えて現れる

現在、技術の発達に後押しされ、特にB2Bの産業を中心に、成果というコンセプトが急速に広がりつつある

たとえば薬について考えてみよう。医師が薬を処方する時に求められる成果とは、薬を患者に手渡すことではなく、患者が実際にそれを服用すること、さらにそれによって病気が治るこ

とである。だが、特に認知症などの患者は、薬を飲み忘れることがある。そこで、アメリカのプロテウスデジタルヘルスという製薬会社では、錠剤のなかに小さなセンサーを埋め込むという試みを始めている。センサーがITシステムに患者が薬を飲んだかどうかを伝え、もし飲んでいない場合にはリマインダーのメールやメッセージが送られる仕組みだ。(注6)

さらに、いくつかの大手製薬会社では、関係各社と手を取り合って資金を提供し、薬を飲んだかどうかではなく、病気が治癒したかどうかという成果に焦点をあてたサービスの開発に取り組んでいる。この方法を実現するには、密に構築された他社とのネットワークが必要となるが、すでにアメリカでは、製薬会社、ドラッグストア、保険者からなるネットワークが存在する。

フランスのミシュランのような歴史あるメーカーでも、新しい試みは始まっている。運送業者向けのエフィフュエル（Effifuel）というソリューションでは、ドライバーへの燃費を向上させる運転方法の教育や、個々のドライバーやトラックのパフォーマンスをモニターするためのテレマティクスによるリアルタイムの車両管理、あるいは、転がり抵抗の少ない特製タイヤを使ったタイヤ全般の管理など、包括的なサービスを提供している。これは、従来のタイヤ販売から成果の販売への移行を狙った、ミシュランのIIoT戦略の一つである。このサービスを使うと、１００キロメートルごとに2・5リットルの燃料を節約でき、長距離輸送のトラック隊一つにつき、１年あたり平均で３３００ドルの節約になる。これは少なく見積もっても、運送会社が支払うトラックの所有経費の２・１パーセントである。(注7)一連のサービスの効果は非常に高く、そのため、ミシュランでは一定量の燃料削減を確約し、もし達成できなければその分の費用を返還する契約を顧客と結ぶことが可能になった。本書でこれまで説明してきた「顧客体験」とはまさにこのようなことを指している。

農業は、最近になって成果型ビジネスモデルを導入し始めたセクターだ。高度な農業工学の技術を持つ企業は、使用する種、肥料、水、さらに、土壌の成分や天候なども含めて、一定の広さの農地からどれくらいの量の小麦が収穫できるかを算出するためのデータをすべて持っている。そして分析ツールと、ネットワークに接続されたトラクターや耕運機、播種機などを使って、収穫量を最大化するよう計算したうえで、種や肥料をまいていく。最近では農作物の監視や、水やり、肥料まき、害虫駆除対策のタイミングの決定に、ドローンも広く使われるようになった。

また今後、農業機械にさらに高度なソフトウェアが搭載されるようになれば、顧客のニーズに合わせた成果の提供も可能になる。農家がトラクターメーカーに直接連絡して、「9月の終わりまでに1ヘクタールあたり8トンの小麦を収穫する」というような契約を結ぶことがいずれ当たり前になるだろう。

これと同じように、ビルの管理会社なども、顧客との間でエネルギー節約量をあらかじめ決めたうえで契約を結ぶことが可能になる。センサー、制御装置、ソフトウェアを使って、ビルのなかで人間がいつ、どこにいるかを感知し、照明や空調を最適な状態に調節できるからだ。

たとえば、オランダの電機メーカーであるフィリップスでは、電球や照明装置ではなく、

「光」を販売するサービスを開始した。照明装置自体の所有権はフィリップスが持ったままで、消費者は使った光の量に応じて料金を払う。ハイテクの照明は、外から入ってくる自然の光を感知して、その時々に必要な光量を発するように調節される。消費者にとってはエネルギーと費用の節約になり、フィリップスは消費者と長期の契約を結ぶことができる。(注8)

ここまでに取り上げたのは、IIoTの例のほんの一部である。しかし、デジタル技術が業界の垣根を越えて広く応用され、顧客に成果を提供し始めていることがおわかりいただけたと思う。

製品を超えた要望

成果を提供するにあたって、企業が最初にすべきなのは、消費者が製品を購入する理由、つまり、「製品を超えた要望」を割り出すことである。あとは、それを満たすようなサービスを考えればいい。

本章ではここまで、ハードウェアの本来の用途をソフトウェアが補強することによって生まれる成果を取り上げてきた。こうしたケースでは運用、保守、費用といった面で効果が現れる。製品関連の成果は概して直線的で理解しやすい。なぜならそこに関係するのは、メーカーとユーザーだけだからだ。

前述の航空機エンジンの例では、製品の信頼性が顧客の求める成果だった。サービスの提供者、つまりエンジンメーカーが、飛行機が運航している間のエンジンの正常な動作を保証する。顧客もエンジンを買うためにわざわざメーカーを訪れる手間が省ける。エンジンメーカーであるロールス・ロイスでは、エンジン状態の監視、安全性や耐久性を高めるための調整など、使用状況に合わせた予知保全と修理を行っている。(注9) IIoTの能力を活用した、これまでよりもはるかに高度なサービスであると言えるだろう。

だが、製品の機能を離れて、サービスそのものに注目した、より広い意味での成果も存在する。たとえば、航空機エンジンの保守作業専門の企業などが、そのよい例だ。エンジンの稼働時間だけに注目しているエンジンメーカーとは違い、こうした企業はサービスの提供者として、機材の故障による運航の遅れやフライトのキャンセルといった問題にも対処し、航空会社全体のスムーズな運航を約束する。(注10)

成果を実現するため、これらの企業は、エンジンだけではなく、機体全部、さらには航空会社全体にまで気を配っている。つまり、個別の飛行機を運用、メンテナンスしながら、スケジュール全体まで調整している。こうした包括的なアプローチによって、トラブルは減り、コストは下がり、スペアパーツの在庫管理も楽になる。そして何より、搭乗者の満足度が上がる。(注11)

こうした包括的な成果型サービスは市場の収益率を高める。現在、民間向けの航空業界では燃料代として1年間に1700億ドルがかかっているが、試算によれば、フライトのスケジュール調整や運用を改善することで約5パーセントのコスト削減、つまり1年に80億ドルを節約できると見込まれている。

硬直した縦割りのビジネスから俊敏なエコシステムへ

成果型エコノミーが完全に成熟し、従来ばらばらだった企業がお互い協力しあうパートナーとなって各業界に新たな成果をもたらすまでには、どのような変化が起こるのだろうか？

たとえば、成果型のサービスを提供するトラクターメーカーについて考えてみよう。こうした企業は、リースした大量のトラクターから、組み込んだソフトウェアを通じて、これまでとは比較にならないほど詳細な農業のデータを手に入れるだろう。この「農業のビッグデータ」は今後の農作業改善のため、顧客にフィードバックされる。ここまでは普通だ。しかし実はこのデータが、先物市場の分析を行う投資会社や証券会社などの第三者に販売される可能性もある。これは、変化のほんの一例である。新時代のネットワークがいかに複雑なのか、想像できるだろう。

また、この例からは、成果主導の経済におけるデジタルデータの重要性もよくわかる。高度なアナリティクスを用いて、機器の使用状況やユーザー行動を把握する手法は、銀行や小売りのような業種ではすでに一般的だが、ものづくりの分野においても当たり前になるだろう。

すぐに使用可能なデータとその分析からもたらされる知見は、業界のバリュー・ドライバーとなる。結果として出てくるのが、企業内部の運営の効率化なのか、顧客満足度を高めるような成果の発見なのかは状況次第で変わる。

定量化可能な成果を顧客に提供するにあたって、企業の競争力は、適切なパートナー企業の有無や、分析ツールの精度に左右されるようになる。さらに、現場で稼働中のスマートプロダクトから流れてくる、ユーザーのニーズや行動をタイムリーに捉えたデータも非常に重要だ。要するに、企業はエコシステムの一部にならなければならない。

これから出現するデジタルバリュー・チェーンを単独で手中に収められるような企業は、世界最大手を含めてもほとんど存在しない。それゆえ、成果を提供するためにシステムと一体化して働くコネクテッドプロダクトの開発には、本質的に複数の異なる当事者による意思決定が必要となる。

企業はエコシステムを避けて通ることはできない。なぜならそこから得られるスピードと俊敏性というメリットは、従来のハードウェア製品を基本とする世界よりも変化の早いデジタル世界において、必須能力だからだ。エコシステムの一部となった企業はコア・コンピタンスに集中できるようになり、他社と協力して外部の環境の変化にいち早く対応可能となる。

ただ、こうした変化への対応が、従来型のメーカーにとって非常に高いハードルになるのは間違いない。既存の事業モデルは、デジタル化とＩＩｏＴによる製品から成果への転換の妨げになる可能性が高い。

資本集約型の事業に、ピラミッド型の組織構造。それぞれが独立に存在する管理の難しい複雑な生産設備や資産。物品の移動効率に特化したサプライチェーン。単一な流れでサイロ化した事業。従来型メーカーの体制は、エコシステムのなかで他社と協力するのに適しているとは

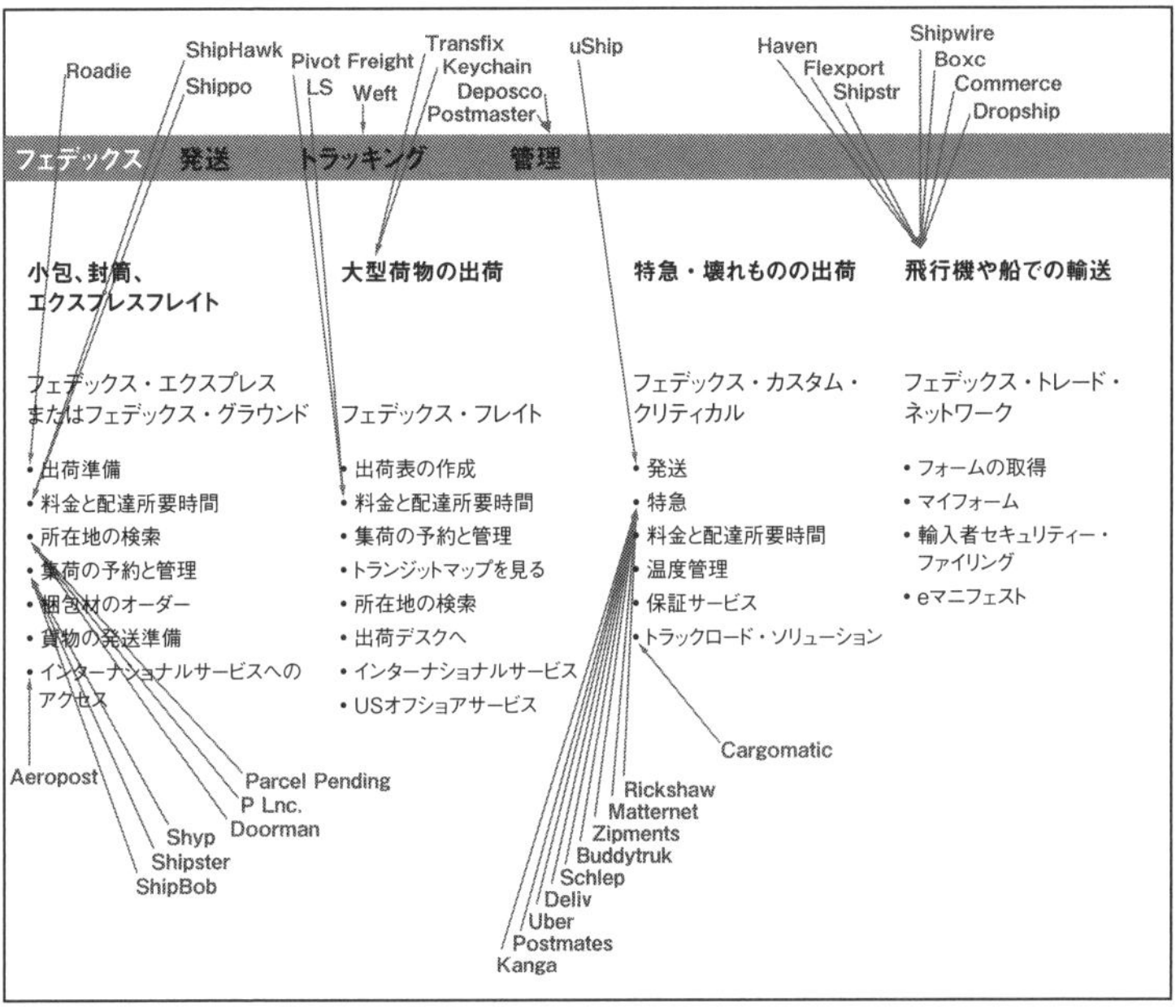

【図2-4】フェデックスやユナイテッド・パーセル・サービス、さらに物流業界を分断するスタートアップ企業(注12)

とても言えない。

一方で、外部に目を向けやすいフラットな組織構造を持ち、既存の資産も少ないスタートアップ企業は、新しい状況になじみやすい。そのため、デジタル化を果たしたスタートアップ企業は、これまでの業界の体制を大きく揺さぶっている。図2-4を見てほしい。すでに物流業界は小回りの利くスタートアップによって、さまざまなやり方でかき回されている。

グーグルやアップル、ウーバーなどのテクノロジー企業と、従来の自動車メーカーの間に起こった競争は、わかりやすい危険信号である。車が、ソフトウェアが提供する利益率の高いサービスの「入れ物」になることで、従来の自動車メーカーは、テクノロジーのエリート企業にハードウェアを提供する、単なる外注業者のような存在になってしまう可能性がある。

既存の企業はこれからの競争に効率的に対処するため、新しい環境に適応する方法をいまから考えなければならない。ＩＩｏＴの市場はまだ始まったばかりで、適応のための時間はまだ十分残されている。ただ、変化は加速していて、あまりゆっくりしてはいられない。

新たなリスクとリターン

これまで見てきたように、成果型エコノミーの概念とその未来像は、現在のビジネスや事業構造よりもはるかに複雑だ。

単に、顧客が目的を果たすためのツールを自分で購入する代わりに、直接、成果を要求するようになるだけではない。前述のエコシステムに関する説明で示した通り、成果型エコノミーのもとでは、企業とそれぞれの業界、顧客、サプライヤーの間に複雑なネットワークが形成される。ネットワーク内での関係は、微妙な差異を持っているため、これまでにはない役割や事業体が出現する。そして、企業内、あるいは企業間の境界線がきわめてあいまいになる。

これはつまり、成果型エコノミーがマクロ経済の概念であり、社会政治学的なトピックであることを意味する。成果型エコノミーを正常に機能させ、ポテンシャルを最大限に引き出すためには、それに合わせた規制の枠組みをつくらなければならない。具体的には、データ送信の円滑化、知的財産権の保護、新しく出現する複雑な企業体の国際取引に関する税務、責任と保証に関する権利などについて新しい枠組みが必要だ。これらについては本書のテーマではないが、そうしたニーズの出現は、革新的な成果ベースのビジネスがさまざまな分野において複雑に分岐していくことを示している。

企業はコストを計算し、リスクを管理し、特定の成果を届けるために必要な要因をすべて把握するために、質の高いデータをより多く集めなければならなくなる。顧客に保証した成果に関するリスクに着目した新しい保険や金融商品が出現するだろう。成果の実現可能性をモデリングできるようになれば、価格の設定方法も変わる。企業同士が協調しあうエコシステムによって、新たなテクノロジーのプラットフォームの必要性が、これまでにないほど高くなる。

また、成果型エコノミーの出現は、使用されていない資産に関する経済的リスクがユーザーから企業に移転することも意味する。ドリルの例を思い出してほしい。壁に穴をあけるためのドリルを所有しているのは、顧客ではなくサービスの提供者だ。そのため、キャッシュフローの流れも大きく変わるだろう。企業が報酬を得るのは、あくまで成果が達成されたあとだ。資金を投入してつくった資産が、実際に使われる前に報酬が入る現在とは、大きく状況が変わる。

さらに、プラットフォーム・オーナー、データ・サプライヤー、サービス・アグリゲーターなど、市場を先導したり、サポートしたりするさまざまな仕事がこれから出てくる。企業は、自社の市場におけるポジションやＩＴの活用能力、リスク許容度、企業文化などを考慮してこれらのサービスを選択するようになるだろう。

成果型エコノミーへの備えとして、複雑化する状況に対応するための、明確かつ漸進的なデジタル化戦略が必要なのは明らかだ。具体的な戦略の立て方については、次章で詳しく説明することにしよう。

ここではその戦略を立てる準備として、マクロの視点から現在進行中の変化を解説しよう。

未来の製造業における四つのステージ

成果型エコノミーが成熟するまでの過程とはどのようなものなのか、そしてその先は何があるのか。また、各業界の企業はそれぞれどのような道筋をたどることになるのだろうか。

最近の研究ではその過程は四つのステージに分類されている。最初の二つのステージは、段階的な変化であるため、これから説明する通りの順番で起こるだろう。一方、ステージ3と4はどちらが先になってもおかしくない。ただ、おそらく、これから3年から5年の間に勢いを得て、世の中の主流になると予想される。

ステージ1――業務の効率化

このステージでは、製造工場の現場から、建物の上層にある役員フロアにいたる企業全体を、組み込みソフトウェアが有機的に接続する。そしてそれぞれの場所にあるアプリケーション、

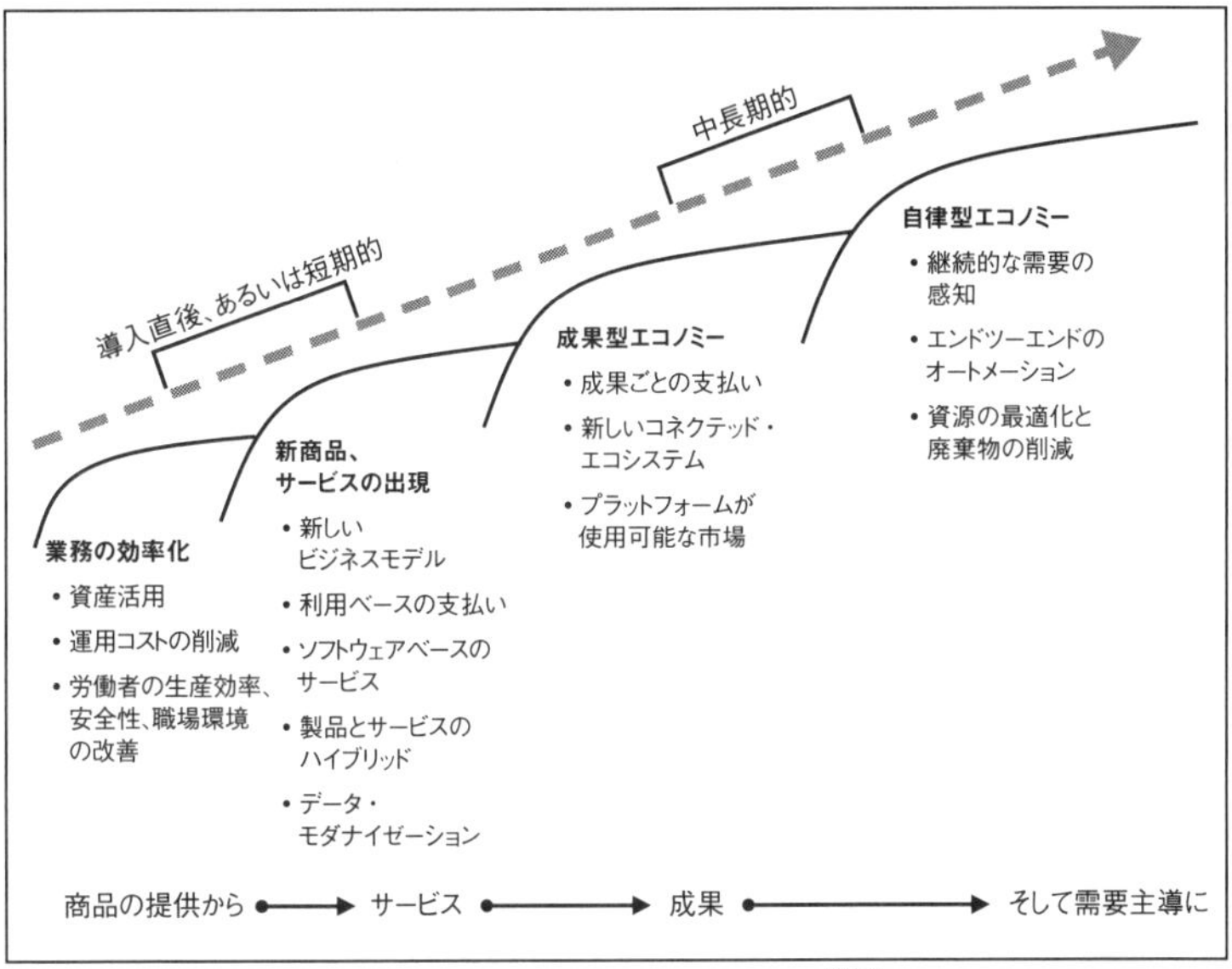

【図2-5】インダストリアル・インターネットの進化の道のり(注14)

機器、製品がインテリジェントになり、従業員がそれらを使いこなすことで、運営の効率が向上する。

このように製造工程がデジタル技術によって自動化されるだけでも、生産性は3割程度アップする。こうした手法はすでに鉱業分野では広く取り入れられている。ネットワークに接続されたデバイスを現場に配置して、鉱業用トラックや貨物列車の劣化具合をその場で調べ、メンテナンスのタイミングを予測するなどがその例だ。こうした予知保全によって、鉱業セクターではダウンタイムを70パーセント縮めただけでなく、メンテナンス費用を最大で30パーセント削減することに成功した。(注13)

工場生産に関わる企業の大半がこの「業務の効率化」ステージの途上にあ

る。調査によると、自社の属している業界が、ほかに比べてデジタル化が進んでいると考えている企業の割合は、アメリカで約40パーセント、ドイツとフランスでは約20パーセントだった。一方アジアでは、日本がたったの7パーセントであるのに対し、中国では33パーセントとなっている。(注15)

「業務の効率化」ステージには、コネクティビティの向上による業務の最適化も含まれる。企業は顧客との接点が増えることで、新たな収益を見込める。

また、サプライチェーンはより柔軟になり、オンデマンドでのカスタマイゼーションや、リアルタイムでの情報へのアクセスが可能になる。デジタル化された製造工程は製品の設計にも影響を与え、テクノロジーによって簡単に仕様の変更ができるようになることで、個々の製品のライフサイクルはどんどん短くなる。

製品の生産はより消費者に近い場所で行われる。逆に、サービスの提供場所は消費の現場と離れていく。わざわざ現場に行かなくても遠隔操作で提供可能になるからだ。

ドイツのシーメンスでは、電力会社に対して、最新のスマートグリッド・ソリューションとデータ・マネジメントサービス、さらに、電力網の信頼性とエネルギー効率を高めるシステムインテグレーションを提供している。(注16)

ステージ2――新しい製品やサービスの出現

ステージ2では、クラウドコンピューティングと分析ツールの普及に後押しされる形で、これまでにない製品やサービスが多数現れる。ネットワークに接続された、最適化済みの生産工程を基礎に、企業は、次なる市場への道を探し始める。そしていずれは、消費者かほかの企業かを問わず、どこかに自分たちのサービスを求める顧客を見つけるだろう。ソフトウェアが組み込まれた従来にない付加価値を持つインテリジェントな製品には、十分な需要がある。

ここにおける変化は決定的だ。組み込みソフトウェアが、ハードウェアの機能をまったく新しいものに変化させる。組み込みソフトウェアはイノベーションを促進させ、市場に速く広まる基盤となる。すでに実現している例のなかで最もわかりやすいのは、アップルの iPhone だろう。アプリケーションのエコシステムを丸ごと組み込んだ iPhone は、スマートフォンを、膨大な数のユーザー一人ひとりの生活に対応できる究極のインターフェースを持つデバイスに進化させた。iPhone はまったく新しい市場の扉を開いたのである。成果型エコノミーが動き始めれば、こうした変化はほかの分野でも起こる。

いまのところ、「新たな製品やサービス」は散発的にしか出ておらず、フルスケールというよりも、どちらかと言えば試験的運用である場合が多い。だが、これからの数年で流れは加速する。たとえば、アメリカの重機メーカー、キャタピラーでは、テレマティクスを使った高度な接続性を持つ機器によるサービスを、顧客に向けてすでに開始している。(注17) これと同じように、大手ヘルスケア企業でも、ネットワークにつながったデバイスにビッグデータと分析ツールを組み合わせることで、患者へのケアの質を高めている。さらに、フランスの産業機械メーカー、シュナイダーエレクトリックも、分析ツールを搭載した、ネットワーク接続可能な新たなデジ

タル製品を発表した。(注18)

自動車メーカーも組み込みソフトウェアで、たとえばドライバーに対してさまざまな形でサポートする付加サービスを提供したり、必要な情報をまとめて定期的に配信したりできるサービスを始めた。さらに、こうしたサービスの結果は研究開発部門にフィードバックされている。

GPS受信機のユーザーインターフェースを通じて、ドライバーがリアルタイムでナビゲーションシステムを使えるようになったのは、組み込みソフトウェアが自動車業界にもたらした大きなメリットの一つだ。すでに、市場に出ている車からフィードバックされるデータが、次の車の開発に生かされている。そしてこれからは、車はいわば「タイヤのついたプラットフォーム」に変わっていき、都市や家とつながっているITインフラのような、ほかのプラットフォームと同様の性質を持つようになる。将来、あなたの車は、家やオフィスの延長になる。

いま取り上げた例だけを考えても、すでに車の価値の半分は、ソフトウェアや電子機器からもたらされていると言ってよい。だが、たとえば顧客の好みに合わせた車載エンターテインメントシステムの導入や、車内から直接さまざまなサービスの注文を可能にするなど、自動車メーカーができることはほかにもまだある。これから自動車メーカーと顧客の関係はより個人的なものとなり、そこから新たな需要が生まれる。

ステージ3――成果が広く普及

ステージ3に入ると、成果型エコノミーは完成する。全体がネットワークでつながった、スマート化されたインテリジェントな企業が、主要なサービス機能を搭載済みの接続機能を持つ製品を生産するようになる。企業は、自社や顧客が必要とするものを十分に把握し、「コネクテッド製品」は「コネクテッド生産システム」に置き換えられる。

このステージでは、製品は単なるハードウェアからスマートなアイテムに進化する。つまり、それ自体がプラットフォームとして機能するうえに、ハードウェアの用途に付随するサービスをすべて搭載しており、さらにハイパー・パーソナライゼーションによってまったく新しいユーザー体験を提供するような製品に生まれ変わる。

データから得られた知識が何度もフィードバックされることで、このステージでは企業や消費者のニーズが直感的にわかるようになる。製造工程は大幅に自動化され、ブルーカラー、そしてホワイトカラーの仕事すら、ほとんど人間の手を必要としなくなる。「成果を売る」ビジネスモデルが、現在の「製品を売る」やり方の大半を終わらせる。

また、縦割りのビジネスプロセスや障壁が完全に消滅するのも、このステージの特徴の一つだ。製造装置や製品にソフトウェアを組み込むことで完成する柔軟で有益なビジネスエコシステムは、事業リスクを分散させるとともに、産業の垣根を越えて、ユーザーに合わせた複雑な成果を提供する製品やサービスを可能にする。

さらに、それぞれのプラットフォームは、セクター内における役割や重要度に合わせてその姿を変え、ついには「プラットフォームのプラットフォーム」まで出現する。

製品やサービスの個別化はさらに顕著となり、需要主導の、使用状況に合わせてハイパー・

パーソナライズされた、成果という形でのサービスが即時に提供されるようになる。

そして、いまよりも動的で機械主導になったビジネスプロセスが、広範囲でのサービス需要を掘り起こし、必要な技術の発達を促進する。現在のビジネスプロセスは、一定の目的を達成するための決まった手順が繰り返し行われるもので、進行管理や評価は人間に任されている。しかし、成熟した成果型エコノミーのもとでは、機械によって柔軟に変更可能なプロセスが設定される。その進行を担うのは人工知能だ

まるでSFの世界のように聞こえるかもしれない。だが、すでに一部は現実となっている。オランダの大手電機メーカーのフィリップスと、オーストラリアのバイオ企業のエモーティブ・システムズを例にとってみよう。両社は、遺伝性筋疾患の患者が脳波を使って光スイッチやサーモスタットを操作できる、ウェアラブルのデジタルデバイスの試作品をすでに開発済みだ。(注19)これはまさに、組み込みソフトウェアの最新の応用例と言うべきもので、数年後、成果型エコノミーが成熟した際には、この技術が巨大な市場を獲得する可能性が高い。

ステージ4——産業の大半が自動化

ステージ4は成果型エコノミーの先にある世界だ。ここではデジタルで制御されたスマート・マニュファクチャリングがさらに進行する。全工程が自動化され、自律的に機能するようになり、先進諸国では大半の産業セクターでIIoT化が完了する。

システム内の組み込みソフトウェアのおかげで、サプライチェーンの運用には人の手がほと

んど必要なくなる。同じように、製造工程もソフトウェアによる自動操作が大半となり、車や産業用機器の製造は、特別なスキルを必要としない安全な作業になる。

さらにこのステージでは、注文を受けた時にだけ製品を組み立てる「自律型エコノミー」が出現する。無駄なものがつくられなくなることで、エネルギー消費は大幅に減少し、資源の使用効率が最適化される。

現時点では、完全に自動化された生産工程の実現はまだまだ先の話だ。しかし、すでに多数の企業がＩＩｏＴ化への一歩を踏み出していて、組み込みソフトウェアこそＩＩｏＴの鍵であると考える会社も増えてきた。事実、組み込みソフトウェアは、具体的な製品やサービスのあり方だけでなく、その開発方法まで変化させつつある。常にリアルタイムでネットワークに接続されるデバイスと、ソフトウェアの新たな機能は、ＩＩｏＴが提供するすべてのサービスの土台となるだろう。

要点 Take aways

01—— IIoTは企業内部の業務や他社との関係、さらに顧客への製品の売り方を劇的に変化させる。

02—— この変化が「製品の終わり」をもたらし、これまでにはなかった成果型エコノミー（または「使用型エコノミー」）を出現させる。私たちが長く慣れ親しんできたハードウェア製品は、さらに便利なサービスやユーザー体験、さらにそれらが形成するエコシステムに取って代わられる。そして最後には「成果」が製品として売られるようになる。このような成果型エコノミーを形づくるのは、リビングプロダクトとXaaSビジネスモデルの組み合わせである。

03—— 企業は硬直した縦割りのビジネスから脱却し、俊敏性の高いエコシステムの一部となる時代がくる。そして、これまでには考えられなかったパートナーと協力することになる。この変化に対応できない企業は、長くは生き残れない。

製造業界が、バリューチェーンのデジタル化によって得る経済的な見返りは大きい。そして、企業価値の向上が社会全体にもたらす波及効果は、そのうれしい副産物だ。通常、デジタル化が社会全体に創出する価値は、企業内のＥＢＩＴＤＡ（支払利息、税金、減価償却控除前利益）や売り上げの増加よりもさらに大きい。企業がデジタル化に向けた戦略を立てる際には、その価値を理解しておくことが不可欠となる。また、デジタル化のペースが違えば、発生する価値の質も変わり（早ければ早いほどよい、というわけではない）、デジタル化によって得られるバリューの深さ、「バリュー・プール」は業種ごと、企業内の部門ごとに異なる。

既存業務のデジタル化の具体例に進む前に、まずはデジタル化がもたらす価値についてもう少し詳しく見てみよう。これは何も、これから実現するかもしれない夢のような出来事に思いをはせて、いい気分を味わおうと言っているのではない。現実的に、価値を検討しておかなければならない理由が二つある。一つは、経営陣が企業にあった具体策を立てられるようにするため。そして、もう一つの理由――こちらのほうが重要だが、本章でこれから詳しく述べる通り、デジタル化の戦略を立てるためには、それによって創出される価値を詳しく理解しておくことが必要不可欠だからである。

繰り返しになるが、事業のデジタル化は絶対に避けられない。ただ、これから解説するように、各セクターではデジタル化できる場所が異なっており、それぞれの業務ごとに生み出す価値の大きさも違う。また、急速に変化する状況のなか、どれくらいのペースでデジタル化を進めればいいのか、という問題も残っている。

第1章で説明した通り、現在の製造業では、デジタル技術の発展によって、それが果たす役割が従来とは大きく変わりつつある。以前は業務の効率化をサポートする単なる脇役にすぎなかったテクノロジーが、業界を根底から変革し、破壊と創造をもたらす力を備えた主役に躍り出ようとしている。製造業の経営者の多くはすでにこのことを理解し始めている。

デジタル化は企業の価値を、巨大なテコのように急速に押し上げる。現在、フォーチュン500に名を連ねる企業が時価総額10億ドルに達するまでには、平均で20年かかった。[注1] 一方、主にデジタル技術を駆使して急成長を遂げた、いわゆる「ユニコーン」と呼ばれる一部のスタートアップ企業がその地位に駆け上るまでの時間は、平均でたったの4年である。要するに単純計算でいけば、デジタル化は、過去に起きたほかの技術による改革の5倍のスピードで企業の価値を上昇させる。しかも実は、スタートアップ企業よりも既存の大企業のほうが、デジタル

分野	コネクテッドプロダクト／デジタルサービスデバイス	効果
コネクテッド・ヘルス	病気の発見と対処	疾病負荷が最大20%減少
	健康状態の向上	顧客一人あたり、年に80～600ドルの経済効果
コネクテッド・ホーム	コア・オートメーション	関連業務にかかる時間を17%短縮
	消費エネルギーの管理	消費エネルギーを20%抑制
	安全性やセキュリティーの提供	財産的損害が10%減少
コネクテッド・オフィス	業務のモニタリングによる生産性の向上	生産性が5%向上
	拡張現実による生産性の向上	生産性が10%向上
	オフィスでの消費エネルギーの監視	消費エネルギーを20%抑制
コネクテッド・ファクトリー	製造工程の最適化	コストを5～12.5%削減
	予知保全	コストを10～40%節約
	在庫管理の最適化	コストを20～50%削減
	安全、健康な職場づくり	経済効果が10～25%向上
コネクテッド・オペレーション	業務の最適化	現場での生産性が5～10%、社員の生産性が10～20%、消耗品の使用効率が10～20%、それぞれ向上
	設備保全の改善	生産性が3～5%向上、設備費を5～10%節約、メンテナンスの回数も5～10%減少
	安全衛生管理	安全衛生費が10～20%減少
コネクテッド・トランスポーテーション	個人の移動手段の安全性	安全性が25%向上
	乗用車のメンテナンス、買い換え	耐用年数が3～5%伸び、メンテナンス費用を10～40%削減
	航空機への機材の設置と、メンテナンス	耐用年数が3～5%伸び、メンテナンス費用を10～40%削減、運航の遅延が25%減少
コネクテッド・シティ	大気と水質のモニタリング	費用が15%減少
	臨機応変な交通管理	旅行時間が10～15%短縮され、スマートパーキングにより、渋滞が10%減少
	完全自動運転車、半自動運転車	最大40%交通事故が減り、燃料使用量、二酸化炭素排出量を10～15%削減
	リソース、インフラ管理	停電が35%、水漏れが50%、盗難被害が10%、それぞれ減少

【図3-1】各セクターにおけるデジタル化の可能性とメリット(注2)

化による業務改善の余地は大きく、そこから得られる潜在的な利益も桁違いに多い。

とはいえ大企業は、あのタイタニック号と同じく、簡単には進路を変えられない。すでに多くの株主を乗せているうえに、予算の制約が厳しく、インフラにも企業文化にも大規模な改革が必要だからである。

こうした要素はすべて、利益率に跳ね返ってくる。産業用機器メーカーの自己資本利益率はすでに1桁台前半に落ち込んでいる。一部の自動車メーカーはまだ何とかひと桁台後半を維持しているものの、どちらにしても、デジタルベースのビジネスモデルに移行するための資金を確保するには不十分だ。つまり、コアビジネスが弱っているため、次に移るための蓄えがないのである。

また、大企業にとっては、新しいテクノロジーの導入自体が大きなリスクであることも見逃せない。デジタル化されていないとはいえ、これまでうまく機能してきた既存のインフラを、新たな未知数の技術に置き換えなければならない。大損する可能性は常につきまとう。しかもその技術は、あっという間にすたれるかもしれない。実は非効率かもしれないし、まったく使い物にならないことだってある。しかし、競合企業が新しい技術を「テスト」してくれるのを待っているわけにもいかない。もし、うまくいった場合に、出遅れてしまうからだ。

こうしたリスクに経営者は頭を悩ませている。混乱を乗り越え、危険を避けて正しい道を選ぶために、デジタル化によって得られる価値をいまから確認しておくべきだろう。

第2章ですでに触れ、本章でも詳述することだが、デジタル化を進めるにあたっては、十分

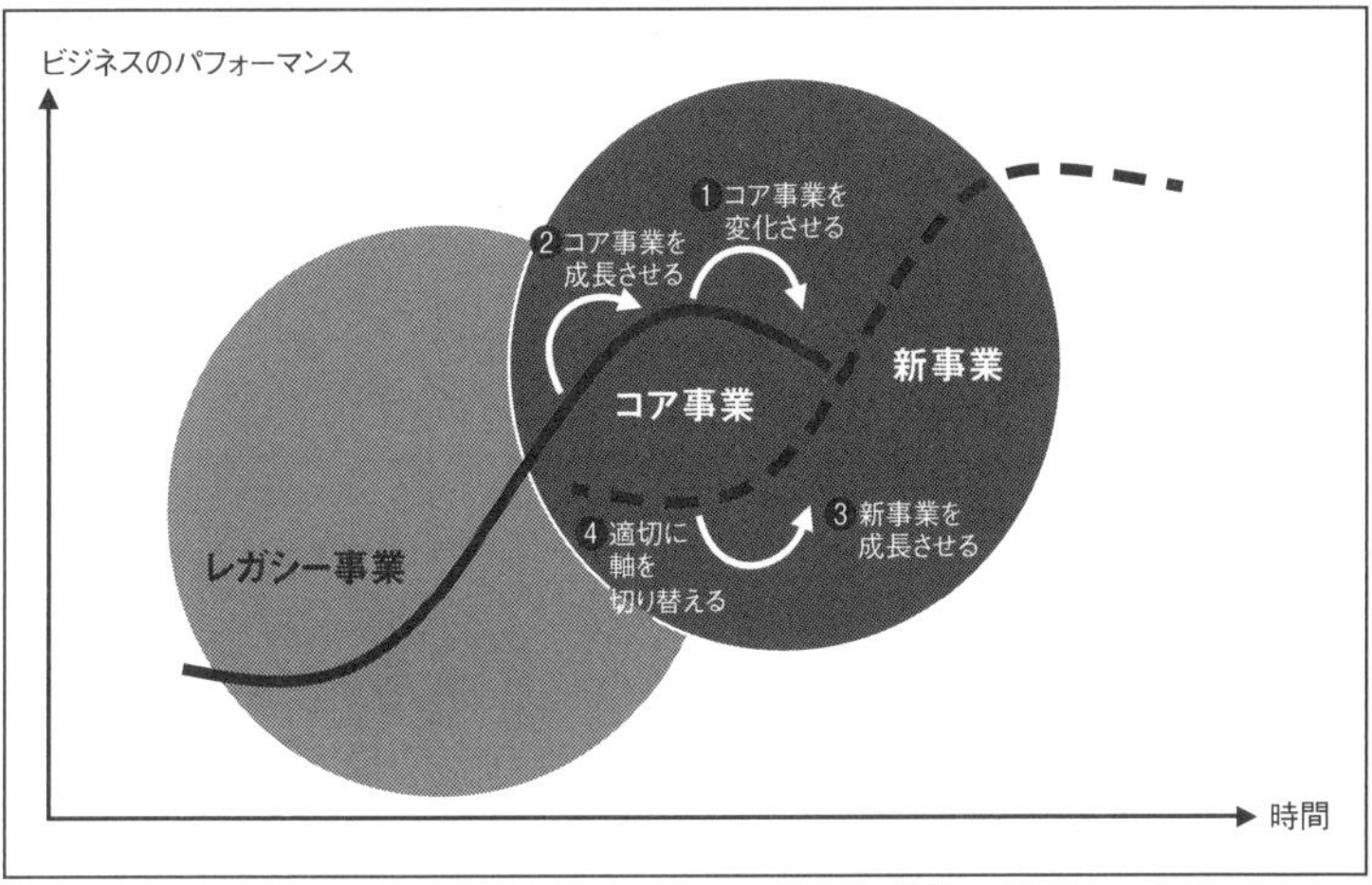

【図3-2】ピボット戦略における重なりあう四つのステップ(注3)

な注意を払ったうえで、段階的な戦略をとるのが正しい。実際、新しいビジネスへの移行を表すコンセプトには「ピボット戦略」という名がついている。つまり、バスケットボールのピボットのように、軸足に体重を残しながら慎重に行き先を探っていく。

図3－2が示すように、企業は、新しい事業に投入する資金を得るため、まずはコアとなる事業を成長させる必要がある。

この戦略の重要性については、これから順を追って解説していくことにする。ただ、最初に頭に入れておいてほしいのは、日和見主義を決め込んで場当たり的に行動する企業と、チャンスが来た時に実際の必要性に裏づけられた戦略を持って臨む企業の間には、大きな違いがあるということだ。あとのページで詳しく述べるが、デジタル化が進めば進むほど両者の差は広がっていく。

開発と応用の間に眠る巨大な価値

技術革新が起こるスピードにはそれぞれ差があり、技術を取り入れる度合いも企業によって異なる。そこを観察することで、私たちはデジタル化が企業にどの程度の価値をもたらすのか、あるいはどこにその価値が眠っているのかを知ることができる。

技術の進化は止まることがない。センサー技術はさらに洗練度を高め、通信キャリアは常に新しいモバイル通信のサービスを発表している。いまやビジネスの支柱となったクラウドはそれぞれの企業の特性に合わせたサービスを提供するようになり、新しく登場した強力なアナリティクスのソフトウェアが現場で日常的に使われるようになっている。

ただ、このような技術の進化は、企業がそれを応用して製品の開発・製造に生かすタイミングとは、まったく関係なく進んでいく。たとえばいま、赤い靴を10足という注文に対して自動で生産、配達できるような無人の工場があったとしたら、莫大な利益が上がることは確実だ。だが、どの分野においても、こうした革命的なシステムを実現するにはまだまだ時間がかかる。なぜなら、世界を変えるような技術の開発自体が困難であるうえに、そこに実際のビジネスへの応用というさらなる課題が加わるからである。まずは発明があり、そのあとにビジネスへの応用がある。この二つの間にギャップがあるのは、ある意味当たり前と言える。だが、このギャップのなかにこそ、われわれが探し求める潜在的な価値が眠っている。逆に言えば、それを見つけられれば、実際の応用方法もおのずと決まってくる。

デジタル技術の進化は信じられないほど速く、生み出す価値も膨大であることから、社会や企業が受ける恩恵も大きい。もし工業生産において、デジタル技術が進化するスピードに対して、3分の1のペースでそれを応用できたとしたら、それだけで潜在的に手に入る価値は十分すぎるくらい巨大なものとなるだろう。

では、具体的には一体どれほどの価値が眠っているのだろうか。最近の研究でセクターごとの潜在的な価値が数値化された。

各産業セクターにおける詳細なスクリーニングをもとにした計算によると、デジタル技術をビジネスに応用することによって2025年までに引き出される価値は、世界全体ではなんと100兆ドルにもなる予定だ。(注4)

金額自体にも驚きだが、その内訳を見ると、さらに面白いことがわかる。全体の5分の1がたった四つのセクター、つまり自動車、消費財、エネルギー、物流に手つかずのまま眠っているのである。

少し数字を拾ってみよう。電力業界ではデジタル化によって、概して営業利益が50パーセント近くアップする可能性があるようだ。また、すでにデジタル技術による効率化が進んでいるために、今後の伸びしろは少ないと思われていた自動車業界でも、今後10年の間に10パーセント近く営業利益を向上させる余地が残されている。(注5)

社会的利益

製造業やサービス業では、デジタル技術による業務機能の改善を通じて、業界のさまざまな場所に価値が蓄積する。そして副産物として、社会全体に巨大な波及効果をもたらす。実際、企業が外に及ぼす経済効果は、社会全体で見ると、それぞれの産業セクターで創出された価値の合計よりも大きくなる。

たとえば、現代では人口の増加による社会の負担増が大きな問題となっている。「移動」という要素一つとってみても、飛行機にしろ電車にしろ車にしろ、いまのフレームワークのなかでは、現在の負担を支えきれないのは明らかである。そのため、道路や線路というインフラをもっと効果的に使う方法を考えなければならない。ここでデジタル技術が役に立つ。効率の向上こそ、デジタル技術が社会にもたらす最大の恩恵だからだ。

個々の事業は、社会と企業の両方に高い価値を生み出すものと、どちらか一方に大きく偏っているものの二つに分類できる。ただ、途中で事業の性質が変わる可能性はある。最初は社会に対する価値の低かった事業が、時間がたつにつれて高い価値を持つようになるかもしれないし、その逆もしかり。自動運転車のように、導入直後から、社会には死亡事故の大幅な減少という大きなメリットをもたらしながらも、自動車メーカーにとっては直接的な利益がほとんどないケースもある（もちろん、時がたてば、自動車メーカーも自動運転車から利益を上げる方法を見つ

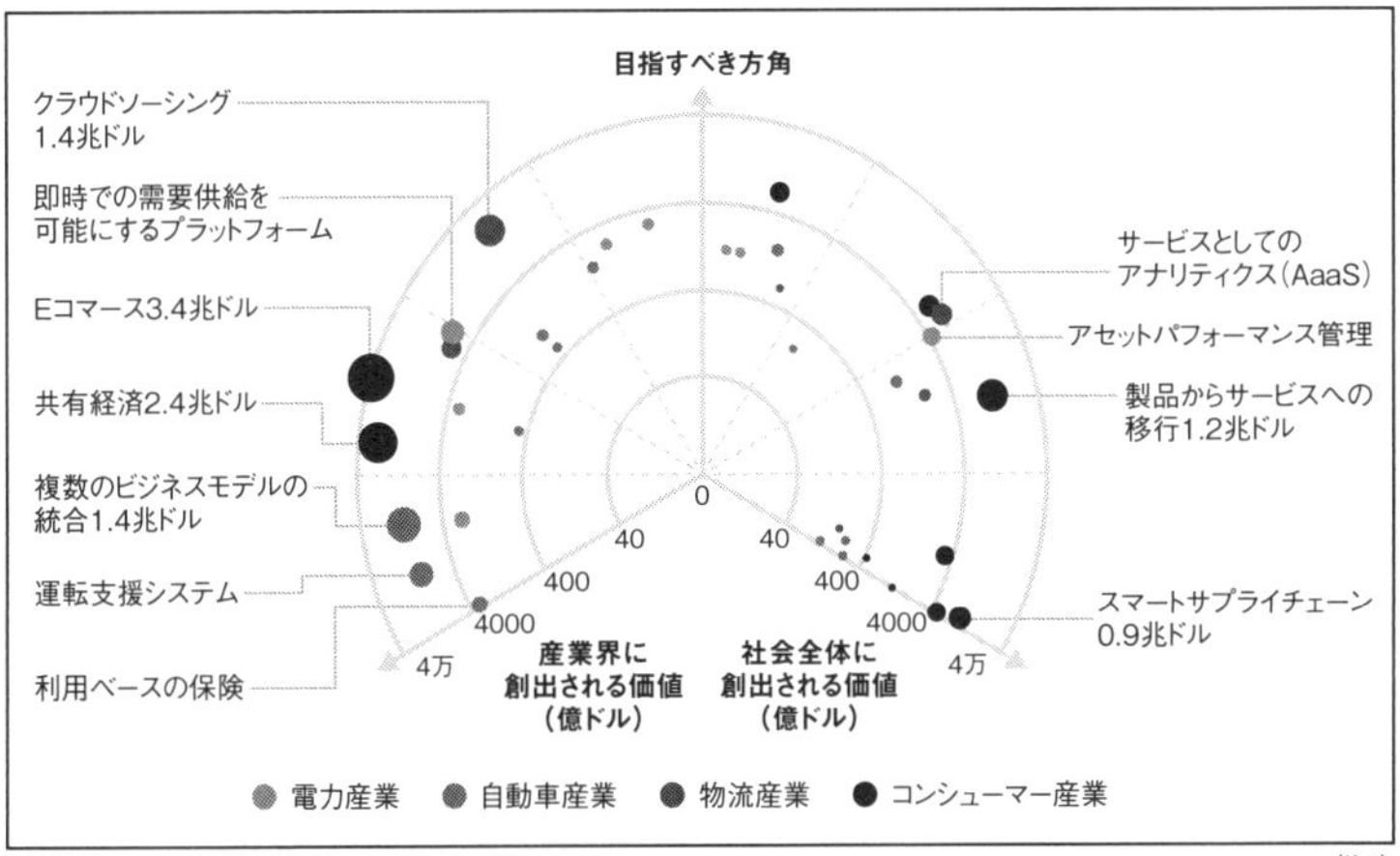

【図3-3】産業界と社会全体で今後10年間に実現すると思われる価値の位置づけ(注6)

け出す可能性はある)。

デジタル化は社会にさまざまな価値を生み出す。具体例を分析すれば、現在、世界が抱えている重大な課題の一部が、デジタル技術の導入によって解決できるのは一目瞭然である。

1―エネルギー

それでは、まずはエネルギー産業の例を見てみよう。エネルギー生産者が無駄にしているエネルギーの量はここ30年でおよそ倍に膨れあがり、産業全体の持続可能性を脅かすレベルに達した。われわれの試算によれば、電力発電部門における2016年から2025年のデジタル化による経済効果は、セクター単独でも1・3兆ドル以上。社会全体への影響を考えると、ここにさらに1・7兆ドルが加わる。(注7)

あなたや私を含む世間一般の人全員が、エネルギーの消費者として、スマート化されたメーター

創出される価値の性質	価値の受け手、あるいは発生する価値の内容	金額（億ドル）
業界内での価値の移転	対象なし	
	OEMとアフターサービス市場	12
業界への付加価値	テレマティクス・サービスプロバイダー	84
	ディーラー、運行管理業者	-78
消費者への影響	消費者が負担するコストの減少	2401
社会への影響	二酸化炭素排出量の削減	64
	交通事故死の減少と経済的損失の低減	1348
外部経済への影響	保険会社の利益が向上	149

【図3-4】自動運転車が生み出す価値[注8]

による、エネルギー管理の効率アップの恩恵を受けられる。

また、エネルギーの生産、消費を現在のような集約的な方法ではなく、分散化した柔軟なデジタルシステムで管理することで、二酸化炭素の排出量も抑えられる。

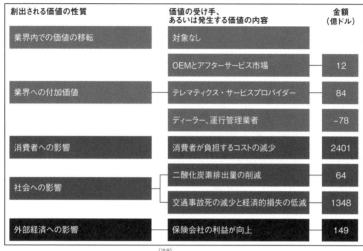

こうした効果をすべて合わせれば、いまから10年の間に社会全体で創出される価値は、2兆ドルを優に超えるはずだ。[注9]

2 物流

物流産業のデジタル化がつくり出す社会的価値も非常に大きい。アクセンチュアの試算では、潜在的な価値は2・4兆ドルで、エネルギー産業を上回る。[注10]

現在、気候にダメージを与える排出ガスのうち、小売り、卸売り、運送サービスだけで世界全体の13パーセントを占めている。だが、デジタル技術の導入によって、今後10年の間に、これらのサービスの排出量の最大11パーセントを削減できる。さらに長いスパンで見れば、最終的には9割近い削減が可能だと言われている。ラストワンマイルの配達に、配送ルート全体で潜在的に節約可能な費用の4分の1が左右されている現状を考えれば、ドローンのような新しい技術の導入が、業界に巨大な価値をもたらす可能性は十分にある。(注11)

ただ、これからつくられる価値の大半は、物流の主役たる、トラック、倉庫、ハブセンターなどを、デジタル技術で細かく調整することから生まれてくる。また、ウーバーのような配車サービスが物流のエコシステムの一部を担う可能性もあるだろう。

そして、エネルギー産業と同じく、物流産業の変化も、一般の家庭にとって大きなプラスとなる。荷物のリアルタイムでのトラッキングが可能になることで利便性が向上するほか、デジタル化によって市場の透明性が高まり、企業間の競争が激しくなることで、配送コストが大きく下がる。すべてを合わせると、物流産業ではこれから10年間で、8000億ドルの価値が創出されると予想されている。(注12)

3―保険

デジタル化が社会に与える多様な利益を示す具体例を、もう一つ挙げてみよう。それは、利用ベースの自動車保険だ。この保険では、それぞれの運転手の振る舞いを、車内に搭載した装置で記録する。たとえば、ひと月あたりの走行距離や、アクセルやブレーキの踏み方の癖、車線変更の回数などだ。保険会社は、それらのデータを高度なアルゴリズムを使って分析し、各ドライバーの「危険度」を割り出す。そしてそれに合わせて、個人ごとにそれぞれ異なる内容の1カ月契約の保険を提供する。

これは、デジタル技術でハードウェアに適切なサービスを組み合わせて、大きな社会的価値を生む製品を誕生させた好例である。最近の研究では、利用ベースの自動車保険の導入でドライバーの危険運転が抑えられることで、2025年までに15万人の命が救われると試算されている。さらに、保険料が正確に計算できるようになることで、保険契約者も無駄なお金を払わずに済む。もちろん事故が減ることで、車の修繕費や処理費用も抑えられる。この保険によって、関係者全員が得をするのだ。(注13)

ここまでに取り上げた各業界の具体例はすべて、ハーバード・ビジネス・スクール教授、クレイトン・クリステンセンの「既存産業のデジタル化による社会的利益は、新興産業のそれを上回る」という有名な仮説を裏づけている。つまりここでは、従来の企業がスタートアップに勝る。その理由は、単純に規模の違いにある。既存産業の工程や機能がデジタル化されれば、規模が大きい分、社会への影響も大きくなる。もちろん、改革を実行しなければ、価値は生まれない。

企業の利益とは？

では、企業側の利益にも目を向けてみよう。デジタル化はEBITDAや売り上げにどう影響し、バランスシートや損益計算書にはどのように現れるのだろうか。

ここからは、アクセンチュアの最新の研究をもとに、自動車メーカーを例にとって説明を加えていこう。ただ、重要な数字についてはほかの分野についても適宜載せていく。流れに沿って読んでいけば、産業界全体に通じる指針がきっとつかめるはずだ。

取り上げるのは四つの分野である。そのうちの二つはすでに言及した、デジタル化によるポテンシャルが最も大きいと考えられる、自動車と消費者向けのパッケージ製品（CPG）の製造。残りの二つは医薬品とインダストリアルエンジニアリングで、どちらも大きな可能性を秘めている。要するに、どの業界もデジタル化を無視することはできない。

この研究では、それぞれの業種で短期的に（ここではいまから3年間と定義した）何が起こるかを予想している。目的は、各業種のどこに一番大きな価値が眠っているのかを明らかにすること。そして、デジタル化のペースによって、創出される価値がどのように違ってくるかを評価することにある。

後者に関連して、私たちは四つの異なるシナリオを考えた。

▼シナリオ1
デジタル化にまったく着手しないまま、従来通りのやり方で事業を続けた場合。
▼シナリオ2
バリューチェーンの一部をデジタル化するものの、やり方が無計画かつ場当たり的だった場合。
▼シナリオ3
段階的かつシステマティックに事業のデジタル化を進めた場合。
▼シナリオ4
デジタル製品やデジタルサービスを使った新しいビジネスモデルに、一気に移行した場合。

シナリオ1と2については、実はほとんど語るまでもない。デジタル化をしない、あるいは場当たり的な導入だけで既存の事業を続ければ、売り上げは落ち、利益が縮小するのは火を見るより明らかだ。だが、一応検証してみよう。

われわれは、売り上げが500億ドル規模の自動車メーカーを想定し、デジタル化なしでその水準を維持できるかシミュレーションしてみた。結果は予想通りだった。このメーカーは、（たとえ部分的にではあっても）デジタル化を進めた競合他社にすぐに押され始める。シェアは奪われ、技術の差は開く。株主価値は下がり、コスト構造は他社との競争に耐えないものになる。結局、このメーカーのEBITDAは15・6パーセント減少。金額ベースに直すと7億800

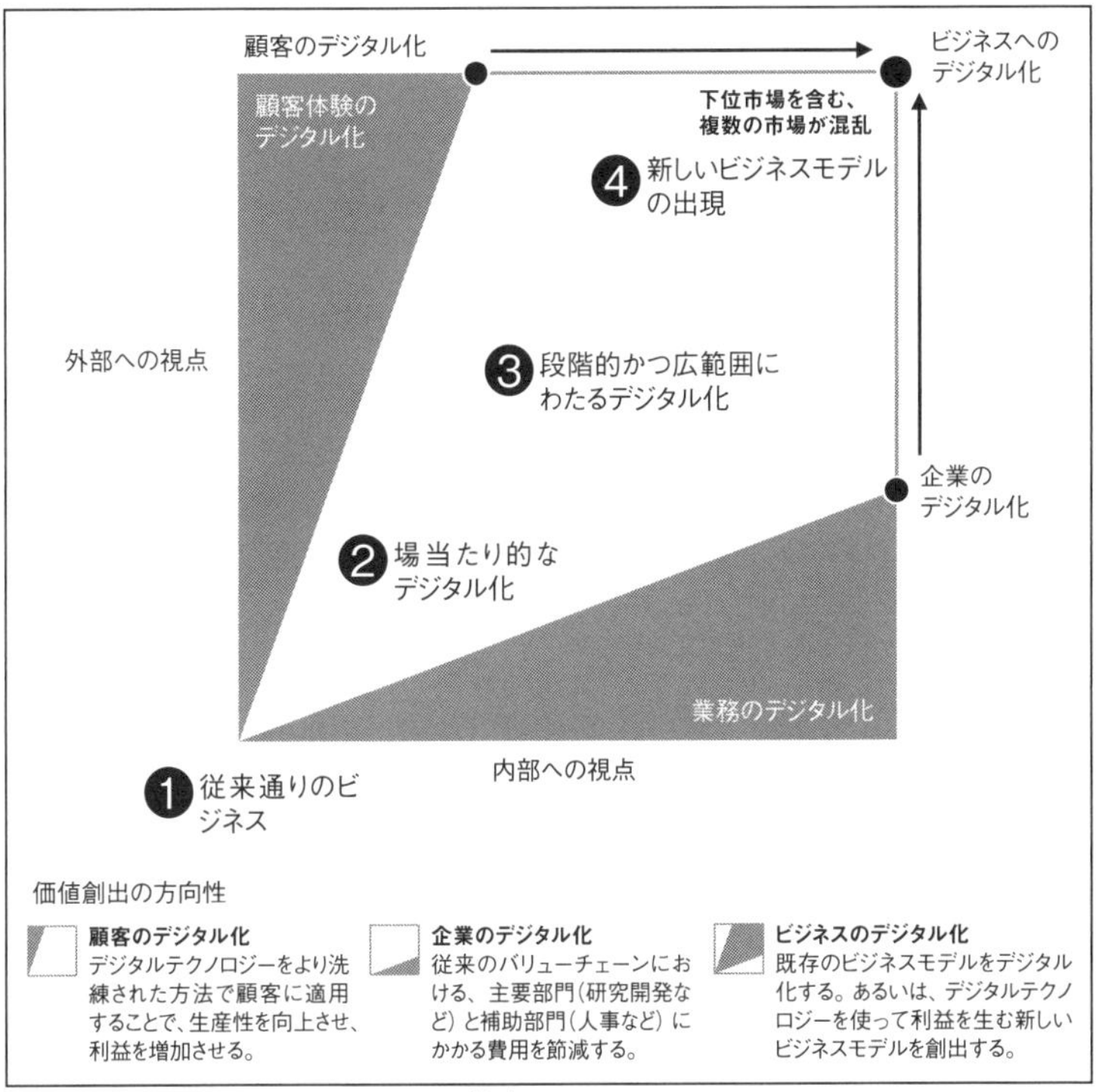

【図3-5】デジタル化の四つのシナリオ（注14）

0万ドル減少した(注15)。

ほかの業種でも状況はほとんど同じだ。売上高100億ドルのインダストリアルエンジニアリング企業と、売り上げ200億ドルの建設用機器のリース業者を想定したシミュレーションでは、それぞれ、2億8000万ドルと4億9500万ドルを失う結果となった(注16)。

自動車産業——効率化の先駆者

自動車産業では、早くから設計や製造工程の自動化を行い、コンピューター支援設計(CAD)や電子データ交換(EDI)などのデジタル技術を積極的に取り入れてきた。1970年代にはすでに数値制御の工作機械を製造工程に導入し、成果を上げげた。その後も生産や業務全体の効率化に次々と新たな技術を採用し、常に多くの利益を得てきた。

とはいえ、この分野にはまだ多くの価値が眠っている。デジタル技術によって、いま、自動車産業は再び大きく変わりつつある。これから車は、一個のハードウェアであると同時に、エコシステムのなかでサービスを提供するプラットフォームとしても機能するようになるだろう。

自動車産業の短期におけるトレンドを分析すると、デジタル化にあたっての課題が明確に浮かび上がってくる。同時に、エコシステム全体から生み出される価値のあまりの大きさから、デジタル化が不可避であることもはっきりする。私は、いまから5年間、自動車産業は次の五つのトレンドに左右されると予想する。

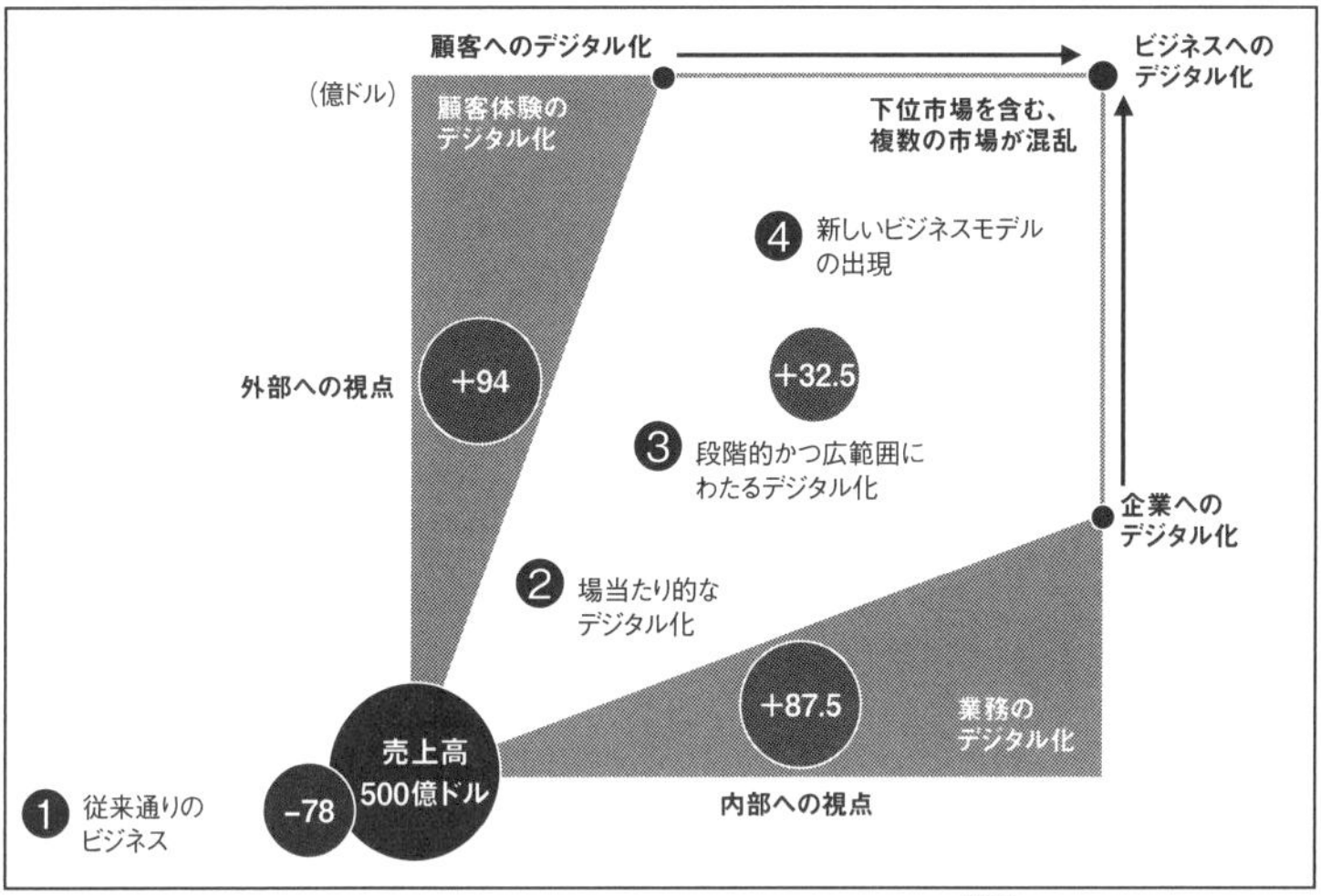

【図3-6】売上高500億ドルの自動車会社における価値の実現(注17)

（1）車の内部のメカニズムに、デジタルアルゴリズムの導入が進めば進むほど、ハードウェアとソフトウェアの開発サイクルの差が大きくなる。ちなみにこの現象はほかの産業でも起こる。そして、解決は容易ではない。

（2）地球温暖化の影響で、自動車メーカーはいまよりもさらに車の排出ガスを減らすよう求められる。点火装置をはじめとしたエンジンの各パーツを非常に正確に制御できるソフトウェアがなければ、これ以上排出量を下げるのは不可能だ。そのため、デジタル部品とソフトウェアは必要不可欠になる。

（3）純粋な移動手段としての車は過去のものとなり、ネットワークに接続された、いわゆる「コネクテッド・カー」の時代が来る。ここでは車は、常に開発、アップデートされる最新のソフトウェアを搭載したハードウェア製品という位置づけに変わる。自動車メーカーには、生き残るための最低条件として、高度なデータ分析能力や、顧客のプライバシー情報を大量に扱うための機密保持能力が求められる。

（4）個人が車を所有し、自分専用の乗り物として使う時代にも終わりが見えてくる。これからは、コネクテッド・カーを使った、ライドシェア（相乗り）の仕組みやそのための技術が、自動車業界で競争力を維持するために必須となる。車は単体ではなく集団で、しかもお互いが協調して動くように制御され、社会全体にまるで毛細血管のようにその交通網を広げていくだろう。もちろん、ここでもデジタル技術は非常に重要な役割を果たす。というより、デジタル技術がなければ、そもそもこの複雑な交通の仕組みは実現不可能だ。

（5）全員が常にネットワークにつながっている、ハイパー・コネクテッドな時代が訪れると、新しいサービスの出現や、ネット上での口コミにより、同じ製品を買い続ける消費者は少なくなる。車も決して例外ではない。そのため、自動車メーカーは、オンライン、オフラインを問わず、常に質の高いサービスを提供することで、顧客離れを防がなくてはならない。

このトレンドに基づき、自動車メーカーが新しい事業モデルに向かって着実にデジタル化を進めた場合、われわれの予想では、2020年までの4年間に、世界の自動車メーカー全体で売上高が15・6パーセント、金額ベースでは2160億ドル増加する。

利益という点でもデジタル化の効果はきわめて高い。自動車メーカー全体のEBITDAは42・8パーセント、つまり590億ドル増加すると予想される。

おそらく、現在のバリューチェーンにおける、デジタル技術を使った社内業務の効率化や顧客体験の向上は段階的に進み、2020年までに主要な部分については一通り完了するだろう（これは前述のシナリオ3にあたる）。そのため、従来とはまったく異なる新しいビジネスモデルが本格的に社会を変え始めるのは、そのあとということになる。

最も利益を伸ばすデジタル化戦略とは？

自動車産業では、デジタル技術への投資を、場当たり的にではなくシステマティックに行うのが正解だ。だが具体的には何に投資すればいいのだろうか。ここでは、年商500億ドルの自動車メーカーを想定して、2020年までに新しいビジネスモデルが一体どれくらい利益を上げるのか、シミュレーションしてみよう(注18)。

たとえばこの会社が、自動運転車を使って人を目的地に運ぶ、モビリティ・オンデマンドサービスや、企業と個人または個人同士でのカーシェアリングシステム、あるいはさまざまな交通手段（鉄道、飛行機、バス、バイク、車など）を組み合わせたインターモーダル・トラベルのプラットフォームを提供したとする。市場が未発達であるこれらのサービスから得られる利益は、2億6000万ドルと試算された。(注19)

また、ネットワークを通じて車内に提供できるサービスや、車で使うアプリ用のプラットフォームから得られる利益はたったの3500万ドルほどだ。(注20)

同じく、自動運転サービスや顧客から収集したデータの販売、特定のブランド車限定のリビングサービス（ユーザーの好みに合わせて変化するサービス）用プラットフォームも、まだ需要が少ない。そのため、これらの事業によるEBITDAの増加分は1000万ドルしかない。(注21)

最後に、これまで紹介した新しいデジタルビジネスモデルを別個にではなく、一気に実行した場合をシミュレーションしてみた。それでも、2020年までにEBITDAが6パーセントも伸びればいいほうで、金額ベースでは最大3億2500万ドルの増加にとどまる。一方で、社内の既存の支援部門を一部デジタル化しただけで、これよりも2000万ドルも多くEBITDAを伸ばすことができるという結果が出た。(注22)

そして、社内のオペレーションと顧客体験の向上について集中的にデジタル化を推進した場合には、EBITDAは36・3パーセント、実に18・15億ドルも伸びることが判明した。(注23)

新しいＩＩｏＴエコノミーの出現

もう答えは明らかだ。自動車産業では２０２０年までは、やみくもに新事業を推し進めるよりも、既存のビジネスモデルのバリューチェーンを段階的にデジタル化したほうが、はるかにメリットが大きい。これは、いままで使ってきたインフラや既存の業務がまだ利益を生む力を持っている一方で、新しいビジネスモデルが受け入れられる市場が育っていないからだろう。企業のデジタル化がフルスケールで完了し、それにふさわしい製品やサービスの提供が始まるのは２０２０年よりあとになる。

だが、気を抜いてはいけない。準備は絶対に必要だ。２０２０年以降、ＩＩｏＴベースの経済が一度確立されると、変化は急に加速する。それまでに新しい事業の土台をしっかりとつくっておかなければならない。焦ってすべてを一気にやろうとしたり、計画もなしにやみくもに進めたりするのはまずいが、何もしなくてもよいというわけでは決してない。

図３‐７に、自動車業界を中心に、既存企業と新規参入企業がすでに開始しているデジタル事業をマッピングした。

会社の核となる従来の事業と、これから必要な新しい事業の二つの柱があると考えてほしい。両方に資金を投入しつつ、徐々に前者から後者に重心を移していく。

そのため、まずは従来のバリューチェーンのデジタル化から始めよう。それと並行して、ソ

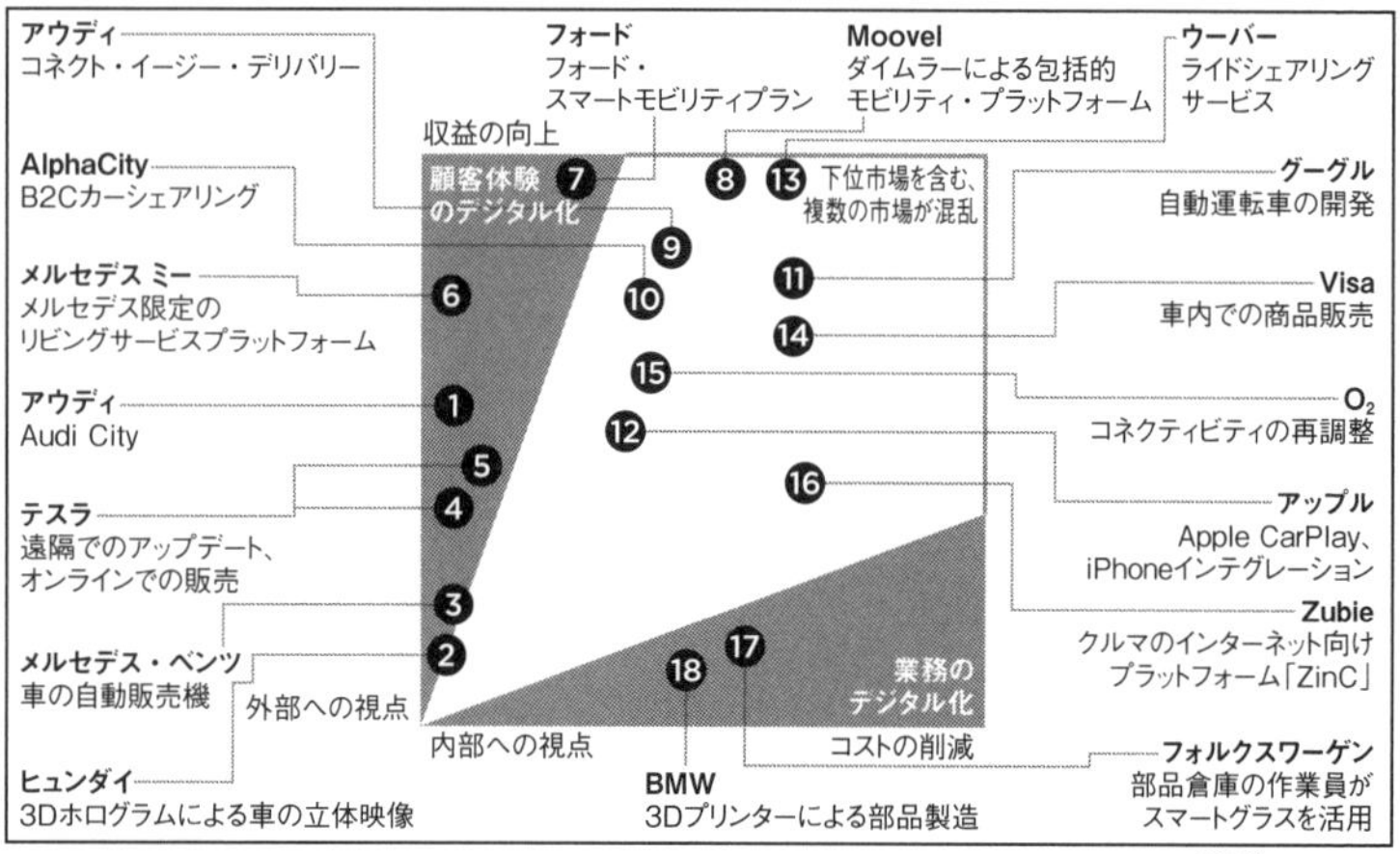

【図3-7】自動車事業における既存企業と新規参入企業のデジタル化戦略（注24）

フトウェアを使った新しいビジネスモデルを試験的に始める。従来の事業に軸足を残しておくことで、新事業への投入資金を十分に確保しておく。そうすれば、最終的に成果型エコノミーが出現した時に、新しい事業の準備は整っているだろう。

では、これからの戦略をさらに完璧なものにするため、企業内の各部門への投資が、それぞれどれぐらいの効果を上げるのか確認してみよう。

すべての部門に大きな価値が眠っているわけではない

眠っている価値の大きさを部門ごとに試算してみたところ、自動車産業の複雑な状況が明らかになった。

シミュレーションのモデルは、前と同じ年商500億ドルの自動車メーカーだ。結果を図3－8に示した。

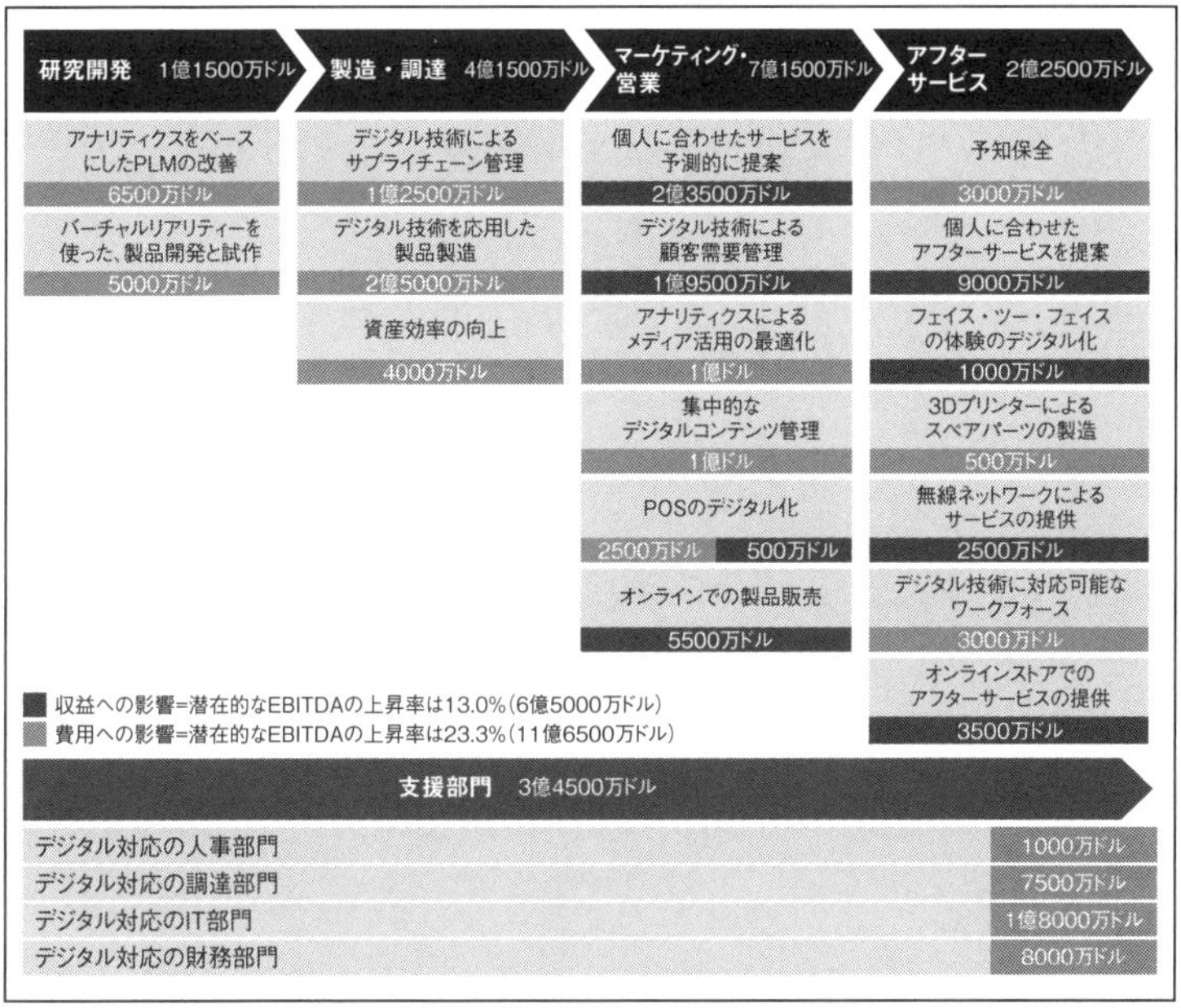

【図3-8】企業内の各部門をデジタル化する際の投資効率と潜在的価値(注25)

a　マーケティング、営業、アフターサービス

デジタル化の効果が最も大きいのはマーケティングと営業である。部分的にデジタル技術を導入しただけでも、売り上げが14・3パーセント、金額にすると7億1500万ドル以上アップする。図3-6に示した3番目の段階である「段階的かつ広範囲にわたるデジタル化」まで進めた場合、アフターサービス部門からさらに2億2500万ドルが得られる(注26)。

マーケティング、営業、アフターサービスという、明らかに自動車メーカーのメインとは言えないところから、これほどの利益が上がるのに驚いた人もいるかもしれない。だが、これらの部門で起こりうる多様なイノベーション――予測分析に基づく個人に合わせたサービスの提供、オンラインでの直接販売、店舗販売時点情報管理（ＰＯＳ）のデジタル化、デジタルによる新しい販売経路の導入、広告費の最適化、ウェブサイトやソーシャルメディアのコンテンツの一元管理――を考えてみれば、この数字も決して驚くにはあたらない。シミュレーションでも、これらの手法は、導入後すぐに利益を出し始めるという結果が出た。ぜひとも取り入れるべきだろう。

b―研究開発、設計・製造

次に大きな価値が眠っているのは、製造業の主要部門である設計・製造である。

デジタル技術による制御でサプライチェーンと組立ラインを統合管理し、より効率のよい製造プロセスを現場に導入し、ラインの稼働率を上げる。こうすることで、製造部門の価値は飛躍的にアップする。現場へのロボットの導入によって生産性は71パーセント向上。さらに、スマートヘルメットをはじめとする拡張現実デバイスの使用により、56パーセントの向上が見込める。

結局、製造部門のデジタル化によって、この架空の自動車メーカーのＥＢＩＴＤＡは4億1500万ドル以上アップした。研究開発部門では1億1500万ドル、約8・3パーセントの伸びを見せた。

C　事業支援

興味深いことに、財務、人事、調達、ITなどの事業支援部門でも、ロボット工学やブロックチェーンなどの技術を取り込んで、それぞれ独自の方法で利益を上げ始める。シミュレーションでは、これらの部署は合計で約7パーセント、3億4500万ドルの利益を向上させた。

今回のシミュレーションの結果一覧を図3－9に示した。全体からわかったのは、企業内のある部門をデジタル化した時に得られる価値は、業界ごとに大きく異なるということだ。たとえば、産業用機器（IE）メーカーは、研究開発や製造、調達などの部門から大きな利益を得るが、マーケティングのデジタル化の効果は限定的である。一方、一般消費財メーカーでは、マーケティングの効果はきわめて高い。また、製薬業界では、これからの利益のかなりの部分が、すでに新しいビジネスモデルにシフトしているようだ。

正しいピボット戦略とは

価値の眠っている場所は業種ごとに異なる。ただ、前述のセクター別の研究から、どの分野にも通じる三つの指針を見つけることができた。

	自動車のOEM	OES	産業機械・重工業	大型建設機械	耐久消費財	一般消費財・サービス	ライフサイエンス
IIoTを使った新しいビジネスモデル	15%	12%	36%	15%	21%	25%	60%
営業・マーケティング	33%	3%	7%	24%	29%	30%	15%
研究開発	6%	19%	9%	6%	5%	5%	5%
製造・サプライチェーン	19%	39%	22%	25%	20%	20%	15%
アフターサービス	11%	6%	13%	14%	10%	15%	—
支援部門	16%	21%	13%	16%	15%	5%	5%
EBITDAの増加額（ユーロ）	4.3億	3.1億	4.8億	7.8億	3億	9億	20億
EBITDAの増加率	42.8%	31.8%	41.6%	78.0%	29.4%	60.0%	67.0%
EBITDAの年平均成長率	7.4%	8.7%	7.2%	12.2%	5.3%	7.0%	8.0%

【図3-9】それぞれの業種で各部門をデジタル化した時に創出される価値(注27)

▼指針その1　現状のままビジネスを続けてはいけない

デジタル化に取り組まなかった売上高５００億ドルの自動車メーカーが、２０２０年までにＥＢＩＴＤＡを７億８００万ドルも減らす危険を招いたのは前に見た通りだ。さらにこの企業は、２１４万ドルの機会損失も被ってしまう。この結果から、現状のまま事業を続けたのでは、これから持続的に利益を確保するのは難しいのがわかる。デジタル化への準備を怠れば、売り上げやＥＢＩＴＤＡは減少、シェアは低下し、競争力を失うことになるだろう。上場企業であれば、時価総額も大きく下がってしまう。

▼指針その2　既存事業のデジタル化と新しいビジネスモデルの導入は、両方

やるべき

新しいデジタル事業への投資は、カニバリゼーションを予防する最高の手段であると同時に、市場支配力を持つビジネスを育てるための基礎をつくってくれる。そして、新しいビジネスモデルと既存事業のデジタル化は決して両立不可能ではない。むしろ、両方を組み合わせた時にこそ、売り上げやＥＢＩＴＤＡは最大となる。先ほどの売上高５００億ドルの自動車メーカーの例で言えば、既存事業のデジタル化で、ＥＢＩＴＤＡは36・３パーセント（18億ドル）増加。新しいビジネスモデルの導入でさらに６・５パーセント（３億２５００万ドル）増える計算になる。

▼指針その３　企業の個性に合わせた戦略をもとに、デジタル化を進める

デジタル時代の王者となるには、デジタル化の鍵となる五つの要素――ビジョン（新しいビジネスの未来像）、ロードマップ（それを達成するための計画）、トラクション（新しいビジネスに弾みをつけること）、チーム、デシジョン（意思決定）に集中することが必要だ。企業の個性に合わせたデジタル化戦略を立てることで、その強みを最大限に発揮し、チャンスをつかみ、リスクをコントロールできるようになる。また、戦略上、複数の選択肢が存在する場合には、それぞれ個別に費用便益分析をして、潜在的な利益を含めた総合的な評価を行うべきである。

細かい数字にとらわれることなく、全体を俯瞰してみれば、正しいデジタル化戦略を適切なタイミングで実行することが、いかに大きな効果を上げるかわかるはずだ。正しいピボット戦

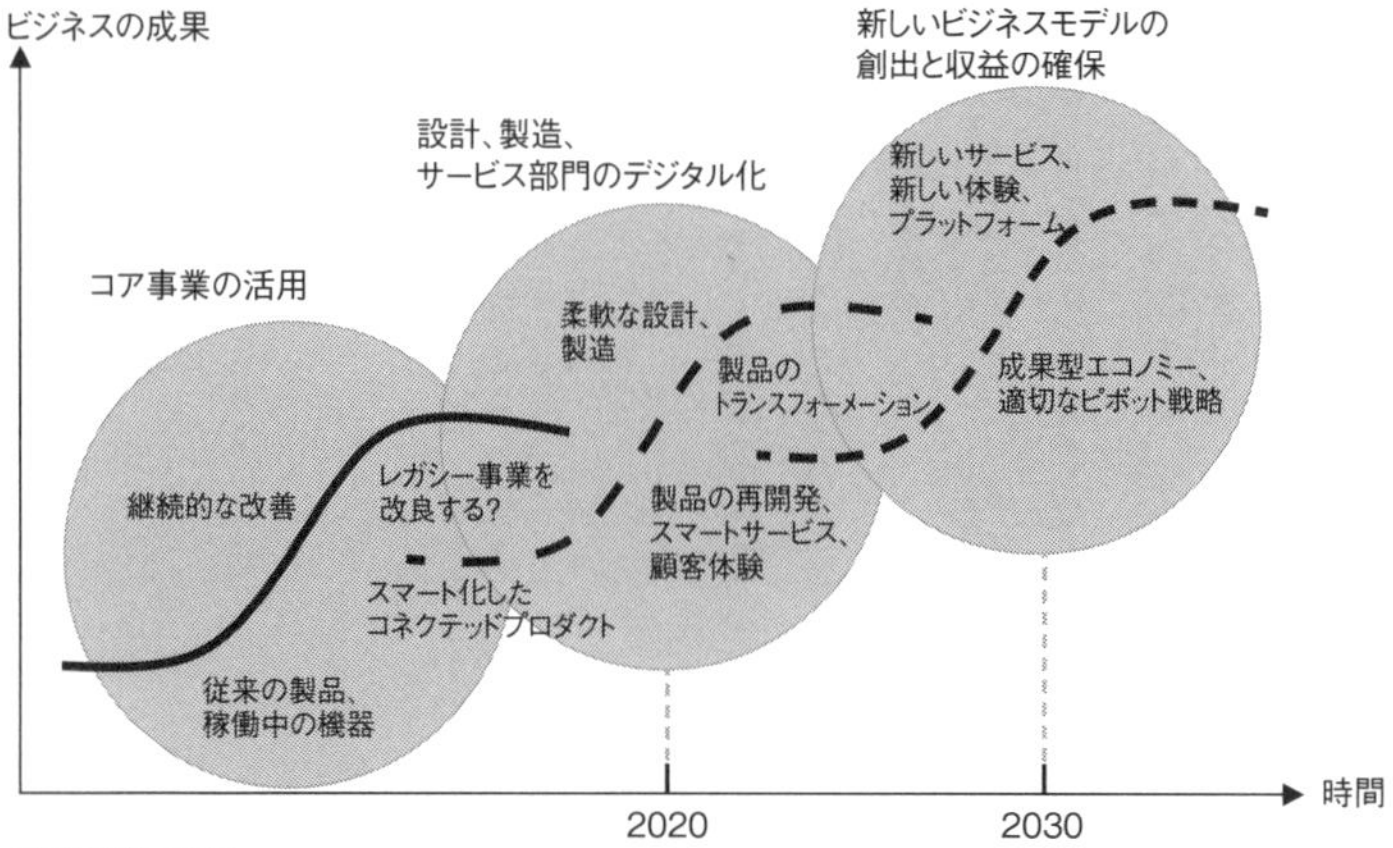

コア事業の活用

- 従来の製品の寿命を延ばす
- 継続的な改善によるコスト削減で、投資資金を確保

設計、製造、サービス部門のデジタル化

- 段階的なイノベーション
- スマート・コネクテッドプロダクトのポテンシャルを引き出す
- 旧来の事業の改良か、新事業の創出か?

新しいビジネスモデルの創出と収益の確保

- 製品をソフトウェアの入れ物に適した形に変える
- スマートプロダクトを開発して、広いエコシステムとつながるプラットフォームベースの新しいサービスや体験を提供する
- XaaSビジネスモデルと、成果ベースのビジネスモデル

【図3-10】正しいピボット戦略を探す(注28)

略とは、要するに、その時点での主要事業を軸足にして、前に進むことだ。まずは主要事業にデジタル技術を導入して、運用効率を向上させよう。そしてそこから生まれた資金を、さらなる改善案とイノベーションに投資する。こうすることで、ネットワーク化された製品やサービスをベースとした新しいビジネスモデルを考案する余裕も生まれてくる。最終的には新事業からも多くの利益を得られるようになるだろう。

図3－10の点線で示したように、デジタル化によって企業はS字型カーブを描いて成長する。問題はどのタイミングでその波に乗るかである。

要点 Take aways

01── 従来のやり方はもう通用しない。バリューチェーン全体をデジタル化したメーカーは、直ちに（しかも持続的に）大きな利益を得ることになる。さらに、企業価値の向上による社会全体への波及効果も非常に大きい。

02── 企業がデジタル化に向けた戦略を立てる際には、その価値を理解しておくことが不可欠となる。デジタル化のペースが違えば、発生する価値の質も変わってくる。また、デジタル化によって得られる価値の量は、業種ごと、企業の部門ごとに異なる。

03── 新しいデジタルビジネスモデルは、まだその真価を発揮できる状態ではない。ただ、競合他社（既存、新規を問わず）に先んじて投資を行った企業だけが、新しいビジネスの潜在能力を生かし、業界をリードする存在になれる。

PART

Ⅱ

製造業のデジタル革命を最大限活用するには

第4章

「失敗を防ぐ」ための六つの必須能力

——デジタル化へのシンプルな道のり

会社のデジタル・トランスフォーメーションは、一見、全部署を巻き込む大改革のように思える。しかし実は、本章で挙げる六つの必須能力に集中するだけで、IIoT化への着実な一歩を踏み出せる。なかには導入したその日から利益を上げ始める技術もある。そして、現在運用中の事業に新技術を組み込んでいくのも、思ったより難しくはない。初めは小規模で試してみて、うまくいったら大きくする。試行錯誤が可能だというのが、デジタルビジネスの大きな利点だ。ある技術を試してみてだめだったとわかれば、選択肢を絞ることができるうえに、ほかの技術を使う時に応用可能な情報も得られる。つまり、デジタル技術は小回りが利く。これが従来の事業開発と大きく異なるところである。

あなたの会社が初めてデジタル化に着手する時、まるで地図もコンパスもGPSもなしに険しいジャングルに踏み出すような気持ちになるかもしれない。やるべき作業は山積みで、進むべき方向は定まらず、社内の部署間での相互依存は深刻で、そのリスクは甚大だ。仮にデジタル化がうまく進んだ場合でも、その分、経営者は株主やその他関係者への説明に骨を折らなければならない。

旧世界から新世界につながるいくつもの道

まずは目的地の確認から始めよう。現在、多くの企業では、お互いにうまく連携のとれない部署や事業が、人間の感覚で運用されている。それを、自動で連携する組織と、自律制御のソフトウェアによるコントロールに移行する。一極集中管理で、部分的にしか自動化されておらず、人間による予測分析に頼っている古いタイプの事業は、最終的には、コネクテッドプロダクトやサプライヤー、ソーシャルメディアなどからのフィードバックにリアルタイムで反応する、新しいビジネスに生まれ変わる。

ただ、そこにいたる道のりは長く、険しい。改善しなければならない場所は山ほどある。現場や製造機器、作業員とその装備、原材料や部品の調達経路、事業プロセス、製品プラットフォーム、設備、環境パラメーター……、企業は、これらの要素を密に連携させたうえで、改革を進めなければならない。

次に示したのは、「旧世界から新世界へ」の大筋をつかむためのロードマップだ（図４－１）。

私の見たところでは、現在の企業、特に製造業の大半は、ちょうどフェーズ１を通過し、フェーズ２にさしかかったところである。つまり、初歩的な技術によってではあるが、すでに作業の一部は自動化、ネットワーク化されており、監視も始まっている（図４－１参照）。製造工

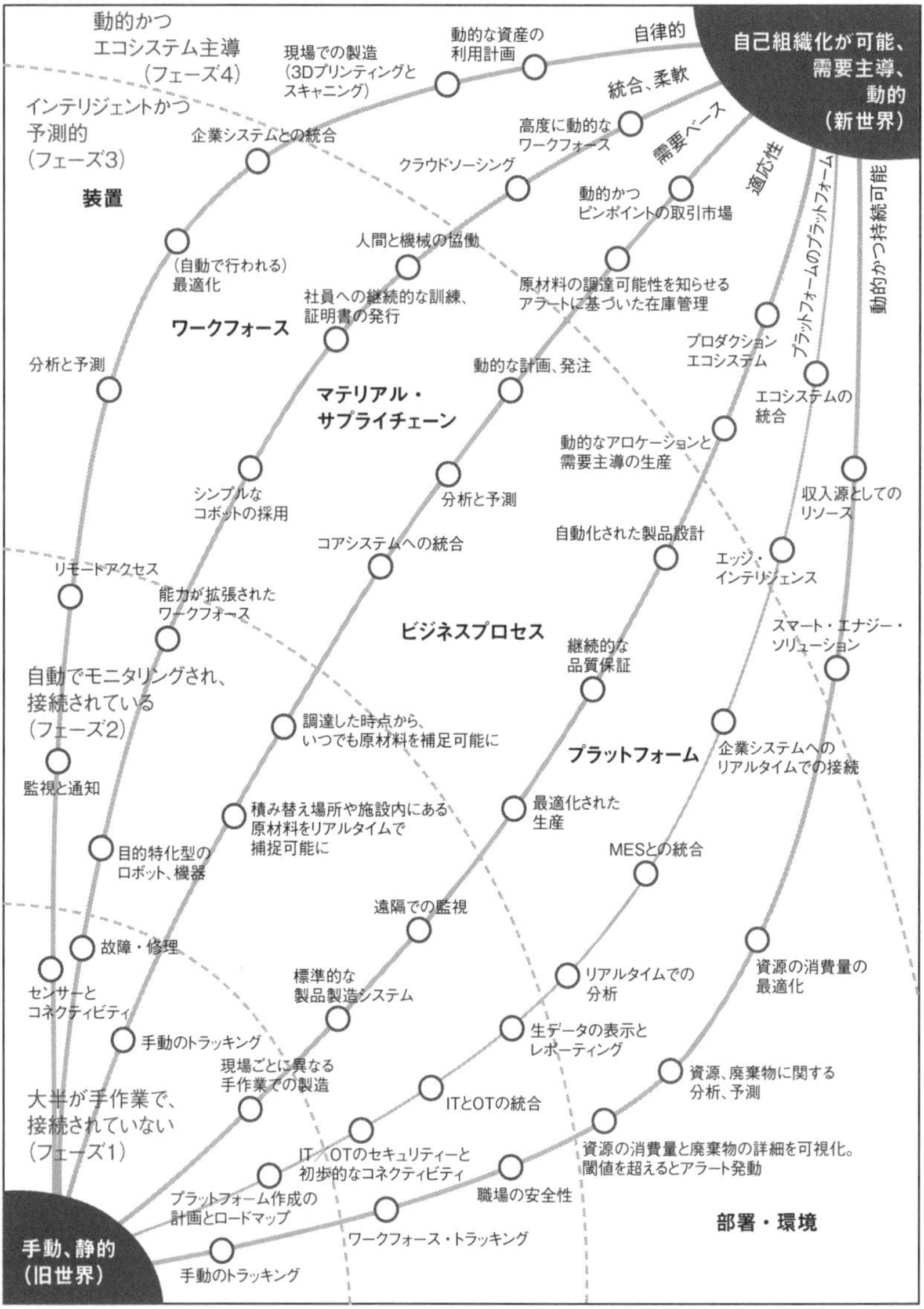

【図4-1】旧世界から新世界へのロードマップ(注1)

程とそれを支える物流も、程度の差はあれ自動化されていて、従業員もわずかではあるが、拡張現実のテクノロジーを作業に取り入れている。

サプライチェーンの情報も（すべてではないにしろ）リアルタイムで見ることができる場合がほとんどだ。さらに、オペレーショナル・テクノロジー（OT：生産のための装置や機械を動作させる仕組み）を情報システム（ERPに代表される、独立した基幹系システム）に統合するという、デジタル化の最も重要な段階をすでにクリアしている企業も少なくない。

ただ、現時点ではまだ、企業は本当の意味でのソフトウェア・インテリジェンスを備えておらず、未来を予測する力も持っていない。コネクテッドプロダクトとデジタルサービスが普及し、その組み合わせによる「成果」を私たちが享受できるのはフェーズ３に入ってからだ。

成果型エコノミーが姿を現すのは、さらにその次の、図４－１でいう「動的かつエコシステム主導」（フェーズ４）である。そこでは相互に連携する巨大なエコシステムや、それ自体がプラットフォームを提供する製品、あるいは需要に合わせた製品をすぐに生産できる工程が十分に発達し、企業は成果型のビジネスを実現する。

そして最後に、図には示していないが、成果型エコノミーから自律型エコノミーへの移行という、ここまでに比べると比較的ささやかな変化が待っている。この段階にいたると、機械は高度な知能を備えるようになり、工場での作業だけでなく、計画の立案や実行といった経営機能にも人間は最小限の関与ですむようになる。企業は市場の需要を示すシグナルに反応して、必要な行動を素早く実行する。

シュナイダーエレクトリックのデジタルサービスファクトリー
——製品からサービスへ

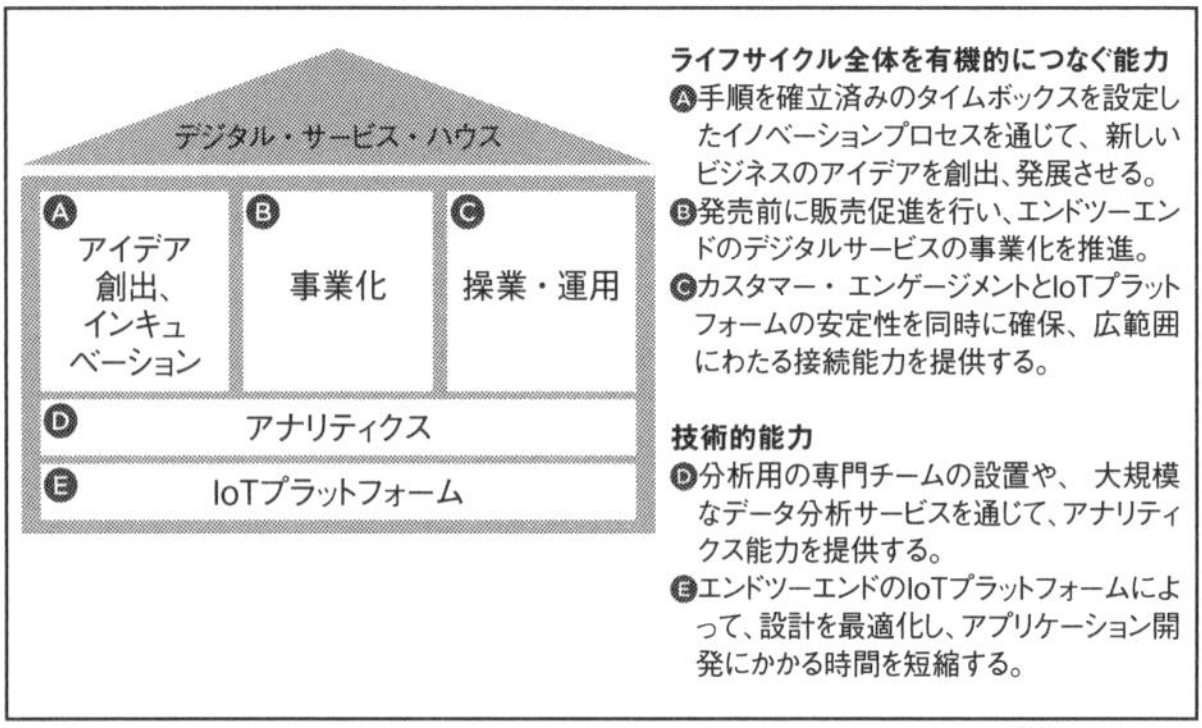

【図4-2】サービスとして提供されるデジタルイノベーション(注2)

シュナイダーエレクトリックは16万人の従業員を擁する、世界的な産業機器メーカーだ。産業機器の製造と公益事業の両方を手がける同社では、エネルギーの管理や、プロセスの自動化を目的に、コネクテッドテクノロジー、ソリューション、サービスの開発に取り組んでいる。

売上高はおよそ250億ユーロ（2016年度）。現在、ハードウェア製造の先にある、新しいビジネスの可能性を模索中だ。

その一環として、最近、専門家チームの力を借りてインフラを整備し、デジタルサービスファクトリー（DSF）と呼ばれるプラットフォームを社内に構築した。これによって、シュナイダーエレクトリックでは、予知保全、製品製造の監視、消費エネルギーの最適化に関する分析が可能になった。同時に、

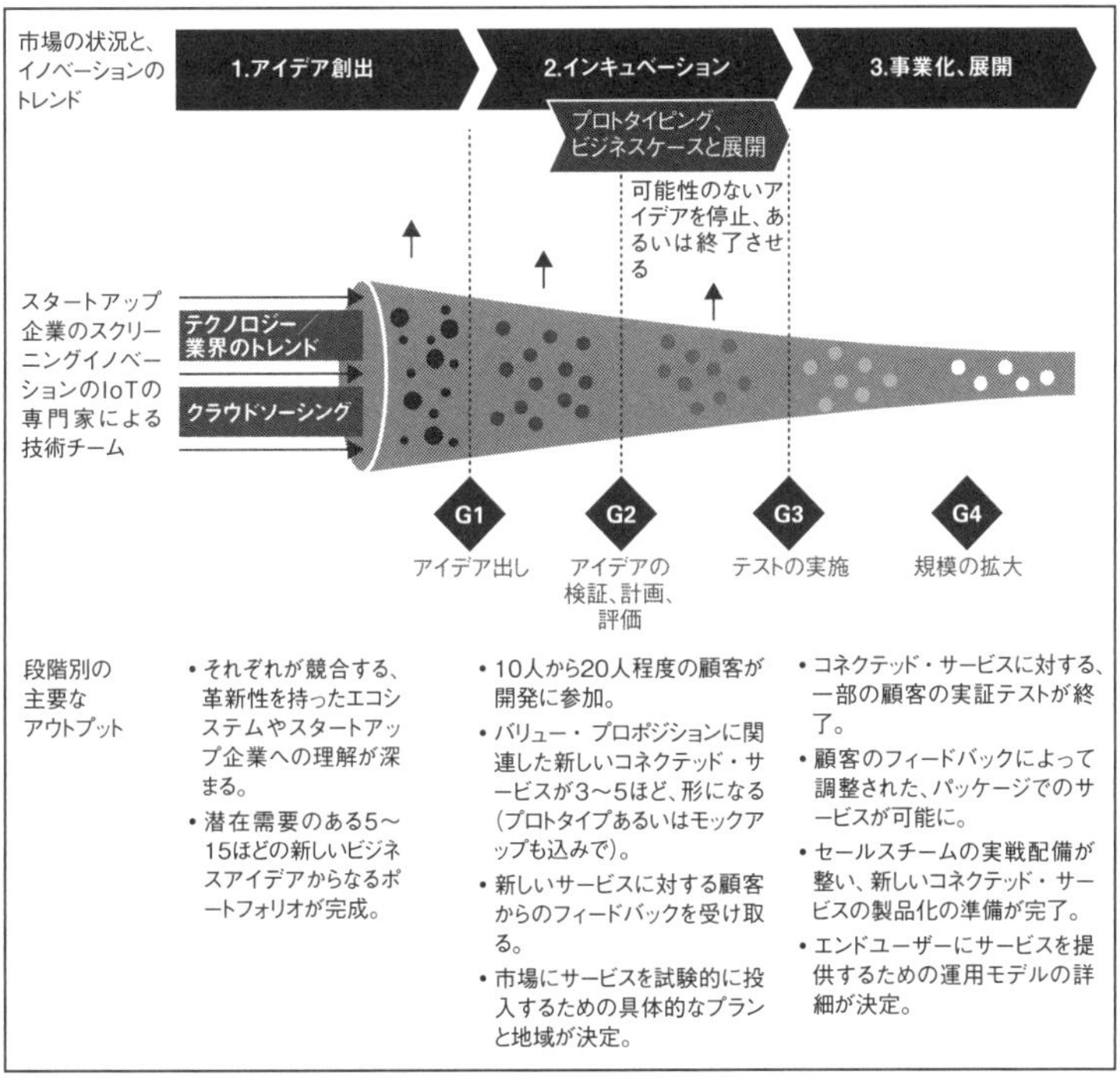

【図4-3】サービスの試験的運用から実用化まで(注3)

ユーザーからのフィードバックを自動で研究開発部門に取り入れるシステムの基盤も手に入れた。

一方でDSFは、新しいデジタルサービスのデザイン、価格設定、販売にも役立つ。社内のインフラや、顧客の敷地に配置された通信機能を持つ多数の装置の活用が可能になることで、最終的には、予知保全やアセットモニタリング、エネルギーの最適化といった手法をサービスとして外部に提供できる。

要するに、DSFはアイデアの着想と事業化、試作品の設計とテスト、試験的運用とスケーリングなどを補助し、さらに、分析ツールやIIoT機能を提供してアプリケーションの開発にかかる時間を短縮させる。それによって新事業の発案から製品化までの全工程をスピードアップさせた。

最大の成果は、製品アイデアの着想があってから、市場テストに出すまでの期間が、3年から8カ月以下にまで短縮されたことである。かかる時間が三分の一以下になったことで、シュナイダーエレクトリックの収益は急速に拡大した。

リラックスして変化に柔軟に対応せよ、好奇心や創造性も忘れずに、そのうえで前に進むべし

このタイトルを見て、注意事項が多すぎると感じた人もいるかもしれない。だが幸運にも、

これを達成するためのもっと簡単な戦略がある。それは、「大きな変化に目を奪われることなく、常に小さな効果に着目して改革を進める」というものだ。大抵の場合、新しいデジタルビジネスのプロトタイプに焦って飛びつく必要はない。ましてや、まだ利益を上げている従来の主要事業を捨てるなど、とんでもない。

これは単に、リスクを避けよという意味ではない。デジタル化にあたっては、安全を求めたほうが、結果としてより効率的だ。これから導入する技術やプロセスは未知のものであり、リスクをとりすぎないためには、小規模で始めるのが正しい。また、全体の状況は複雑で常に変化しているうえに、企業にはそれぞれの個性があるため、進むべきに道をあらかじめ決めるのは困難だ。こうした状況では慎重さが求められる。

さらにＩＩｏＴ化には柔軟性という大きなメリットがある。たとえテストがうまくいって、実戦投入ということになっても、すべてのやり方を一気に変える必要はなく、しばらく新旧の事業のつぎはぎ状態でかまわない。研究開発、製造、現場サービスなど、ほかの部署と独立した場所で、まずは小さなデジタル化プロジェクトをスタートさせ、うまくいったものだけを広げていけばよい。鍵になるのは、複数の機能を統合、自動化するための土台づくりである。技術の進化は早い。基礎さえしっかりしていれば、将来開発される新たなテクノロジーの力を借りることができる。

言ってみればこれは、スタートアップ企業のやり方に近い。まずはやってみて、うまくいけば続ける。だめだったら次にいく。理想的には、企業内にデジタル化プロジェクトがどう進展するかを観察できる実験場のような場が複数あるとなおよい。

とはいえ、やみくもに実験しても意味がない。力を注ぐべき方向とその手順はあらかじめ明確にしておかなければならない。自社で、デジタル技術を使った新しいビジネスを始める場合、まずはそれが顧客のニーズに沿うものなのかを細かく確認する。それができたら次は、企業内部のプロセスとの整合性にも気を配ろう。この手順を踏むことで実験の効果は何倍にもなる。そして満を持して、新しいデジタル製品やサービスの開発に一気にリソースを投入する。

一見ばらばらのアプローチだが、実はこのやり方でも、企業は最初の段階からデジタル化の恩恵を受けることができる。

また、ここまでの要素を総合的に考えてみると、デジタル化を推進する指導者は、正確な計画を立てて慎重にものごとを進める職人気質のリーダーよりも、適応力があり、現場でアドリブの利くタイプのほうが適任ということになりそうだ。

デジタル化の波に乗り損ねてしまうのではないか。あるいは逆に、デジタル化に集中しすぎて、ほかの業務がおろそかになってしまうのではないか、という不安もあるかもしれない。だが、そこまで心配する必要はない。大切なのは、とにかく始めてみることだ。どのみちデジタル化は避けられない。早く始めれば、業界の参入障壁を上げて、潜在的な競合他社を牽制できるなどのメリットもある。成功のコツを一言で言えば、「オープンマインド」でいることである。リラックスして、柔軟かつ大胆に、想像力を持って、ものごとを進める。会社のなかに、試行錯誤する余地をあらかじめ十分に確保しておこう。

デザイン・シンキングでサービスの開発が加速

製品設計の理論として生まれた「デザイン・シンキング」は、顧客が製品に何を求めているかをつきとめ、それに添った開発を行うのにうってつけの方法だ。デザイン・シンキングでは、ユーザーにとっての有用性、技術的実現性、経済的実現性という三つの要素に重点を置く。

そしてアクセンチュアでは、製品やサービスの開発におけるデザイン・シンキングを、五つのステージに分類している。すなわち、ディスカバリー／共感して理解する、ディスクライブ／コンセプトを描く、アイディエイト・プロトタイプ／息を吹き込む、テスト／検証する、インプリメント／市場に投入する、である。

インタビュー、ブレインストーミング、会議への参加、あるいは製品の実際の使用を通してなど、やり方はさまざまだが、最終的にサービスや製品の使用者全員から情報を得るのが、デザイン・シンキングの本質的な特徴だ。これを繰り返し行うことがキーポイントだ。

一番の狙いは、関係者を分断する縦割りの解消だ。たとえば、自動車の製造に使われるプレス機を新しく設計するとしよう。管理職は生産性、エンジニアは技術的な実現可能性、工場の現場社員は使いやすさという観点からそれぞれの意見があるはずだ。それを三者でぶつけ合い、みなが必要とする共通の要素を見つける。さらに、すり合わせを行って、新しいプレス機の仕様を固めていく。

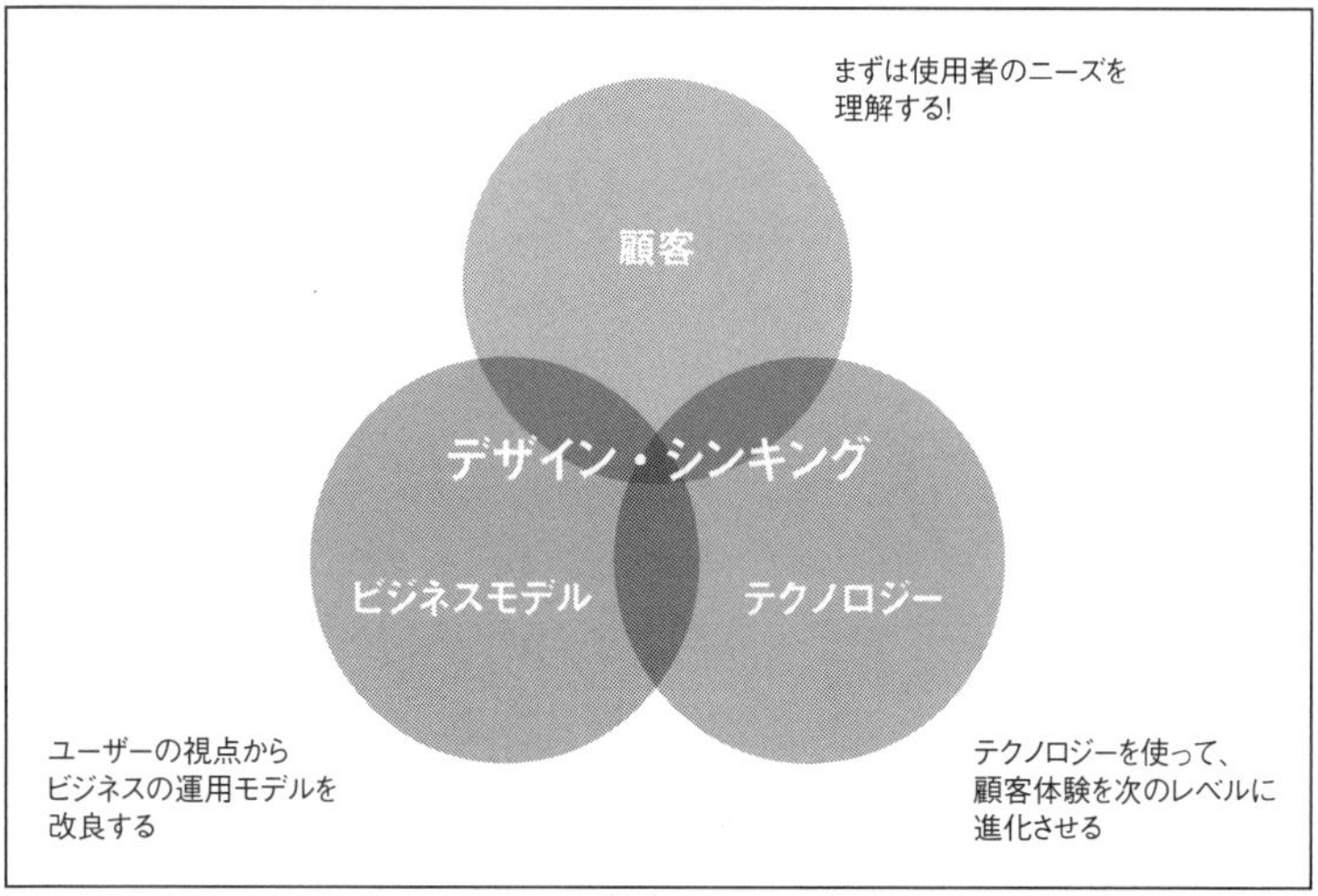

【図4-4】デザイン・シンキングの方法論(注4)

またこのケースでは、工場の現場社員がエンドユーザーであることに注目してほしい。製品やサービスを実際に使う人に合わせるのが、デザイン・シンキングの特徴だ。デザイン・シンキングがシンプルでありながら革命的なのは、設計プロセスに常にエンドユーザーを参加させるという点にある。

会議やブレインストーミング、ソーシャルメディアでの情報収集など、デザイン・シンキングはさまざまなやり方で実施できる。だが、なかでも有効なのは、クラウドや現場社員の観察などを通じて、現行の製品（あるいはサービス）、または新しくつくった試作品の使用状況を確認することである。この方法の最も優れたところは、観察を通して、ユーザーが自分でも気づいていないニーズをくみ取れることだ。

新しいデジタルサービスの開発にあたって

は、顧客体験が一番優先される。デザイン・シンキングを自動車メーカーが使うなら、研究開発部のエンジニア、営業担当者、ソフトウェアプログラマーといった社員のチームのなかに、実際のドライバーを参加させるはずだ。このチームから得た意見とほかの手法を組み合わせて、考案中の自動車関連サービスがターゲットにするであろう典型的なユーザー像をモデル化する。あとは、このユーザーが必要とする要素を詳細に検討していけばよい。短期間で製品、サービス設計を成功させるには、関係者による共同作業が鍵となる。

デザイン・シンキングでは、複数回のディスカッションを熟練のファシリテーターが観察し、その結果を次のプロセスにフィードバックする。ユーザーのニーズをすぐに開発プロセスに取り込める点で、この手法は、現在よく行われているソフトウェアの「アジャイル開発」ととても相性がいい。

設定や調整がうまくいけば、従来よりも開発期間を大幅に短縮できる。25人程度の規模でデザイン・シンキングのプロセスを行うと、おおむね4日か5日で結論が出て、さらにその4、5日後には仕様が完成する。

市場調査やターゲットグループ分析といった従来の手法では、顧客の要望をうまくつかめないことがある。そのため、真のニーズを掘り起こすことのできるデザイン・シンキングが、さまざまな場所でこれらに取って代わるだろう。

デジタル化を始めるための六つの必須能力

では、複雑なデジタル化の迷路に踏み出すにあたって、まずは、すべての企業に通じる基本に目を向けよう。分野を問わず、デジタル化のメリットを引き出すためには、図4-5の六つの能力は必須だ。ここへの投資は決して無駄にはならない。

これらの能力は、IIoTをフルスケールで展開するための土台でもある。ただ前にも述べたように、デジタル化は小さな規模から始めるのが基本だ。ほかの部署とは独立したプロジェクトとして、柔軟性を確保しながら、試験的に実施する。

ただ、試験的とはいえ、本物の事業としてやってみることを強くお勧めする。経営陣から現場の社員まで、デジタル技術がもたらす効率や価値を実際に体験できる。小規模でのデジタル化の導入なら大して予算はかからないし、現場の社員から次々と新しいアイデアを引き出せるというメリットもある。いきなり社員全員を不慣れな環境に飛び込ませるよりもはるかにいい。いくらデジタル化の流れが加速したとしても、新しいビジネスをいきなり会社の中心にしてはならないということは、常に頭に置いておこう。まずはほかのビジネスとは独立した事業として始めることだ。

やり方に関して、絶対の正解は存在しない。これまでに培ってきた社風や、現行の事業、持っているインフラは会社ごとに違う。また、自動車、製薬、公共事業、インダストリアルエン

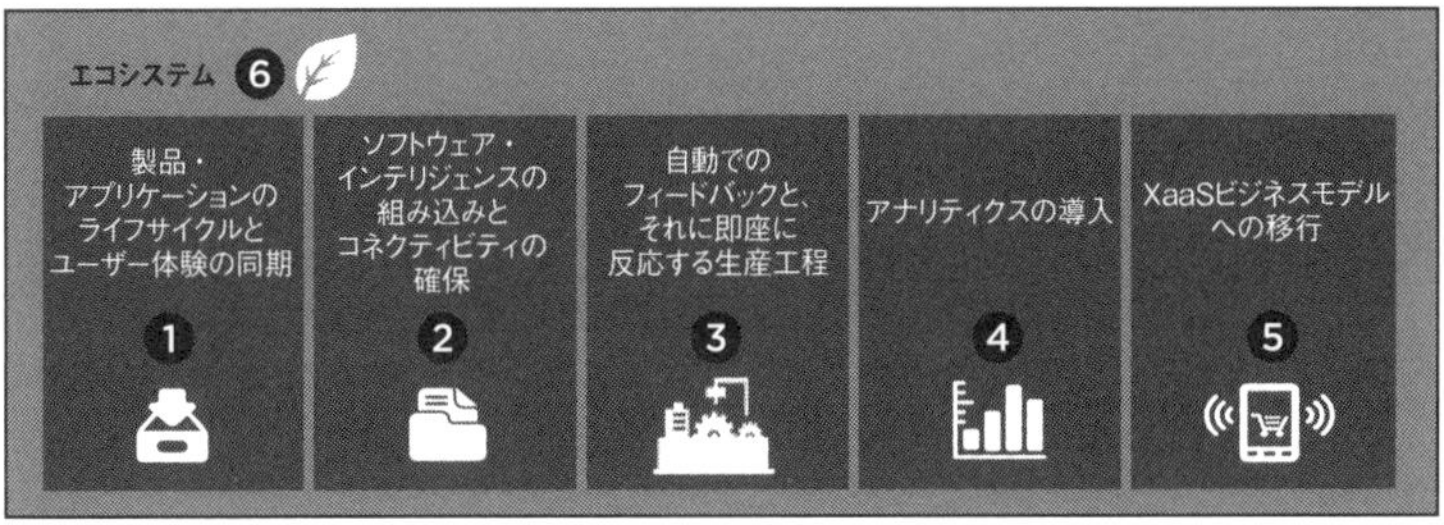

【図4-5】「失敗を防ぐ」ための六つの必須能力(注5)

ジニアリングなど、業界ごとに、事業の運用モデルは大きく異なるだろう。そのため、全社的なデジタル化に向けて、六つの必須能力を導入する際にも、その出発点やスピード、予算が企業ごとに違うのは当たり前だ。業界別の違いについては本書の後半で詳しく説明する。

まずは、一つずつ必須能力の開発を始め、うまくいったら段階的に能力を強化していこう。まだ本格的に導入する準備が整っていないと思うものは後回しでいい。ただ、一応すべての能力をテストしてみてほしい。成果型エコノミーの出現が不可避である以上、いつかはすべてが必要になる時がくるからだ。とはいえ、ここで言う「いつか」は、来週のことではないので、むやみに焦る必要はない。進むべき方向を決めるには時間がかかる。余裕を持つことも必要である。

改革は一つずつ実行しよう。単独でも十分にメリットはある。そして段階が進めば、複数の組み合わせが効果を倍増させることに自然と気づくだろう。繰り返すが、「スタートは小さく。うまくいったら一気に拡大」、それを忘れないでほしい。

ではここからは、「失敗を防ぐ」ための六つの必須能力の概要を紹介しよう（具体的な導入方法については本書の後半で解説する）。

1 ライフサイクルを同期させる

デジタルテクノロジーの進化は速く、市場も目まぐるしく変化する。この激しい環境を生き抜くには、優れたプロダクトライフサイクルマネジメント（PLM）を通して、ハードウェアとソフトウェアのライフサイクルを調和させる必要がある。これは「失敗を防ぐ」ための六つの能力のなかでも最も重要と言っていい。デジタル・トランスフォーメーションが始まると、製造装置や製品などのハードウェアと、それを制御するソフトウェアの陳腐化の速さの違いが際立ってくる。このギャップを埋めるためには、両者の開発サイクルを早い段階で統合、同期させねばならない。これは、従来の「つながっていない」製品を製造してきた企業には未知の作業だ。だが、これをやっておかないと、あとになって、ハードウェアとソフトウェアの不協和音に苦しむことになる。たとえば、デジタル技術でネットワークにつながる「コネクテッド・カー」の需要の高まりは、自動車メーカーにとって追い風かもしれないが、同時にその開発過程は非常に複雑となる。現時点で、車の主要部品が次の世代に入れ替わるまでの期間はだいたい7年から10年。デザイン用のパーツなら3年から5年ほどだ。一方、車に搭載されているソフトウェアは半年に一度は新しいものが開発されていて、せいぜい2年ほどで入れ替えとなる。このずれをどうにかするためには、製品開発のハブとして、デジタル技術を使った包括的なPLM、すなわちデジタル・プロダクトライフサイクルマネジメント（DPLM）を導入するのがよい方法だ。これによって自動車メーカーは、設計、開発、調達、製造、サービス・販売などの主要部門の間でさまざまなデータを共有し、異なる時間軸で動くこれらの部門の足並みをそろえることが可能になる。

2　ソフトウェア・インテリジェンスとコネクティビティを組み込む

従来の「口のきけない製品」にソフトウェアを組み込むことで、作業員や製造装置、さらにほかのコネクテッドプロダクトとの接続性を確保する。こうした変化は実はすでに始まってい る。製品であろうが製造装置であろうが、ハードウェアは、いずれは単なる入れ物になる。代わりに、その製品の価値や市場での価格は、「中身」であるソフトウェアによって決まることになる。すでにいくつかの企業はこうした形での製品の提供を始めている。家電メーカーのボッシュ・シーメンス・シュトゥットガルトでは、数年のうちにすべての製品をスマート化し、ネットワークに接続する予定だ。(注6) 製造工程で、製品とそれをつくる装置がともに接続機能を持つようになると、ソフトウェアのネットワークが現場の隅々にまで神経組織のように張り巡らされ、配置されたハードウェアには命が吹き込まれる。この効果は絶大である。第1章でも述べたが、ドイツのアンバーグにあるシーメンスの工場では、生産工程をデジタル技術で有機的に接続したことにより、従業員数はほとんど変わらないなかで、生産効率が大幅にアップした。(注7)

3 生産設備を俊敏性の高いものに変える

生産工程の自動化はたとえそれが一部であったとしても、現場のスピードや柔軟性を向上させてくれる。自動化がすでに大きな効果を上げている自動車や産業機械のメーカーでは、ほとんどの製造装置にセンサーや制御機構が組み込まれている。それどころか管理、実行、物流、ERPなどにも、このようなデバイスが接続され、産業用クラウドを通じてデータを収集し始めている。こうしたデータを分析することで、企業は、現場の生産工程全体を把握し、さまざまな方法で事業を効率化できる。具体的には、パフォーマンスのボトルネックの発見や、製造機器の耐久限界点の特定、システムの可用性向上、廃棄量の最小化、工場の稼働率アップ、コンプライアンスの向上などだ。新しいプロセスの実験も効率的に実施できるようになり、通信機能を利用して協力しあう作業員を、適切に管理することも可能になる。また、3Dプリンターを使えば、修繕や保守のスピードが上がり、大量のスペアパーツをわざわざ倉庫に置いておく必要がなくなる。さらに、現場での製造と、PLMやALM（アプリケーション・ライフサイクルマネジメント）のような上流工程を統合すれば、設計、開発、製造にかかる時間が短縮される。結果として、現場での観察やデータの分析結果を製品の改良に生かしやすくなる。

4 経営判断にアナリティクスを取り入れる

接続機能を持った製品やその他の情報源から得たデータを分析して、経営判断に生かす。これこそまさに21世紀における「必須」能力である。よどみなく流れるデータフローからの情報を集め、分析する能力がこれからのビジネスの柱になる。ソフトウェア内蔵の製品は所在地や使用状況、パフォーマンスなどのデータを製造会社に送信するようになり、顧客の癖や好み、製品の劣化具合、あるいは製造工程で起きる不具合などもリアルタイムで知らせてくれる。こうした情報から、企業が得る利益は計り知れない。従来の、各部署に情報が点在し、それぞれ独立した生産設備に投資をするというやり方では、どこに価値が眠っているのか判断できない。しかし、一度、製品と設備がネットワークでつながってしまえば、あとはそこから集めたデータを最新の手法で分析することで、従来のビジネスモデルを刷新したり、新しいビジネスを立ち上げたりすることが可能になる。また、大半の企業にはこれまで蓄積してきた大量のデータがあるはずで、それを分析するメリットも大きい。これからはたとえプロジェクト単位であってもデータ分析が必須となり、その能力を持たない企業は非常に不利になる。これをよく理解しているのが、アメリカの重機メーカー、キャタピラーだ。同社は通信機能を持った車両を使ったテレマティクス・ソリューションを提供しており、顧客は、複数のトラックをリアルタイムで監視したり、メンテナンスのタイミングを把握して簡単にパーツを交換したりすることが可能となる。さらに、現場で使われる機器を通じて集まった大量のデータを使えば、トラックの積載率や燃費、あるいはドライバーの運転効率などを大幅に向上させることができる。(注8)

5 XaaSビジネスモデルへの移行を進める

「すべてがXaaSになる」が、未来の世界のキーワードだ。成果型エコノミーのもとでは、製品を「所有」することには意味がなくなり、消費者は必要な時にだけ、サービスという形で購入するようになる。これを可能にするのが、インテリジェントになった産業用機器のネットワークから集まる大量のデータをもとにした、データ主導、サービス志向のビジネスモデルだ。そしてこうしたXaaSビジネスモデルの基礎になるのが、2番目の必須能力、「ソフトウェア・インテリジェンスとコネクティビティを組み込む」である。コネクティビティを持った製品と、状況に応じて柔軟に構成を変えてバリューチェーンとネットワークをつくり出すデジタルインフラがそろった時、まったく新しいデータ主導のビジネスモデルが完成する。たとえばフランスのタイヤメーカー、ミシュランでは、従来のタイヤの販売に加え、「一定の走行距離におけるタイヤの安全」を提供するサービスを開始した。これは、内蔵したセンサーがタイヤの状態や寿命を常に監視し、必要な時期がきたら交換するサービスである。

このビジネスモデルの利点は、従来のタイヤ販売事業を侵食することなく利益を伸ばせるところにある。そのため、サービス型エコノミーがいまよりもさらに広がった時にも、ミシュランは新しい事業への投資資金を十分に確保できているはずだ。(注9)

6 エコシステムを創造し、動かす

発達した成果型エコノミーのもとでは、企業が単独でバリューチェーン全体を掌握することは不可能だ。IIoTが十分に普及したあとは、世界中に広がった「ボーダーレス」な企業が複数集まって、多層的なエコシステムを協調させながら事業を進めていくことになる。エコシステムには、サプライヤー、顧客、技術提携企業、スタートアップ、研究機関、競合他社、請負会社、ディーラー、流通企業などが含まれる。個々の会社は相互に影響を与えながら、緩やかに結束し、エコシステムの中核をなす一つの企業体として機能する。企業が、全体の状況を見ながらほかの企業と力を合わせてエコシステムを形成するには、経営者同士の協力が必要となる。そのため、自社の製品やサービス、さらに顧客から得た情報を、ほかの企業が持つ技術やプロセスで運用するのが、これからは当たり前になる。デジタル時代の競争は、会社同士ではなく、企業体が動かすエコシステムのレベルで行われる。個々の会社はもう、すべてのデジタル機能を自社で持つ必要はない。その代わり、エコシステム内のほかの会社からそうした機能を借りて、臨機応変に組み合わせることができなければ生き残れない。データを分析して、方向性を決め、新たなビジネスモデルをエコシステムに提示する。こうした能力が企業に求められるようになる。これは、いままでの状況からは想像もつかないような変化と言えるだろう。限られた数のサプライヤーと付き合っていればよかった時代はもう終わった。

エンジニアリングのスペシャリストであるビエッセグループが、製品からサービスへの移行を開始

イタリアのビエッセグループは、従業員数3800人、売上高6億1800万ユーロの、世界中で専門サービスを展開するエンジニアリング企業である。同社では、売り上げの拡大を目指し、主力製品である木材・石材・ガラスの加工機の販売に加えて、その使用に関連したサービスの提供を開始した。さらに、客先にある加工機を通じて集めたデータを今後の開発に活用し、製品の保証費用を下げることも狙っている。

2016年にはその第一歩として、ソフトウェア・プラットフォームを用いた、客先で稼働する加工機のネットワークへの接続を試験的に開始した。

これがうまくいったため、現在ビエッセでは、2019年までに、全世界で稼働する約5万の加工機のうち1万個程度を接続することを目標に、さらなるネットワーク化を進めている。現在、それぞれの加工機には約40個のセンサーが搭載され、1日に6万回、容量にすると8メガバイトの情報を会社に送信し、社内で分析を行っている。

主な目的は、機械の故障率の抑制と、トラブルを予測するための分析能力の開発だ。最終的には、故障をなくし、ダウンタイムをゼロにすることを目指している。

これを達成するため、同社ではデータ分析の専門家チームの協力を得て、およそ50のルールを策定した。たとえば、機械の温度が一定以上になるなどのルール違反が起きると、

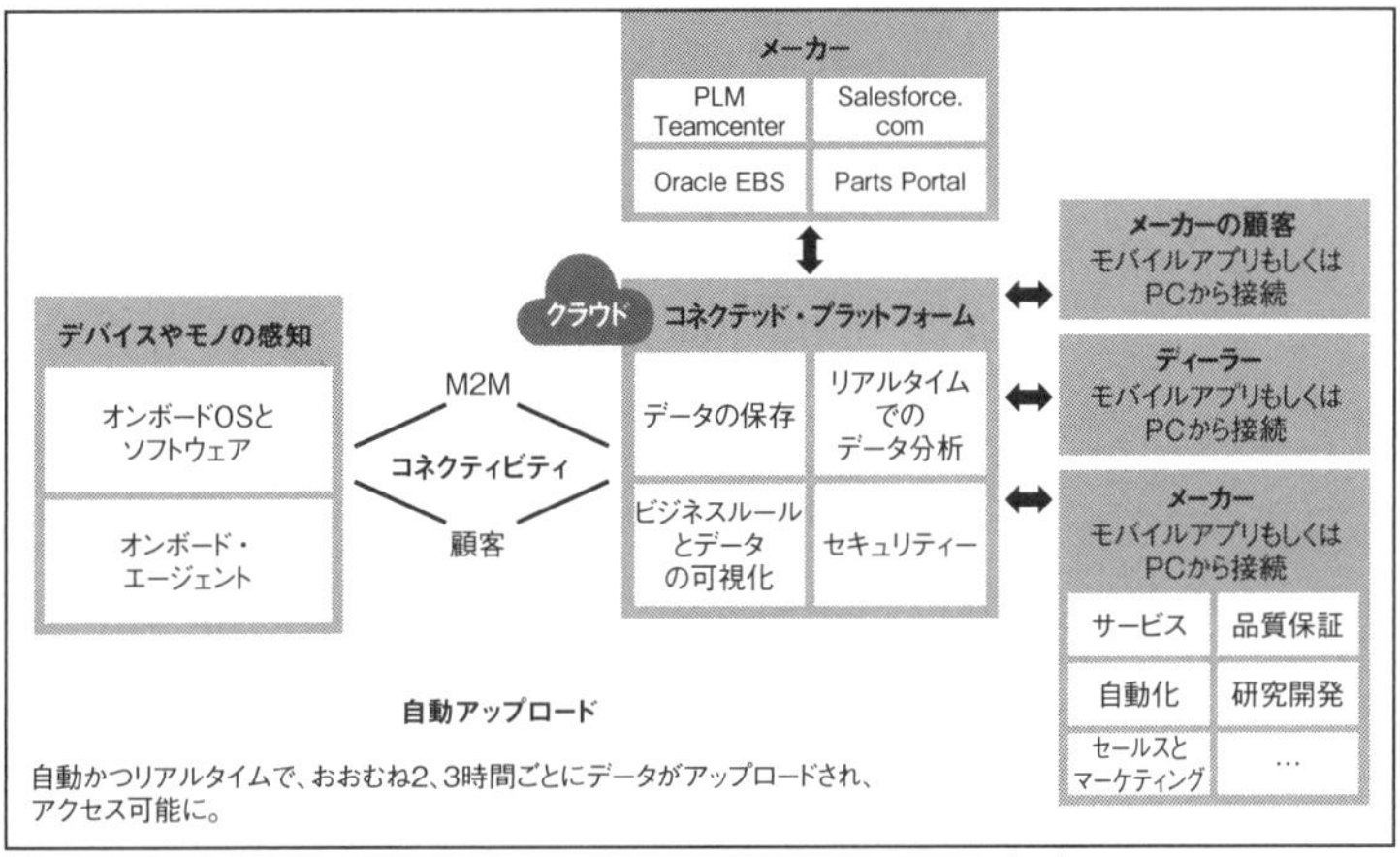

【図4-6】産業用機器製造における製品からサービスへの移行(注10)

アラーム音で警告する仕組みをつくった。現在ビエッセでは、このシステムをベースとした分析サービス「コネクテッド・サービス4・0」を顧客に提供している。

このサービスが普及すれば、ビエッセグループのエンジニアたちは現場からのデータを次の製品に生かせるようになり、結果として開発サイクルが速くなり、新しい製品がさらなるデータをもたらすという好循環が始まる。上の図は、将来のデータやサービスの流れを示したユースケースだ。ここから出てくる具体的なサービスとしては、状態基準の製品管理、品質向上のための分析、ソフトウェアによる自動配布システム、エネルギー消費量の管理、利用ベースの価格設定モデル、サードパーティー機器の利用、予測に基づく部品交換などが挙げられる。しかも、これは可能性のほんの一部である。デジタル化の土台さえ最初につくってしまえば、そこから、幅広い応用が可能となる。

あなたの会社のＩＩｏＴビジネスを成功させるには

多くの企業にとって、開発からエンドユーザーまでエンドツーエンドでつながるデータ主導のビジネスモデルの構築は決して簡単ではない。すでにその世界に踏み込んでいるハイテク企業を観察すると、典型的な六つの落とし穴が見えてくる。

1 発想の転換が求められるべきところで、従来の製品開発と同じやり方をしてしまう。

2 実際のビジネスに有効であるかを確かめる前に、技術だけを優先してＩＩｏＴ化を進めてしまう。

3 エコシステムのなかで自社がどのような役割を果たすのかを十分に確認しなかったために、不適切なパートナーを選んでしまう。

4 実務における有用性を無視して、技術に過度な投資をしてしまう。

5 データの収集、分析の重要性を軽視してしまう。

6 「コネクテッド・デジタルトランスフォーメーション」（以下で説明する）が経営に与える影響を過小評価してしまう。

このような失敗を避けるために企業がまずやるべきことは、カスタマー・ジャーニー（顧客が製品やサービスに興味を持ち、購入にいたるまでの流れ）の把握である。次に、外からは見えないが、顧客体験の質を大きく左右する要素である、企業内部の業務や技術的インフラを、カスタマー・ジャーニーに合わせて変更していく。

ここで企業の内外をすり合わせるのに使われるのがＩＩｏＴだ。そして、ＩＩｏＴの導入にあたっては、「つながる製品」から「つながるサービス」へと発想を転換しなければならない。企業が長期的な利益を確保するためには、顧客の新たなニーズを予測し、集めたデータを使って、ユーザーや使用状況に合わせた革新的なサービスを提供することが求められる。別の言い方をすれば、これからは、製品自体は「実用最小限」のものとなり、そこに良質の顧客体験を提供するための、新しいサービスが追加され、更新され続けるようになる。企業はそのための能力を一通り備えていなければならない。

ＩＩｏＴをベースにした、つながるビジネスへの転換、つまり、「コネクテッド・デジタルトランスフォーメーション」を果たすには、アイデアの創出から実際の運用まで、全面的な改革が必要となる。技術的な能力に加えて、オープン・イノベーションの環境で他社と提携できる組織体制や、デザイン・シンキングを用いて開発の初期段階でプロトタイプをつくり（ファスト・プロトタイピング）、製品を短期間で市場へ送り出す仕組みが整っていなければ、成功は難しい。

サービスを市場へ
——大きく考え、小さく始めて、素早く拡大する

ここからは、コネクテッド・デジタルトランスフォーメーションを始めるための現実的なロードマップを、三つの段階に分けて解説しよう。それぞれの段階における具体的な手順は、実際の状況に合わせて調整してほしい。

▼第1段階　試験的運用の開始と基礎づくり（4～6カ月）

1　アイデア創出、インキュベーション、ファスト・プロトタイピング、そして価値創出能力の養成を併せて行う。ただ、範囲は限定的。

2　それと平行して、IIoT化のビジョンを固め、どの企業とパートナーを組むか考える。さらに以下の事項を決定する。

・顧客体験、デジタル技術を導入した生産工程、新しいサービスやビジネスモデルの具体的内容

・必要とされる実務能力

・アナリティクスやIIoTプラットフォームなどの構築

・デジタルサービスの世界展開に向けた、ビジネスケースとロードマップ

・理想とするパートナーシップ・モデル

▼第2段階　事業化―成長期（12～16カ月）

3　鍵となるパートナーシップ能力を構築する（たとえば自社では生産機能を持たず、IIoTデジタル・ファクトリーとパートナーシップを組むなど）。

4　新しい事業がどのような成果や価値を顧客に提供するかを把握し、事業的側面、技術的側面の両方から、以下の項目を再び実施する。

・アイデア創出
・インキュベーションとファスト・プロトタイピング
・事業化
・アナリティクス

▼第3段階　規模を拡大（12～24カ月）

5　展開を予定しているほかのデジタルサービスと合わせて、包括的な運用を開始する。

IIoTを使ったコネクテッド・デジタルトランスフォーメーションが実現できれば、製品を市場に出すまでの時間は現在の半分から3分の1程度になり、収益は爆発的に増加する。この三つのステップを踏むことで、成功の確率はきっと上がるはずだ。

要点 Take aways

01—— 会社のデジタル化は、一見、全部署を巻き込む大改革のように思えるかもしれない。しかし実際は小規模からスタートできる。

02—— デジタル化には、唯一絶対の正解は存在しない。事前に詳細な予定を立てるのは不可能に近く、実際に立てたとしてもほとんど役に立たない。しかし、手をこまねいてはいられない。大まかな方針を決めて、前に進もう。

03—— デジタル化を進めるにあたっては、「まずはやってみる。うまくいけば続ける。だめだったら次にいく」というスタートアップ企業のやり方が適している。さらに、企業内にデジタル化したプロジェクトが進展する方向を観察できる実験場のような場所が複数あると理想的だ。

04—— IIoTを活用するための基礎として企業が備えるべき、「失敗を防ぐ」ための必須能力は以下の六つである。「ライフサイクルを同期させる」「ソフトウェア・インテリジェンスとコネクティビティを組み込む」「生産設備を俊敏性の高いものに変える」「経営判断にアナリティクスを取り入れる」「XaaSビジネスモデルへの移行を進める」「エコシステムを創造し、動かす」。

05—— 「失敗を防ぐ」ための六つの必須能力をまずは一つずつ伸ばして、その後、組み合わせる。行動なくして成果はない。とにかく始めてみよう。

第5章

ズームイン
データ分析を活用する方法

ビッグデータという概念の出現は、蓄積していく膨大な量の情報をいかに処理するかという難題を企業に突きつけた。この問題が最も顕著なのが、製造業界である。データと、それを分析することで得られるビジネスや市場への知見は、21世紀の産業界の血液と言える存在になるだろう。それゆえ、これからすべての階層のマネジャーは、玉石混交のデータの仕分けに取り組まなければならない。具体的には、データを正しい形式に整え、適切な分析ツールを使って「スマートなデータ」にしたうえで、業務の効率化や経営判断に役立てることを指す。さらに、データの分析結果は、プラットフォーム内で共有されるようになるだろう。データの共有なしには個々の企業は生き残れない時代がくる。

産業用モノのインターネット（IIoT）の世界では、消費者はセンサーに囲まれて生活をするようになり、企業はロボット工学や機械学習などの新技術を手にする。そして、あらゆるものが有機的なつながりを持つ。

企業は、そのネットワークから流れる膨大な量のデータを取捨選択したうえで分析し、そこから意味を読み取らねばならない。高度なアナリティクスの能力がなければ、データの波に飲み込まれ、IIoTのメリットを生かすことはできないだろう。

データの量は2年ごとに倍増する。試算によると、2020年には、全世界のデータ量は44ゼタバイトを超えるが、そのうち分析に使えるのは35パーセントだという。さらに、2025年には180ゼタバイトに膨れあがる。(注1)

そのなかで一番大きな割合を占めるのが、スマート化された製造業とそのエコシステムのなかで生み出され、活用される膨大な量のデータである。そのため、適切なタイミングで情報を収集し、分析する能力こそ、成果型エコノミー、つまり、ハードウェアではなくその周りを埋めるサービスが主役となる経済における、企業の価値の源泉となるだろう。

生のデータはエンリッチ化しなければ価値がない

実は、簡単なレベルでのデータのスマート化は、すでに日常的に使われている。たとえば、あなたの車のダッシュボードには、速度計、燃料計、タコメーターという生データを表示する計器が並んでいるはずだ。そして車種によっては、時間あたりに消費するガソリンの量を表示する、燃費計がついていることもある。これを見れば、わざわざ頭のなかで計算しなくても、燃費を知ることができる。つまり、ここでは三つの生データが処理され、意味のある情報となっている。これが、リアルタイム・アナリティクスの原型である。

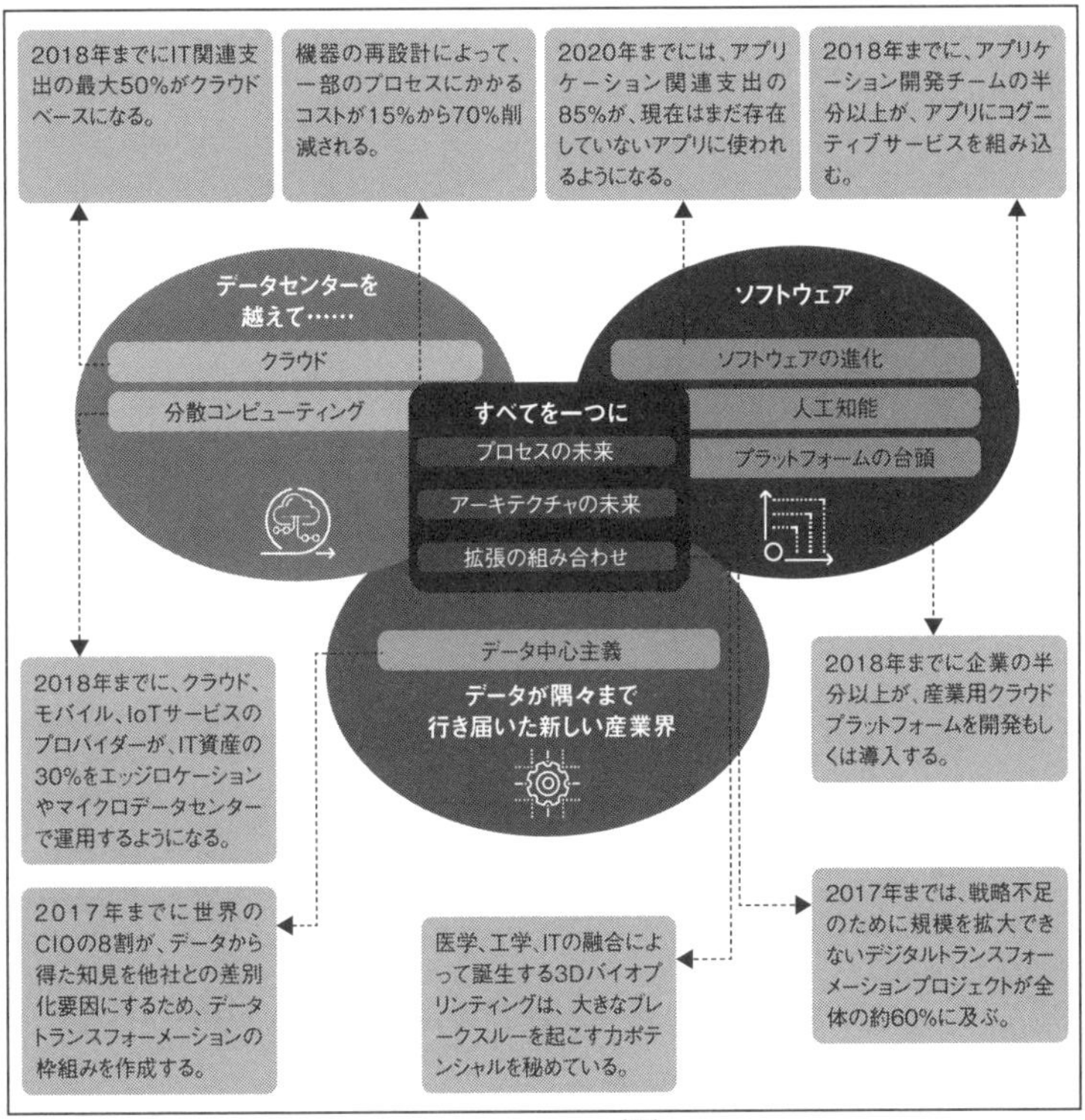

【図5-1】企業でのテクノロジーの活用は加速する(注2)

将来的には、こうした手法はさらに進化し、天気や地形、交通量や目的地までの距離などをリアルタイムで総合的に分析して、ベストなルートを提案するようになるだろう。

ビジネスの世界でも同じようなことが起こる。適切にフィルタリングされた「スマートな」データは、いかなる分析もされていないが、分析的解釈を通じて供給されるため、企業はそれを意思決定に役立てることができる。多くの場合、アルゴリズムが、一見無関係のデータを、高い価値を持つ意味のある情報に変化させるのだ。

デジタルデータを、圧縮、クレンジング、リハッシュ、フィルタリング、グルーピングすることで、複雑な製造工程を運用するうえでの注意点や、効率化の方法が見えてくる。ただ、アナリティクスの重要性が高まれば、それだけ、データの準備やエンリッチ化、解釈にも、洗練されたソフトウェアと高い演算能力が要求されるようになるだろう。

どちらのデータ戦略をとるべきか
――社内と社外、より大きなリターンをもたらすのは？

現在、データを利用して収益を上げる会社が増えつつあるが、原則として方向性は二つある。一つは、企業の内部、つまり各部署や事業からデータを集めるやり方だ。正確な分析結果をもとに、事業の運用効率を改善して利益を向上させる。

もう一つは、市場でデータを集めるやり方だ。通信機能を備えた製品の普及によって、現在では、より多くの企業がこの方法を導入し始めている。集めたデータは、基幹事業になりうる

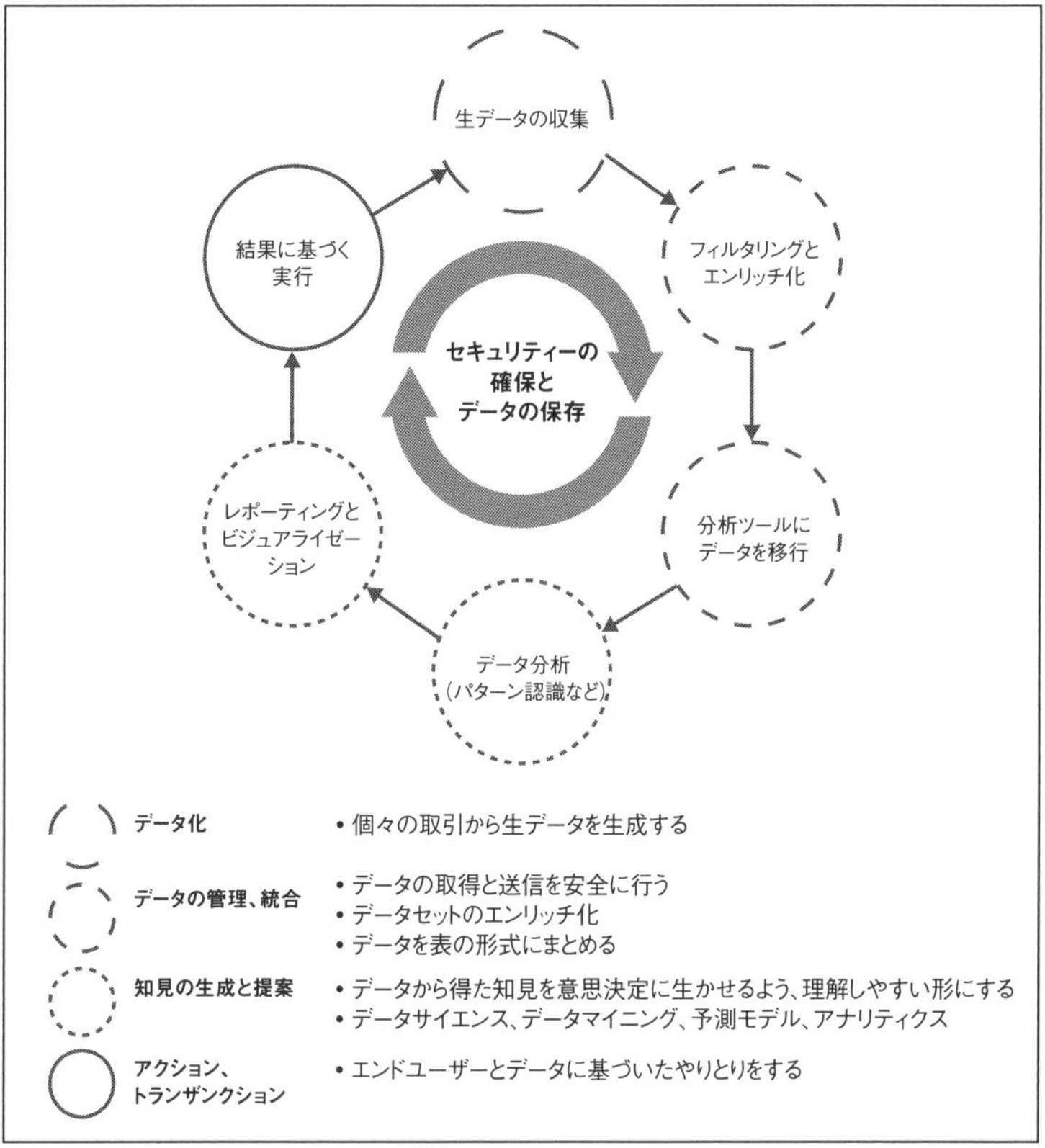

【図5-2】データ・バリューチェーン(注3)

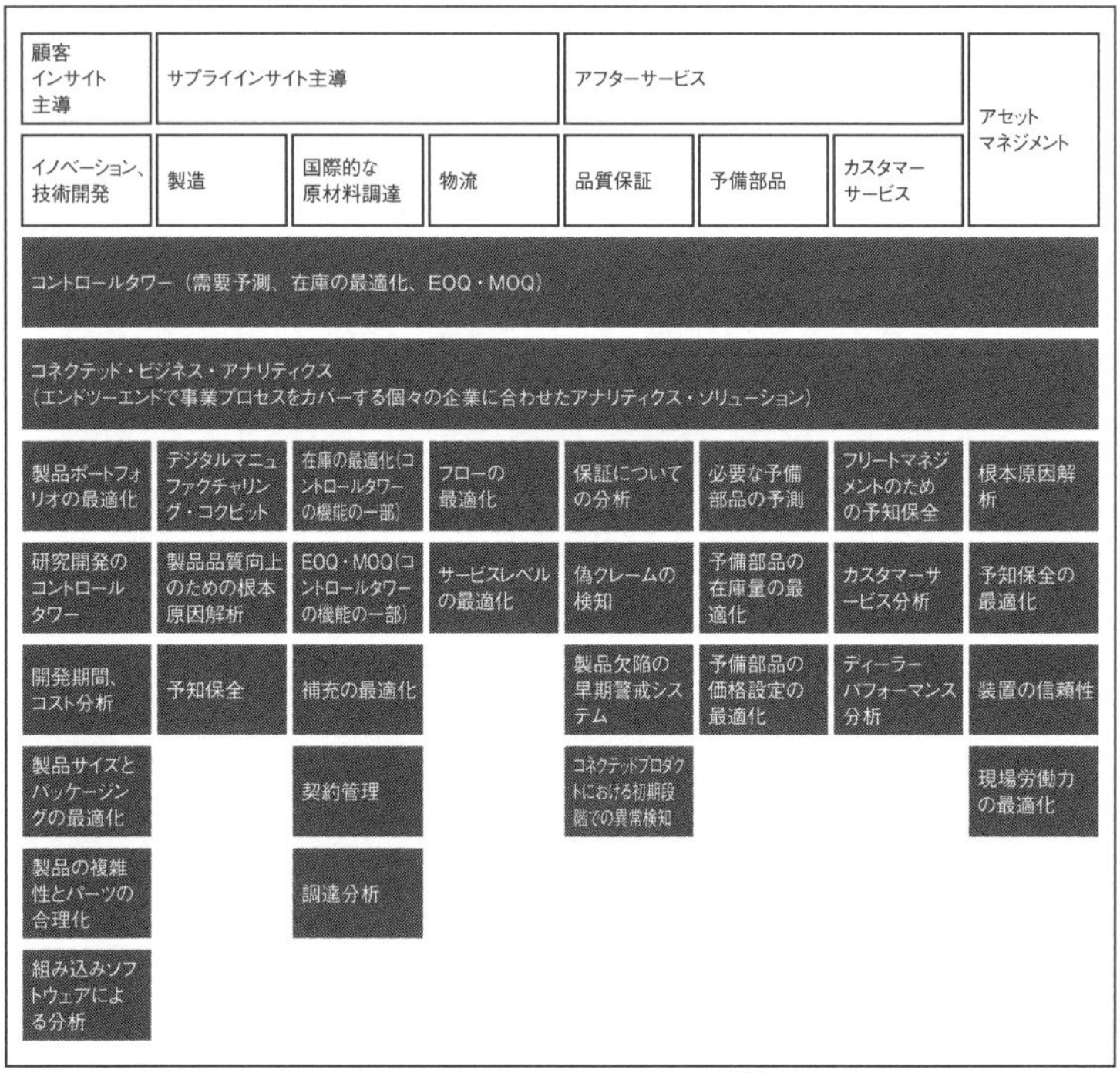

【図5-3】産業界におけるアナリティクスのユースケース（注5）

次のサービスの開発に生かされる。

たとえば、デンマークの風力発電機メーカー、ヴェスタスでは、発電量を最大化するため、気象データの分析結果をもとに、風力タービンの配置や操作方法を決定している。別の言い方をすれば、ヴェスタスはただ機器を販売するのではなく、予測や分析に基づいて、その機器が生み出す成果を最大化するサービスを提供しているのである。（注4）

では、あなたの会社が現時点では具体的なデジタル化戦略を持っていなかったとしよう。その場合、どちらの方法をとるべきなのだろうか。あるいは両方を組み合わせるのが正解か。

図5-3のマトリックスで、企業の各部署とアナリティクス機能の関係を整理した。すべてを取り上げたわけではないが、それでもデータ分析が果たす役割の多様性がわかるはずだ。実際の応用に関しては、第4章にあるシュナイダーエレクトリックとビエッセのデータ分析戦略の例を参照してほしい。

言ってみれば、これからはデジタルデータが企業間で「通貨」としてやりとりされる時代になる。アナリティクスの技術は、すべての産業セクターに眠る巨大な価値を掘り起こす。たとえば自動車業界では、デジタル化によって得る価値のうちの46パーセントがデータ分析からもたらされるとわれわれは予想している（第3章参照）。

データ戦略がもたらす五つの最適化

データ分析は製造業における五つの要素を最適化する。これからの戦略立案に役立てるため、一つずつ内容を確認してみよう。

1 顧客体験の最適化

通信機能を持った製品から送られてくるデータを分析すれば、パートナー企業や顧客、さらに顧客の顧客まで当事者全員に、その時々にあったサービスをリアルタイムで提供できるようになる。たとえば自動車メーカーは、顧客から送られてくるデータをもとに、車のソフトウェアを遠隔操作で、たった一晩のうちにアップデートできる。「いま何をしているか」を知ることで、「次に何をしたいか」の予想が可能になり、顧客体験の質は劇的に向上する。これがアナリティクスの大きなメリットだ。シュナイダーエレクトリックをはじめとする世界的な産業用機器メーカーが、工場や風力発電所、複合建築物を対象に行っているライフサイクル管理サービスでも、同じような方法を取り入れている。データを分析して使用状況を把握し、個々のユーザーに合わせたサービスを提供するという手法は製造業全体に広がりつつある。

2 製品性能の最適化

ソフトウェアによって命を吹き込まれたコネクテッドプロダクトは、スマート化されていない従来のハードウェアよりもはるかに大きな価値を生む。スマートな電気メーターとアナリティクスの組み合わせは、電気の使用効率を格段にアップさせる。保守作業も、機器から送信されるデータや人工知能を使って合理化できる。産業用機器に使われているパーツはそれぞれが通信機能を持つようになり、点検やメンテナンス、交換の時期を正確に知らせてくれる。たとえば、大型トラックのパーツメーカー、ＺＦフリードリヒスハーフェンは、ＧＰＳのデータをもとに地形を読み、事前にギアを変えるタイミングを知らせることで燃費走行を実現するという、なんとも驚くべきトランスミッションシステムを開発している。(注6)

3―労働力の最適化

データ分析は人の動かし方も変化させる。危険を伴う油田のような現場でも、作業員の服にタグをつけて現在位置を把握すれば、作業を安全に進めることができる。下水道では、データを分析して管の破裂を予測し、事故を未然に防ぐ。さらに、タグによる管理は、作業員の安全性を高めるだけでなく、現場での混乱を防ぎ、作業が止まっている時間を短くする効果がある。アメリカのジェイビルサーキットでは、アナリティクス・ソリューションによる大幅な経営改革を行ったところ、工場のダウンタイムが50パーセント減少し、財務チームの人手による作業時間を70パーセントも縮めることに成功した（注7）。

4―運用効率の最適化

事業関連の生データがうまく処理できるようになれば、運用効率が全体的に向上するのは言うまでもないだろう。アナリティクスの導入によって、水やエネルギー、原材料の消費を抑え、工場内外の物流の流れを効率化し、有効なタイミングで保守作業を行えるようになる。さらに、工場にあるすべての機材をベストなサイクルでメンテナンスしたり、製品のポートフォリオを最適化したり、製品の補償費用を下げることもできる。

5 新製品、新サービスのポートフォリオの最適化

アナリティクスによって、ハードウェア関連のサービスや、業務運用のサポート、さらにデータ自体を使ったマーケティング、商取引など、顧客に対してこれまでとは違った提案が可能になる。ソフトウェアで収集したデータをもとに新しいメンテナンスサービスを提供し始めている企業もすでに存在する。

IoTによるリードジェネレーション
――顧客の需要を予測する

現在、顧客のもとで稼働中の産業用機器のなかには大量のデータが蓄積しているが、メーカーはそれを活用できていない。これは手つかずの金の鉱脈のようなものだ。

一部の企業はこの鉱脈を掘り起こすため、すでに行動を開始している。社内のIT／OTインフラと、客先で稼働中の機械から取り出した情報を組み合わせて、新たな収入の確保や、営業活動の強化、顧客体験の向上に役立てようというのである。

企業は、社内のITシステムなどに眠っているデータをまずは、(1)クロス・セリングやアップ・セリングの機会創出、(2)作業・実績・進捗状況を鑑《かんが》みた作業指示の作成、(3)機器の状態を基準とした契約や、その更新を通じた収益増、(4)保証内容の刷新、などに役立てることができる。

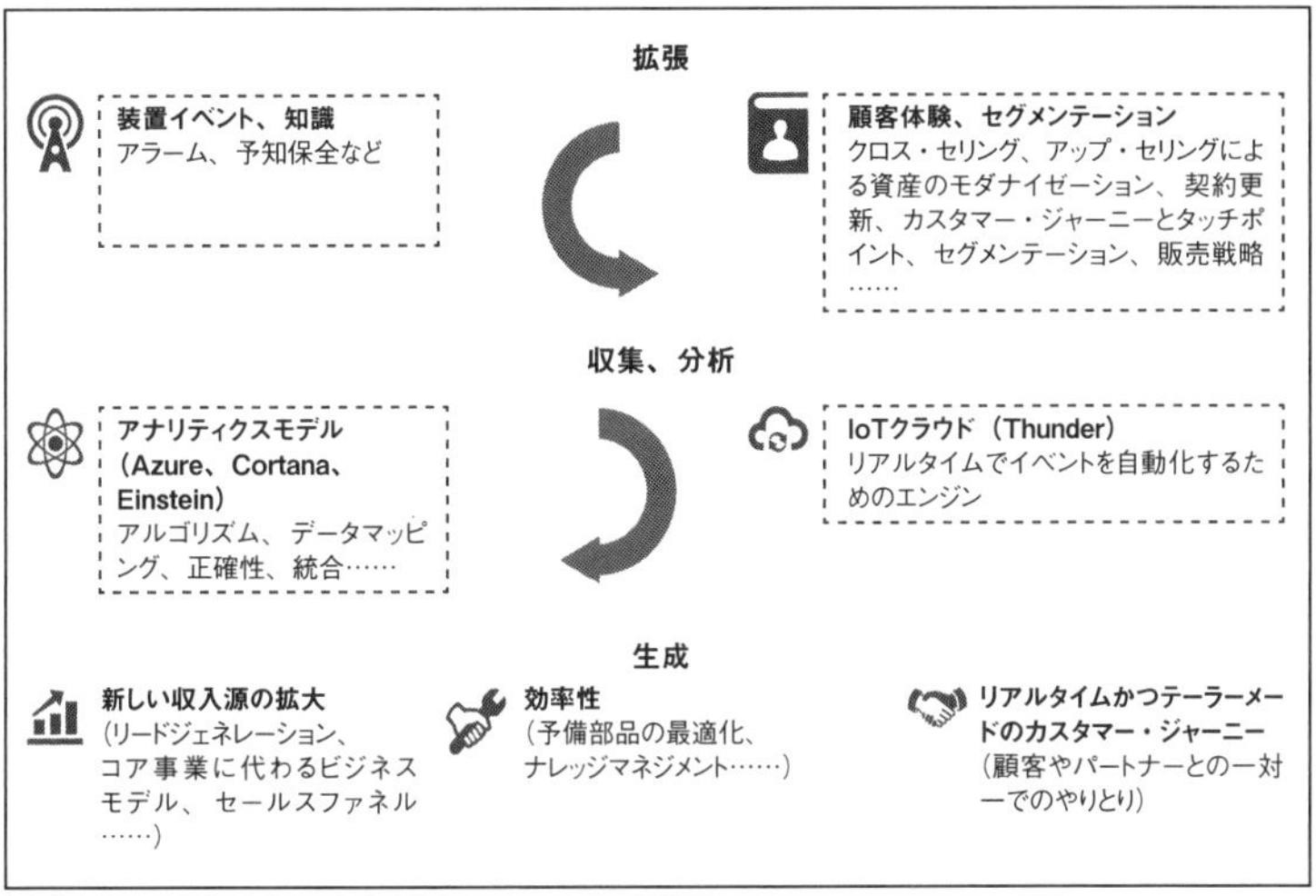

【図5-4】リードジェネレーション分析の実例(注8)

これらは既存データ活用の第一歩にすぎないが、最小限の投資で済むうえに（ただし、社内で同意を得るための手間と、最初のアルゴリズム開発にかかるコストは除く）、その効果は決して小さくない。ただ、アナリティクスがその真価を発揮し、かつてとは比べものにならない価値を生むのは、スマート化した社内のインフラと客先で稼働中の機器が直結して、リアルタイムでのデータ取得が可能になってからだ。

その段階に達すると、運用システムや工場の生産ライン、客先の現場など、通信機能を持つデバイスが設置されたあらゆる場所からデータが集まるようになる。その後、そのデータを変換し正規化することで、企業は、それぞれの顧客や機器の使用状況の詳細を全方位から把握できる。さらに、分析済みのデータは、営業やカスタマーサービスの担当者に

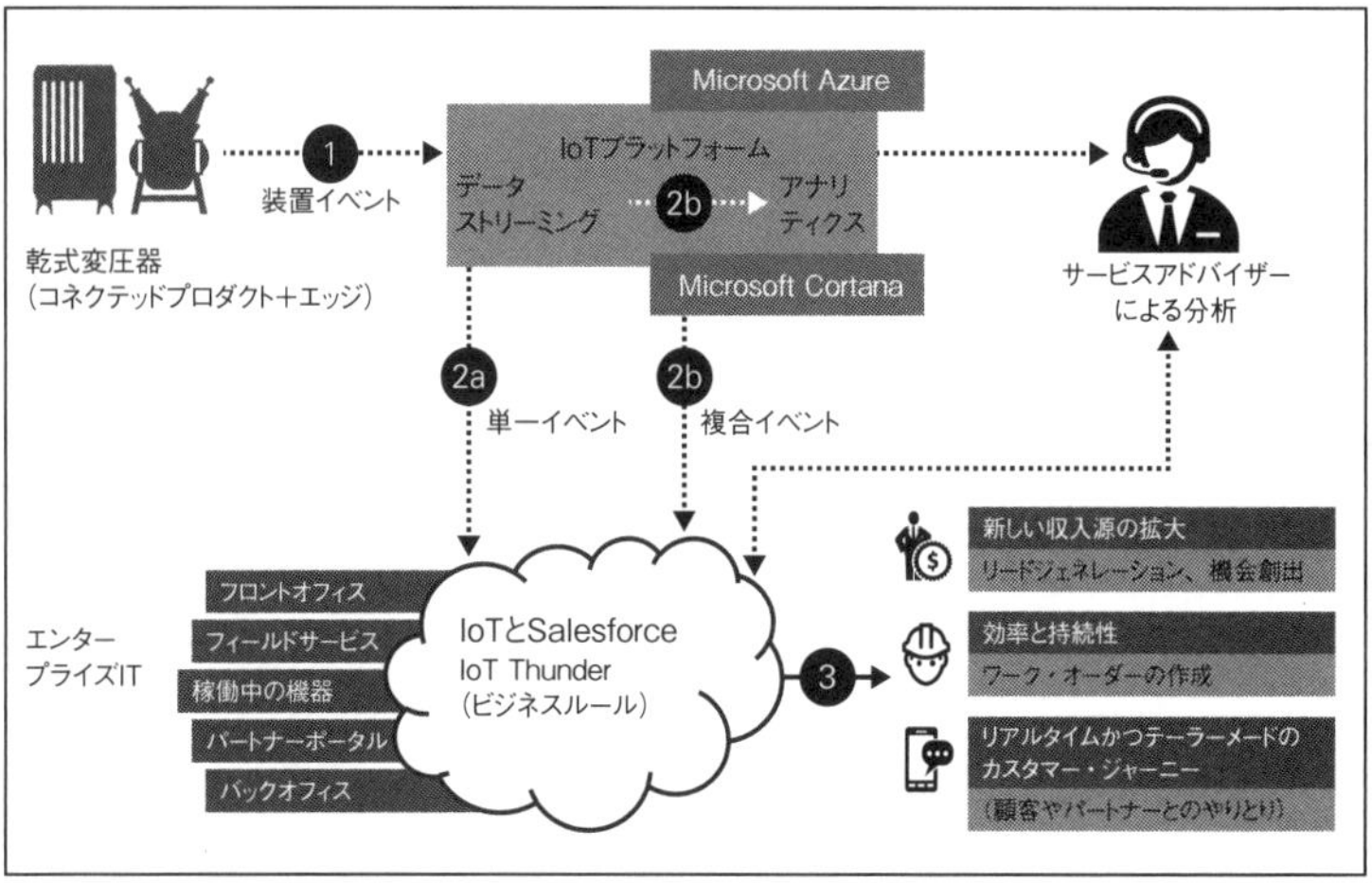

【図5-5】エコシステム内での情報サイクルを完成させる[注9]

送信され、現場でのアクションを促したり、規定の手順に従って顧客へのサービスの提案や作業員への指示などを自動で実行したりする。

では、こうしたプロセスを可能にするプラットフォームを手に入れ、既存のITインフラと合わせて活用するには、具体的にどうしたらいいのだろうか？　それには、Salesforce や Microsoft CRM などの顧客関係管理ツールの導入が効果的だ。これによって、現場で稼働する機器から直接データを得られるようになり、分析を通じて、製品やサービスの使用状況や顧客の好みを把握することが可能になる。

シンプルなアナリティクスプラットフォームに支えられたこうしたソリューションは、柔軟性や拡張性が非常に高いため、企業の業種の別を問わず、幅広い応用が可能だ。

そして、そこから生まれる業務プロセスは非常に強固な構造を持つ。複数の企業との協調を背景に、リードジェネレーション（見込み客を獲得するための活動）の量や質が上がり、顧客転換率・定着率が向上することで、収益は10～15パーセント増加すると予想される。しかもこの数字には、原価率の減少や販売サイクルの加速による効果は含まれていない。

ただの監視から実践的な予知保全へ

実際のところ、製造業において、アナリティクスの使用が一番効果を発揮するのは、実物資産に関してだろう。

最も一般的な使い方は、人やモノの位置を把握することだ。サプライチェーン、工場、現場において、装置、部品、携帯端末、ツール、人の現在地の把握は、そのまま運用効率の改善に直結する。

次によく見られるのは、監視装置としての役割である。たとえば、機器に異常がないか、組立ラインやロボットが正しく動いているかをアナリティクスの手法を使ってリアルタイムで監視する。

これはいずれ、単なる監視からより実践的な予知保全へと進化するだろう。そして最後には、収集したデータによる機械部品の故障の完璧な予測や、そもそも故障を起こさない部品の製造など、事故を先回りした対策が可能になる。

世界的な重機メーカーがコネクテッド・サービスを開始

建設用・鉱業用重機に加え、発電装置の製造も手がけるある世界的メーカーは、早くからＩｏＴ化に着手していたが、それでもここ数年、コスト構造からビジネスモデル、組織構造や技術的能力にいたる、事業全体の大幅な変革を迫られている。

さらに鉱業、建設業、石油ガス産業など、同社が関わる産業セクターのすべてが、現在、資産効率を極端に重視しており、その改善が経営課題でもある。そのため、すでに機械自体の差別化ではなく、テクノロジーを価値の源泉とする成果ベースの事業にかじを切る必要が生じた。

同社が最初にやったのは、ＩｏＴ化をさらに推し進めて、ビジネスモデルやソリューション・アーキテクチャを統合し、デジタル技術を使った新しいサービスを開発することだった。

すでに市場にパッケージとして提供されている、フレキシブルなクラウドベースのコネクテッド・プラットフォームを利用することで、改革は加速した。たった数週間で、プロトタイプのアプリが現場のデバイスにインストールされた。いまでは、現場で稼働する機器とは数十万のダイレクト接続のほか数百万台のセンサーが搭載され、毎年、数十億回の情報のやりとりが行われている。

高速の双方向コミュニケーションをベースに、同社では、無線によるソフトウェアのアップデート、遠隔からの機器の監視、トラブルシューティング、設定変更さらに自律制御などをはじめとする、新たなサービスの提供を開始している。

しかもこうした技術は、さらに次の世代のサービスの基礎にもなる。客先に配置した機器や、販売店、その他の企業からリアルタイムで収集したデータを使って、予知保全やニーズの予測を行うことで、同社は顧客にさらなる価値を提供できるようになるだろう。

製造業ではデータ分析の戦略が必須

大まかに言えば、現在のものづくりにおけるアナリティクスの急速な普及は、デジタルデータの生成、中継、分析を促進する以下の五つの技術によって支えられている。

一つ目は、クラウドコンピューティングが実現した、遠隔での処理能力だ。これにより、企業は、デジタルデータをもとに、これまでにない拡張性、柔軟性、反応性を持って事業を進められるようになった。

二つ目は、ソフトウェアによる分析手法の急速な進化と、データ送信速度の向上。これは、複数分野にまたがる大量の事業用データのリアルタイムでの分析を可能にした。

三つ目は、センサーとアクチュエーターを使った自己組織化ネットワークの発達。この方法で機器の制御を行うことで、データのスループットが飛躍的に向上した。

四つ目は、「すべてをつなげる」技術の普及。これによって、機械による自動応答が進化するだけでなく、顧客と従業員の関係など、人間同士のコミュニケーションも大きく変化する。

五つ目は、ソーシャルメディアの発達。SNSの普及によって、リアルタイムでのマーケティングや、企業の枠にとらわれないコラボレーションができるようになった。

ではここで、こうした技術が、産業界ではすでに必須のものとなっていることを証明するため、実際のビジネスに目を向けてみよう。

たとえば、産業用機器メーカーにおいて、センサー技術が果たす役割は徐々に、しかし確実に大きくなっている。飛行機や機関車には数千のセンサーが取り付けられており、企業はこれを通じて広範囲で情報を収集し、乗り物の運用方法やデザイン、サービスの改善に役立てている。

ほかにもデータ分析技術の応用例はたくさんある。たとえば、ウーバーやエアビーアンドビーでは、物理的な資産ではなく、もっぱらデータのみを使って利益を上げ、以前は実物がなければ参入できないと思われていた分野に殴り込みをかけた。一つも部屋を持っていないホテルビジネスや、車を1台も持たないタクシー会社を、一体誰が想像しただろうか。しかも両社ともすでに業界における世界最大手である。

製造業の世界でも、これと同じように、実際の製品や資産を持たないデータ分析に特化した会社が破壊的効果をもたらす可能性は十分にある。

ここでは、公共事業や鉱業で使われるポンプのメーカーを考えてみよう。そして情報の収集、分析に特化したスタートアップ企業が、このメーカーのポンプへのセンサー取り付けとデータ分析を請け負ったとする。するとこのスタートアップは、本来メーカーのものであったはずのデータを使って、メーカーの顧客に新しいサービスの営業をかけることができてしまう。

つまり、すべてのメーカーにとって、自社のデータがコモディティ化されてしまうことは製品の価値を大きく下げかねない重大なリスクとなる。メーカーもスタートアップと同じように、エンドユーザーとの接点をつくることを目的にしなければならない。さもないと、大切なデータを他社にコントロールされてしまう。こうした事態を防ぐため、データ戦略はいますぐにでも始めるべきだ。

変化する状況のなか、改革をいま始めるメリットとは

大抵の場合、包括的なデータ戦略を立てるのに、ゼロからスタートする必要はない。現行の産業用機器にはすでに十分なセンサー技術が使われているからだ。いまはたんに、データを集められるのに集めていないか、集めてはいても分析していないかのどちらかであるにすぎない。

鉱業を例にとってみよう。現場で使われる重機の大半は、すでに無線やＷｉ‐Ｆｉなどの通信機能を搭載している。そして企業は、それらを使ってトラックや破砕機、ベルトコンベヤーなどを監視したり、地盤や地質に関するデータを入手している。

ここまではよい。問題なのは、そのデータが単に別々に集められているだけで、統合、分析が行われていないことだ。こうした企業の管制室には、大抵50個ほどスクリーンがあり、各機器から送られてくるデータがばらばらに映し出されている。しかし現場の管理職が、ここから、ある期間の生産目標を達成したかどうかを判断するのは不可能だ。集まるデータは多いが、それを活用できていない例の典型である。

こうした現状を考えると、企業の改革は、まずはすでに持っているデータの分析から始めるべきだろう。リアルタイムのデータから知見を引き出すという最新の手法を取り入れるのは、そのあとで十分だ。

生のデータを統合、分析し、重要な業績指標や具体的な意味を持つ情報に変えたうえで、現場にいる監督者がすぐに参照できるよう、タブレットなどの携帯端末に表示する。

ここまでやって、ようやく、そのままでは役に立たなかったばらばらの生データが意味を持ち始める。

要するに、製造業においては、市場向けデジタルサービスの開発や、スマート化による業務の効率化は後回しでよい。その前にやるべきなのは、垂れ流しになっている、ばらばらなデータの流れをいったん解体し、分析に耐えうる形に再構成することである。最新の技術を使えば、この作業は決して難しくない。

いまのデジタル技術は、大量のデータを、使える知識に変換できるレベルまで進化している。たとえば、工場ごとに個別に持っている制御システムを一本化することもできる。また、埋め込みセンサーや新しい制御機構は、現場の製造装置の性能を飛躍的に向上させる。

現場で機器やロボットを動かしているオペレーショナル・テクノロジー（OT）と、全社的な経営機能を支える情報システム（IT）を統合すれば、以前は分断されていた、経営機能（生産管理、製造実行、物流、生産企画など）と現場の機器やデバイスをつなげることが可能になる。

製造実行システム（MES）は原材料が生産物になるまでの過程を捕捉し、記録する。製造業のほとんどにおいて、以前、こうしたデータは各現場でばらばらに管理されていた。だが、いまは、製造機器のライフサイクルなどを管理する、企業設備資産管理システム（EAM）と合わせて、データは1カ所にまとめられている。

このような体制が整ったおかげで、企業は製造工程の動きをリアルタイムで把握できるようになった。また、効果はまだ限定的であるとはいえ、データ分析によって、ボトルネックの発見や予想、工場の操業効率の改善、従業員の監督、サプライチェーンリスクの管理なども可能になった。

近いうちにほかの機能も、一つの新しいシステムに統合され、企業は、社外からの原材料の調達可能性をリアルタイムで把握したり、すでに現場で稼働している機器の顧客仕様書を読んだりできるようになる。この段階にいたると、業務はますます柔軟かつ効率的になり、顧客に合わせた提案が可能になるだろう。

もう一度、繰り返そう。状況は常に変化していて、その流れは速い。しかしそれでも、いまある技術を使って改革を始めることが大切だ。効果はすぐに出る。ここでも、小規模で始めて、うまくいったら一気に拡大するという原則を忘れないでほしい。

公益事業におけるビッグデータ分析の活用例

人口約900万人の大都市の水道事業を手がける某企業は、自社のＩＴシステムとサードパーティーによるＩＴソリューションを組み合わせて大量のデータの処理に成功した好例である。以前、この企業では、データが各現場にばらばらに保管されているために分析がうまくいかず、実際の運用業務にはほとんど生かされていない状態だった。従来のＩＴシステムに2億ドルもの費用をかけていたが、部分的にしかネットワーク化されていないため得られる情報にまとまりがなく、ハブとしての機能もないので、意思決定の役に立たなかった。

結果として、水圧、振動、流速、薬品消費量、エネルギー消費量、水処理の開始や終了のタイミングなど、重要な事業データを全体的に把握している人間が、誰もいないという状況になっていた。

そこで同社では、生活用水貯水池の給水栓の開閉や、処理済みの廃水を海に捨てる工程などを含む、バリューチェーン内の14の機能を包括的に管理するため、分析プラットフォームを導入することにした。

投資した資金は非常に少なかったが、効果が出るのには半年もかからなかった。気温や降水量といった気象情報が分析に組み込まれているため、事業の計画が立てやすくなり、リソースを効果的に使えるようになった。また、新しいプラットフォームでは、データがリアルタイムで表示されるようになったため、分析のための時間も十分にとれるようになった。

この改革は、数百人の管理職と１０００人以上の現場作業員の意思決定を容易にし、毎年６３００万ドルもの価値をこの企業にもたらした。結果として営業費用は最大８パーセント、資本的支出は最大12パーセントも減少したのである。

分野を絞って少しずつ進める

既存のデータを使える情報に転換するためには、やっかいで骨の折れる作業が必要だと思っている企業は多い。だが、現在では、分析アルゴリズムに読み込ませる前に、下処理としてデータを正規化（標準化）する必要はほとんどなくなった。いまのデータベースや統計用のプログラムは、フォーマットや、数値、文字、画像などデータの種類を問わず、受信、保存、処理が可能であり、まったく世代の異なる技術で収集されたデータも、ほとんど問題なく取り扱える。先の水道事業の例を見てもわかる通り、技術の発達によって、データ分析が難しいという認識はすでに過去のものになったのである。

では、現実問題として企業はどこからデータ分析を始めればよいのだろうか。また、その際にとるべき正しいアプローチとはどのようなものか。

現状、ほとんどの企業は、データ技術（なかでも特に分析手法）の具体的なメリットが把握できないままに、手探りで戦略を立てようとしている。

そのため、ほかの企業が始めたプロジェクトを必死になって観察し、教訓を得ようと試みている。しかし、分析に使われる技術がまだ発展の途上にある現在のような状況では、「小さく始めて素早く拡大する」ことがデータ分析能力を養うにあたっての唯一の指針と言ってよい。ただ、最終的には、データ分析もこれまでの技術と同じような道のりをたどるだろう。たとえば、20年ほど前には、企業はみな、巨額の費用をかけてゼロから顧客関係管理（CRM）機能を開発し、自社のITインフラに組み込んでいた。しかし現在では、サードパーティーがつくったクラウドベースのCRMを、自社向けにカスタマイズして、必要な規模で取り入れることができる。

将来はデータ分析でも似たような状況が出現するはずだ。ほかのIT技術の時と同じく、これから、数多く存在するアナリティクスベンダーの統廃合が起こる。数年がたてば、最高情報責任者（CIO）や最高技術責任者（CTO）は、少数の定評ある企業からサービスを購入できるようになり、各企業はお互いのプロジェクトから多くを学べるようになるはずだ。しかし、いまはまだ、どの分析プラットフォームがスタンダードになるのか答えは出ていない。

そのため現時点では、特定のユースケース（図5－3参照）に焦点をあてた試験的なプロジェクトを少しずつ実施し、うまくいったらスケールアップするのが正解だと言える。範囲を絞って小規模で始めよう。ただ、可能な限り多くの分野でテストするのを忘れてはならない。

ある自動車メーカーによるデータ分析の応用例

ここ数年で急成長した、あるヨーロッパの自動車メーカーでは、全社的な規模のデータ分析プラットフォームを開発することにした。

その第一歩として、まずは、車の品質保証システムに対象を絞ったデータ分析を実行。品質保証と修理にかかる費用を20パーセント削減し、1年に1億ドル以上を節減した。

このプロジェクトを実行する前の一番の問題は、購入から3年以内の車に適応される保証期間内の無償修理の費用が、売上高の3パーセントを超えていたことだった。一方、自動車業界のトップ企業は、この数字を2パーセント以下に抑えていた。

そこで同社は、車の品質と顧客満足を向上させながら、補償費用を抑えるため、故障報告の妥当性のスクリーニングを実行することにした。分析プラットフォームを導入して、データの透明性を確保し、品質保証プロセスを改善するのが狙いだ。

すぐに大量のデータが集まった。数百万もの補償請求には、それぞれ故障の詳細やエラーコード、予備部品の情報などが含まれている。また、一部ではあるが、コネクテッド・カーやディーラーからの情報も入ってきた。

ただ、同社では、この大量のデータをやみくもに処理するのではなく、優先順位をつけ、一部の技術的な問題に的を絞った分析を行った。たとえば、ある特定の故障が10万台の車に起きているのか、それともせいぜい2、3台なのか。故障は、設計上の問題なのか、それとも製造工程に原因があるのか、など。

分析プラットフォームの導入は、問題解決のためのヒントを与えてくれただけでなく、品質保証に関する問題の優先順位を明確にし、社内の設計部門や部品の供給業者との話し合いを可能にした。いまでは本当に補償が必要なケースを見分けられるようになり、余計に払っていた補償金と、偽のクレーム探しにかかっていた無駄な時間を省くことができた。

ここまでで、すでに十分な成功と言っていいだろう。しかし、このプロジェクトをさらに長期的な戦略につなげていくためには、品質保証の問題に使った分析プラットフォームを、社外――つまりこの場合は、予備部品のメーカーにも適応していくのが重要だ。将来的には、バリューチェーン全体に分析を広げることも可能だろう。

柔軟なデータ分析サービスとエッジ・コンピューティング

ピンポイントでデータ分析を始めて、あとからスケールアップする場合には、クラウドベースのソリューションが向いている。なぜなら技術の選択に関するリスクを、クラウドデータ分析サービスの提供会社に負担させることができるからだ。製造業では、データ分析を自社で一からやるよりも、サービスとして外注したほうがスムーズだ。

ただ、現在はまだ、将来的にどのクラウドサービスがスタンダードになるのかわかっておらず、プロバイダーの選択には悩むところだ。それでも、クラウドには、自社に必要な機能だけを取り入れることができるため、初期投資が安く済むという大きなメリットがある。試験的運用や概念実証にかかるコストは最小限に抑えられるほか、もしうまくいかなかった場合には簡単にやめられる。そのため、小規模なリスクの低いプロジェクトに、現在のプロバイダーのサービスを導入するのは十分に現実的な選択肢である。

だが一方で、クラウドベースの分析ではうまくいかないケースもある。たとえば、規模の大きな多国籍企業が大量のデータを分析する場合などがそうだ。データを集める場所が遠く離れているうえに量が多すぎるため、送受信や分析に時間がかかってしまい、リアルタイムで参照するのが難しくなる。

さまざまな場所で稼働している数百の機械から振動や温度のデータを収集できても、送受信に時間がかかるため、遅延なしに実用レベルの分析結果を得るのは不可能だ。データ送受信の速度を無理に上げようとすれば、クラウド分析システム自体の可用性が犠牲になってしまう。

ただ、幸いにも、企業内のすべてのデータは（クラウドコンピューティングや、社内でOTとITの統合を行う時のように）常にサーバーに一極集中させる必要があるわけではないので、処理機能を分散させることが解決策になる。データ分析をデータセンター１カ所ではなくデータが発生する機械に近い場所で行う――この新しいコンセプトは「エッジ・コンピューティング」と呼ばれている。この概念のもとでは、企業のいたるところにデータ分析機能が配置され、数

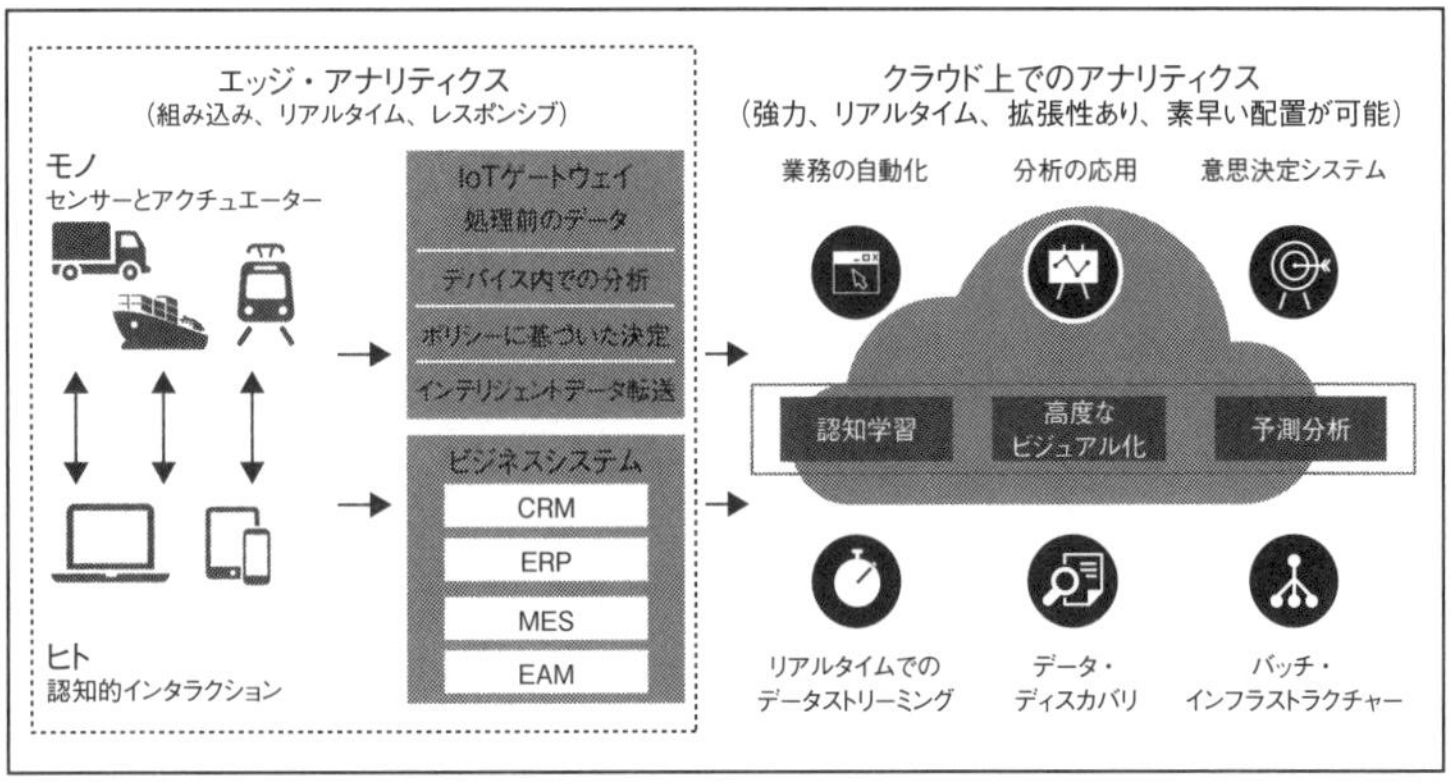

【図5-6】エッジ・アナリティクス(注10)

少ないデータハブに負荷が集中する事態を回避する。

さらに、データの遅延も小さくなり、正確な情報をタイムリーに提供できるようになる。データの分析やソフトウェアの運用、自動での意思決定は、小型のプロセッサによって行う。プロセッサは、他のデバイスを連動させ、独立のシステムとして処理を実行することで、ばらばらに保存されたデータネットワークを形成する。

エッジ・コンピューティングは、既存技術をうまく生かした形で処理の自動化を実現し、意思決定者への情報伝達も迅速にする。これから企業は、データ処理機能を最も効果的な場所に配置できるようになるだろう。現場エリアのネットワーク上でも、稼働中の個々のデバイスのなかでも、あるいはもっと高次元の企業全体のレベルでも思いのままだ。

さらに、エッジ・コンピューティングは企業内での処理なので、機密データを第三者が運営するクラウドに送信する必要がない。情報漏えいのリスクが下がり、クライアントも安心だ。

また、これまでは、国境をまたぐデータ送信の規制などを含め、国や地域によって異なるプライバシーやセキュリティー関連の法律が、企業にとって大きなハードルとなってきた。しかし、地域ごとにその場でデータを処理すれば、この問題もクリアできる。

もちろん、こうしたデータ処理機能を分散化する流れに対応していく一方で、情報のサイロ化を避けるため、全社横断的なデータフローをつくることも忘れてはならない。しかし今後、エッジ・コンピューティングが製造業におけるデータ分析能力向上の鍵になるのは間違いないだろう。

デジタル・ファクトリーの現実的な実現方法

ＩＩｏＴの運用を効率化し、データの流れをスムーズにするためには、既存の実物資産や機能――具体的には、製造機器、組立ライン、カスタマーサービス、輸送トラックなどを、デジタルの神経組織でつなげる必要がある。そこでＡＰＩゲートウェイを使えば、業務全体を通じたシームレスなデータフローを実現できる。さらに適切にフィルタリングされたデータを、必要な時に取り出せるようにもなるだろう。

こうした、汎用性の高い、全社的な統合が可能なソリューションは、インダストリアルエンジニアリングのベンダーたちによって市場に提供されている。

エッジ・コンピューティングによって、企業は広い範囲でのデータ分析が可能になる。さらに統合プラットフォームを使えば、エネルギー使用量のコントロールや機器のダウンタイムの最適化、マテリアルハンドリングやサプライチェーンの調整などを含め、主要業務の運用も効率化できる。

ベンダーが提供する、企業内部の機能を強化するこうしたデジタルソリューションは、スマート化した資産と、通信機能を持たない既存資産をつなぐ「血管」であり、「神経」でもある。成果型エコノミーの前提条件である、自由なデータのやりとりを実現するためには、まず事業のサイロ化を解消しなければならない。その際にも、これらの技術が大きな役割を果たすだろう。そして何より、一番のメリットは、最小限の投資で既存のハードウェアや機能を必要に応じて統合できることである。

この分野でも、どのサービスが勝者になるかはまだ決まっていない。ただ、規模の大きいメーカーにとって、いまが導入するチャンスなのは確かだ。

もし、あなたが一つの製造業向けソフトウェア・プラットフォームを全面的に採用するのはまだ早すぎると感じているなら、まずは、独立した小さなプロジェクトから始めてみるのがいいだろう。

国をまたいで現場データ共有に成功した大手タイヤメーカー

世界中に工場を持つ、ある大手のタイヤメーカーは、会社全体を合わせると10万台以上の製造装置を稼働させている。製造装置の予備部品は膨大な数にわたり、その在庫の時価総額は数億ユーロにのぼる。技術チームが管理に使う部品コードは、80万種類以上になっていた。

ダウンタイムを最小限に抑えるためには、装置を動かしたまま修繕に必要なパーツを見つける必要がある。だが、これが至難の業で、メンテナンスの計画を立てるうえでの大きな障害になっていた。

この問題を解決するため、二つのプロジェクトが始まった。一つは、すでに存在する80万種類以上の部品コードを属性別に整理し直して、800の分類に仕分けすること。これによって、一貫性のあるパーツカタログができあがり、世界中にある70カ所の工場で参照できるようになった。工場で働く技術者や在庫管理担当者が使う言語の数は14にのぼるが、どの言語でも予備部品を検索することが可能になった。

もう一つは、新しい部品コード作成のためのデータガバナンスプロセスを、地域から国をまたぐレベルまで全社的に配備すること。これで、世界中にいる1万5000人の従業員が、各現場に配備された設備資産管理（EAM）システムを通じて、すべての情報を参照できるようになった。

さらに、EAMシステムの導入は、メンテナンスの実施や在庫管理、調達、生産計画をなどを効率化し、メンテナンス計画に関する分析まで可能にした。

現在では、詳細な情報が書き込まれた作業仕様書を、システムを使って分析することで、メンテナンスに必要なパーツが明確になったうえに、故障の頻度を以前よりも正確に予想できるようになった。

この二つのプロジェクトによって、同社では在庫が10パーセント以上減少し、製造装置の稼働率も向上した（少なくとも1年で故障が2万5000回以上減ったという）。さらに作業の効率化によるエネルギー消費の抑制と保守費用の減少により、1年で5000万ユーロ以上が浮くことになった。

また、正確な情報に基づいて、正しい時期に適切なツールを使ったメンテナンスができるようになったことで、現場での作業効率は常に向上を続けている。

スタートがどこであるにせよ、全体的なロードマップに沿って進めよう

それぞれのプロジェクトは、ある意味では、あとでスケールアップするためのテストである。とはいえ、やみくもに進めるのではなく、マクロな戦略に沿って実行するべきだ。ただ何度も

言うようだが、これはあらかじめ厳密に計画を立てよという意味ではない。変化が早く、臨機応変な対応が求められる現在の状況では、そんなことは不可能で、やる意味もない。重要なのは、大きな目標とそれを達成するための大まかな戦略を明確にしておくことだ。さもなければ、大量のパイロットスキームに囲まれて、会社は方向性を見失ってしまうだろう。

逆に目標さえ明確なら、途中で変更可能な試験的なプロジェクトをどの分野で開始すべきかがわかってくる。特に、データ分析の手法を、社内のどの業務に導入すべきか、あるいは、社外でのサービスにどのように活用すべきかを決定する時には、あらかじめ大きな方向性が決まっていることが非常に重要だ。

計画の実行にあたっては常に二つの柱を意識しよう。一つは、データ分析手法を使って、これまでに自社で手がけてきた分野の業務を効率化すること。もう一つは、デジタル技術を応用した新製品やサービスを組み合わせて、素早く市場に供給し、収益を向上させることである。

大抵の企業には、活用できていないデータが大量に存在する。これこそ、データ分析戦略の重要な出発点だ。まずは、社内のＩＴシステムに眠っているデータの分析から始めよう。それがうまくいったら、今度は外部のデータとの統合に着手する。販売する製品がスマートになりコネクティビティが高まるごとに、活用できるデータはますます増えていく。

ただ、Ｂ２Ｃの企業に比べて、Ｂ２Ｂの場合はこのプロセスがより複雑になるのは確かだ。一般的に言って、クライアントとコネクテッドプロダクトに関する一貫性のある戦略を持ちながら、同時にいくつものパイロットスキームを実行することが、Ｂ２Ｂの企業には求められる。

ポイントは、それぞれの小規模なテストプロジェクトが、最終的にはある一つの地盤を形成するように計画することだ。最初は、企業の持つ地図には小さな「島」が点在している。計画が進むにつれ、島の間には橋がかかっていく。最後にはすべてがつながり、一つの大陸として機能する。これを成功させるには、個々の島の内部がどうなっているかに注意し、ほかの島との関係性にも目を配らねばならない。もし島のどれかが沈んでしまっても、すぐに代わりの島を配置して全体の調和を取り戻せるよう、余裕を持った計画を立てよう。

データ管理によって大きな効果を出した製薬会社

国際的に事業を展開する、ある大手製薬会社ではエンドツーエンドの手法によるデータ分析で大きな効果を上げた。

以前、この企業は、バリューチェーン全体を管理する方法を持っていなかった。そのため、製品製造の立ち上がりが非常に遅く、製造に着手してから患者に薬を提供するまでに平均で2・5年かかっていた。

通常、薬の製造では、まず有効成分をひとかたまりのユニットとして（通常はおおむね50リットル程度）、つくるところから始まる。その後、世界中のさまざまな地域に送られ、多様な薬品に配合される。有効成分は、繰り返しテストされたあと、効能に合うように薄められ、錠剤やクリーム、液体などの形に加工された後、さらにテストされる。その後、包装やラベリングをして、説明書をつけ、倉庫に保管。最後に病院や薬局、患者のもとに届けられる。

この一連のプロセスは非常に複雑なため、それぞれの原材料がいまサプライチェーンのどこにあるかという情報を、一カ所で管理するのはほとんど不可能と言ってよかった。

そのためこの企業では、ハブ形式のデータ分析プラットフォームを導入して、それぞれの場所で、原材料のユニットが製造工程のどのステップにあるかを画面で確認できるようにした。この方法で参照できるデータはリアルタイムのものではなく、あくまで1日の業務終了後に更新されるものだったが、それでも小さなデータをまとめて参照することで、プロセス・チェーン全体の流れがエンドツーエンドで見えるようになった。

このシステムの導入にかかった時間はたったの5カ月だったが、在庫管理の効率化により、同社は数億ユーロを削減することができた。

この製薬会社の例は、複数のプロジェクトの組み合わせではなく、単一の技術の導入にすぎない。ただ、複雑に入り組んだプロセスの全体像が把握できたという点において、会社が大きな目標を達成するうえでの鍵となるプロジェクトだったと言えるはずだ。

ただ、収集したデータを活用するためには、いまや引っ張りだこと言っていい、データ処理の専門家の力が必要となる（第7章で詳しく説明する）。最も手っ取り早い方法は、エコシステムのなかで、必要なスキルを持ったパートナー企業を探して手を貸してもらうか、あるいは、データ処理能力を「サービスとして」提供している企業から、購入することだろう。

要点　Take aways

01—— データと、それを分析することで得られるビジネスや市場への知見は、21世紀の産業界の血液と言える存在になる。

02—— 社内には、これまでに蓄積したデータが眠っているはずだ。それをうまく活用できれば、(a) 顧客体験、(b) 製品性能、(c) 労働力、(d) 運用効率、(e) 新製品・新サービスのポートフォリオの最適化、という企業活動における五つの主要分野で大きな効果を上げることができる。

03—— まずは、社内のITシステムに眠っているデータの分析から始めよう。それがうまくいったら、今度は外部のデータとの統合に着手する。販売する製品がスマートになり、コネクティビティが高まったら、顧客との直接のつながりを増やしていく。

04—— まずは、特定のユースケースに焦点をあてた、小規模でリスクの低い分析プロジェクトを試験的に始める。これをなるべく多くの分野で行い、うまくいったプロジェクトはすぐにスケールアップさせる。

05—— これらの改革を進めるため、企業の枠にとらわれずに、データ分析能力を構築しよう。ほかの会社が提供するアナリティクスサービスを利用すれば、トップラインとボトムラインの両方を見据えたプロジェクトを、素早く進めることが可能になる。

第6章

ズームイン
デジタル化製品の開発をどう進めるか

アイデアの創出から、設計、試作、テスト、製品化にいたるものづくりの全工程は、スマート化した「コネクテッドプロダクト」の出現によって、再定義されることになる。健全なデジタル・プロダクトライフサイクルマネジメント（DPLM）こそ、ハイパー・パーソナライズした体験を提供する新世代の製品、「リビングプロダクト」開発の必須条件だ。

コネクテッドプロダクト（つながる製品）という言葉は、ソフトウェア制御で、インターネットへの接続機能を持つ、センサー内蔵のパーツ、デバイス、機器を指す。コネクテッドプロダクトは特別な設定をしなくても、ユーザーの使用に合わせて、さまざまなデータを自動で収集し、ほかのデバイスに送信することができる。この能力は革命的であり、通信機能を持たない「口のきけない」ハードウェアは過去のものになるだろう。これから製品は、ソフトウェアを介してネットワークにつながるのが常識となり、ユーザーとメーカーの間で双方向のやりとりが始まる。そして最後には、インターフェースを個々のユーザーに合わせて変化させること

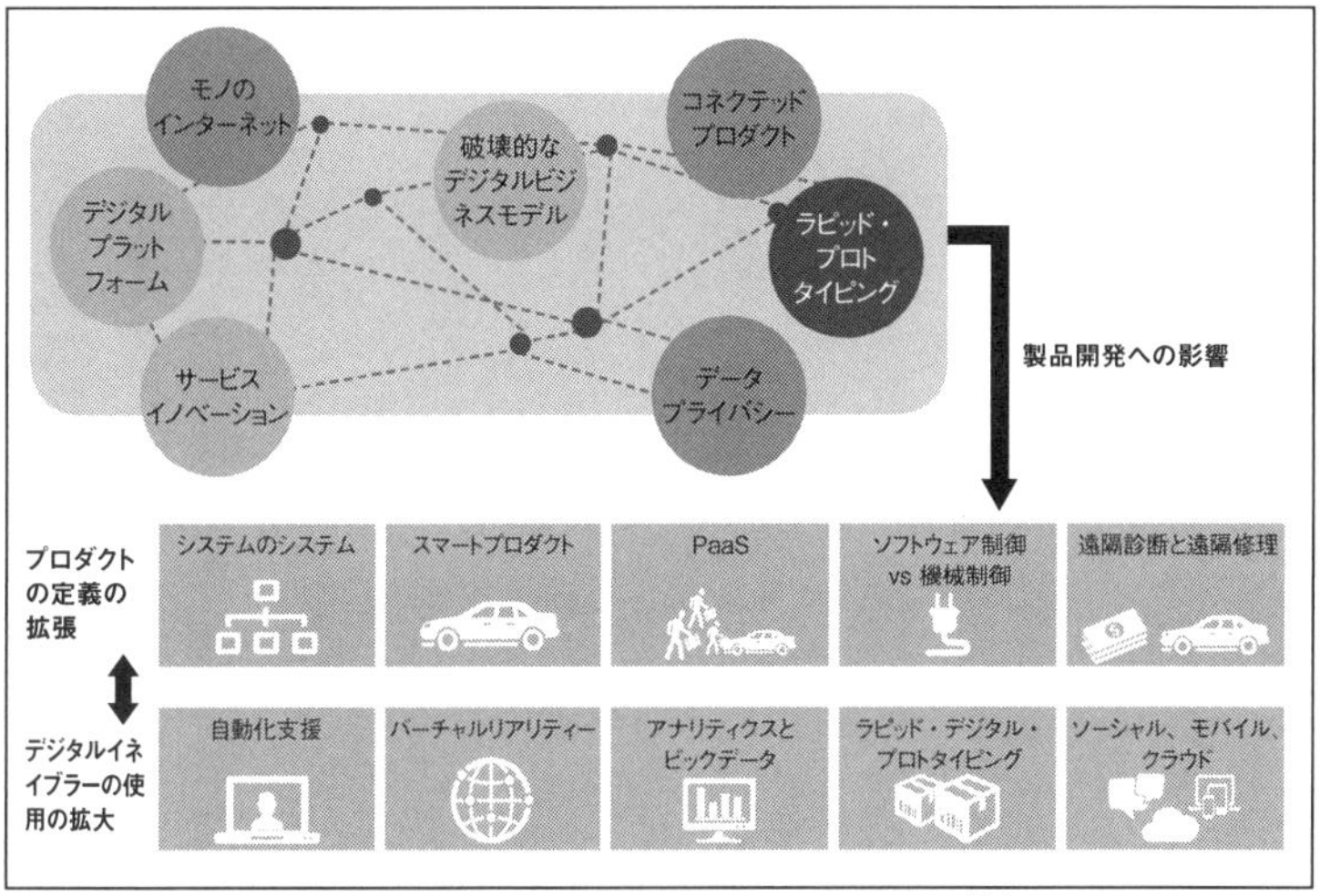

【図6-1】製造業の研究開発に影響を与える破壊的要因の数々[注1]

で、これまでにない体験を提供する製品が登場する。このレベルに達した商品を「リビングプロダクト」と呼ぶ。

急速に進化を遂げた製品の新たな機能が、成果型エコノミーを出現させる。メーカーは、ネットワークを使ったソフトウェア主導のサービスで、需要を即座に満たすことが可能になる。ただ、そのためにはまず、研究開発プロセスにデジタル技術を導入し、新しいプロダクトライフサイクルマネジメント（ＰＬＭ）を確立しなければならない。

これからの製造業の研究開発では、データはそれ自体が価値を持つ製品であるという発想が必要だ。コネクテッドプロダクトとスマートサービスの価値の源泉は、プラットフォームだ。企業は、複数のパートナー企業が織りなすソフトウェアのエコシステムのなかにプラットフォームをつくることで、個々の顧客に合わせた体験を提供できるようになる。

コネクテッドプロダクトから デジタル化された製品開発プロセスまで

コネクテッド・サービスを提供できる製品のほうが、未対応の製品よりも将来的に多くの利益を上げるという事実は、どの業種に対する市場調査を見ても明らかだ。

たとえば、売上高250億ドルから550億ドル程度の規模の産業機械あるいは自動車メーカーを想定してみよう。デジタル化を積極的に進めた場合、EBITDAは12億ドルから23・5億ドルほど増加する計算になる。一方、何もしなかった場合、自動車メーカーであればおよそ8億5000万ドル、産業機械メーカーなら4億9000万ドルを失うと予想される（注2）。

この本を書いている間にも、アマゾン、グーグル、アップル、サムスンといった大手テクノロジー企業を含めた多くの会社が、コネクテッド・ホームを実現するための技術を開発し、事業を確立しようとしのぎを削っている。

通信能力を持った家具・家電の出現や、エコシステムの覇権をめぐる争い、さらに、コネクテッド・ホームによる生活全般の変化。こうした要素が企業と消費者の両方に大きな影響を与えるのは間違いない。

家電メーカーがコネクテッド・ホームの戦場に進出

ある大手家電メーカーでは、コネクテッド・ホームという概念の出現により、経営方針の転換を迫られていた。これまで洗濯機、掃除機、コーヒーマシンなどをつくってきたこのメーカーは、長い間製品の機械的な特徴で差別化してきた。しかしこれからは、家庭内のＩｏＴ化を実現するために、通信機能を持った家電を開発していく必要がある。

改革の一番の目的は、製品に関連したサービスの提供による、新たな収入源の確保だ。だが、各メーカーがそれぞれ多種多様な家電を発売するなか、コネクテッド・ホームをめぐる状況は混迷をきわめている。ライバル企業たちは一様に手探りで開発を進めており、製品やサービスの共通の土台となるプラットフォームはまだ存在しない。

課題は山積みだが、新しい市場でチャンスをつかむためには、いま改革を始めるしかない。そのためこの企業では、２０１８年から２０２０年の間に発表するすべての家電製品にソフトウェアを内蔵し、通信機能をつけて、コネクテッド・ホームとの互換性を確保することにした。同時に、研究開発、販売、アフターサービスなど、業務機能のデジタル化を開始したほか、ユーザー体験向上のためのデジタル技術開発にも着手した。

しかし、ただコネクティビティを持たせるだけなら技術的には簡単だが、すでに確立された特徴を持つ製品を改造するには、研究開発プロセスを含めた改革が必要になる。これからは、特定の消費者をターゲットにした、使用状況に合わせてカスタマイズできる製品が鍵となる。そのため、家電に内蔵されるソフトウェアの容量を以前よりもはるかに大きくして、消費者の特徴ごとに多くのバリエーションを用意しなければならない。また、こうした製品を開発するには、生産工程もよりフレキシブルにする必要がある。

家電の場合、ほかの技術との互換性を、それほど高いレベルで求められるわけではないが、それでも、あとから組み替えることが可能なソフトウェアを内蔵した機器は、これまでとはまったく違った性質の製品だと考えるべきだ。メーカーとして、ソフトウェアのアップデートや登録ユーザーとのネット上でのやりとりを管理するための仕組みを整え、開発、販売、サービスなどの部署では、再構成が可能な製品機能と、新しい製品メンテナンスのサイクルに対応する必要がある。そしてもちろん、製品設計の際にも、ソフトウェアの入れ替えコストを考慮しなければならない。

社内機能のデジタル化にも、同じような課題が山積している。これまでは別々に活動してきたハードウェアとソフトウェアの開発部門は互いに歩調を合わせなければならず、開発と製造をつなぐ新たな仕組みも必要だ。

これからの改革を成功させるには、この企業はソフトウェアエンジニアの採用数をこれまでの5倍まで増やす必要があるだろう。

現在のところ、家電、タイヤ、郵便や宅配の小荷物、あるいはその他の日用品が持つデータ送受信能力は非常に限定的だと言える。たとえば、スポーツの最中に、心拍数などのデータを計測してくれるリストバンドはすでに存在する。しかし通信速度や処理能力がネックとなって、企業がリアルタイムでトレーニングの成果をモニターしたり、ユーザーにトレーニングプランを提供するというレベルにはいたっていない。ほかの製品についても同様で、結局コネクテッドプロダクトは、市場ではまだ実験段階にとどまっている。こうした製品がそれぞれの現場で、複雑で実用的なサービスを即時に提供し、本当の意味での驚くべき顧客体験が実現するまでには、まだ時間がかかる。

ただ、近い将来、企業はエコシステム内のパートナーと協力して、ハードウェアとサービスを組み合わせて提供するようになるだろう。そしてモノ同士がつながるＩｏＴの世界では、データの送受信や処理のスピードが上がれば、ユーザーは製品を介して、サービスを提供する企業と、いつでもどこでもコミュニケーションをとれるようになる。真にユーザーフレンドリーな体験は、この条件がそろった時に初めて実現する。

２０２０年をめどに運用開始が予定されている第5世代移動通信システム（５Ｇ）や、新世代のクラウドコンピューティングが、コネクテッドプロダクトを実用レベルに引き上げるだろう。(注3) ハードウェアは機能を提供するソフトウェアの入れ物にすぎなくなり、製品の価値は、ユーザー体験の質、あるいは人間と機械の共同作業の効率によって測られるようになる。

たとえば、高層ビルのエレベーターは時間帯ごとの使用頻度に合わせて、稼働台数を自動でコントロールするのが当たり前になる。きっとこれまでの使い方がばからしくなるくらい、電力やエネルギーの消費を抑えてくれるはずだ。また、都市部を自動で走る車は、客を乗せると同時にシートの位置や照明の強さを調整し、客の好みに合わせた音楽や映画などのエンターテインメントを車内で提供するようになる。車を自分で運転するのはひどく時代遅れになるはずだ。

これと同じように、産業界もＩＩｏＴによって大きく様変わりする。ソフトウェアと高度なセンサーを搭載した、人間との共同作業が可能なロボット（通称コボット）は、実用化されれば、すぐに現場での戦力になる。コボットは個々の社員の弱点を補い、企業の労働力を強化してくれるだろう。

ただ、人間と機械の協働を実現するうえでは、コネクテッドプロダクト（あるいはリビングプロダクト）のユーザーインターフェースが非常に重要になってくる。使いやすさこそが製品の成功を左右する鍵であると同時に、一番難しいところでもある。これは、単にタッチスクリーンをつければ解決するような単純な問題ではない。使用状況に合わせた機能を、直感的かつ簡単な操作で実行できなければならない。特に、製造装置や現場で働くロボットのような、製造業で使われる機器のインターフェースは、労働者の自然な心や体の動きに合わせて設計する必要がある。これがうまくいって初めて、現場でのユーザー体験は向上し、仕事の効率はアップする。

製造業はすでに次の時代への準備を始めている。ＩＴ分野の市場調査会社のガートナーの試

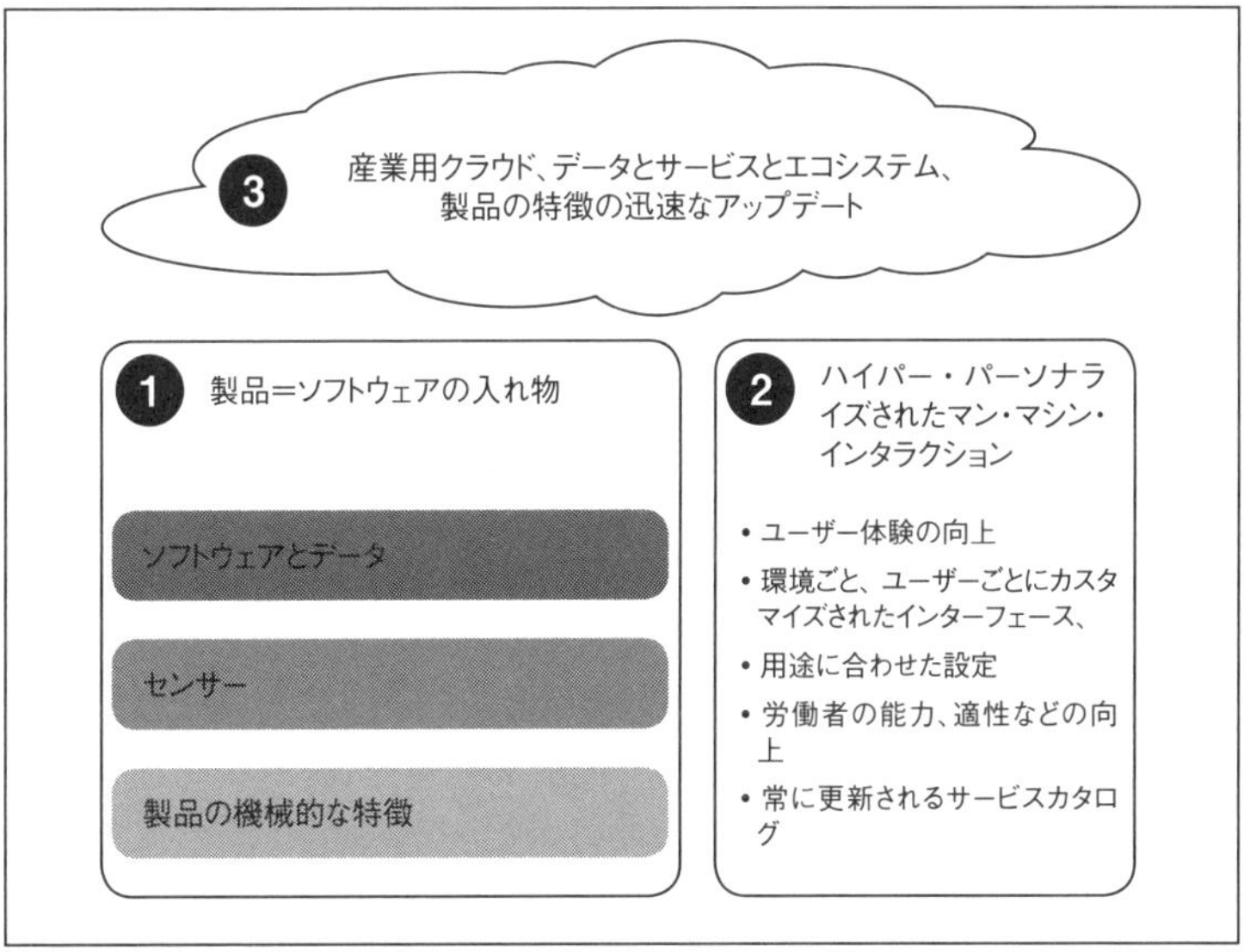

【図6-2】スピード、俊敏性、ハイパー・パーソナライゼーションをサポートする製品の設計と構造(注4)

算によれば、2016年に開発中の工業製品の約40パーセントが、センサーやマイクロチップ、データモデムなどを搭載している。(注5)モバイルデータ送信の中継技術がまだまだ未成熟であることを考えると、この数字はこれからさらに伸びるだろう。

航空業界では、すでに1秒間に5000カ所を測定可能なジェットエンジンが存在し(注6)、翼の部分に約2万個のセンサーを搭載した航空機もある。(注7)

ただ、こうした先駆的な事業の数々も、これから訪れるコネクテッドプロダクト時代の序章にすぎない。2020年までにスマート機能を持った機器や部品の数は2000億個に達すると言われているからだ。さらに、2011年の時点で予算全体のたったの5パーセントしかなかった企業のIT関連予算が、現在では平均で14パーセントになっている。IDCでは、企業が2018年まで実施するIT関連への新規投資の半分以上が、クラウドを使ったテクノロジー向け予想している。(注8)

最も大きな課題
――エンドツーエンドのPLMのデジタル化

本章の冒頭で述べたように、コネクテッドプロダクトやリビングプロダクトを実用化するには、エンドツーエンドのプロダクトライフサイクルマネジメント(PLM)を新しく構築する必要がある。製品の開発を素早く、俊敏に行い、顧客の個性に合わせた柔軟なカスタマイゼーションを実現するためには、現行の設計、製造プロセスだけでなく、サービスの運用方法も変更しなければならない。

建設用・鉱業用重機、発電装置の大手メーカーが国際的なPLMシステムの構築により業務改善

この重機メーカーは、近年、買収を繰り返すことで急成長を遂げた。だが一方で、製品情報管理(PDM)の効率がかつてない水準にまで低下してしまった。その原因は、工場の数が増えすぎたため複数のPLMが同時に必要になったことや、部品表や部品を管理

するためのＰＤＭが買収前の古いシステムのままだったため、結果として複数の個別最適化されたＰＬＭが乱立してしまっていたことだった。

メーカーは「どこでも設計、製造を可能にする」という目標を掲げていたが、複雑な環境と非効率的なプロセス、不正確なデータがその実現を妨げていた。製品の開発期間は縮まらず、受注、引き渡しのスループットも目標値には届かない。逆に、環境の複雑さが増すにつれ、新しく獲得した業務の維持や運用にかかるコストは、徐々に上がっていった。

こうした状況を打破するため、メーカーではＰＬＭの段階的な改革を実施することにした。ばらばらになった製品開発プロセスをまとめると同時に、データ管理の仕組みを刷新し、「エンドツーエンドの部品管理」を実現するのが狙いだ。

結果として、新しく開発した、国際的な運用が可能なＰＬＭサービスデリバリーモデルによって、パーツや製品の運搬、保守、さらに顧客へのサービス機能が強化され、業務効率の向上とコスト削減を同時に達成できた。これにより、同社は「ＰＬＭへの効率的な投資が可能になった」と言う。

この改革のおかげで、国を超えた協力が可能になり、機械の仕様変更は減少した。非公式な社員同士の人間関係によって業務が回っているという、不健全な構造を刷新することもできた。全体として、削減できた予算額は、１年あたり数億ドルにのぼる。

新しいＰＬＭサービスデリバリーモデルは、配送コストを大幅に減少させ、ＰＬＭ全体の質が向上した。さらに、新モデルが生み出すプロセスやツール、スキルを柔軟に組み合わせることで、業務効率の改善にも成功した。

リビングプロダクトの出現によって、設計部門はソフトウェアやデータ管理、コネクティビティをはじめとする新たな手段を取り入れる必要が出てくる。さらに、エコシステム内のパートナー企業やエンドユーザーなど、いままでは考えられなかった相手と、突然協力しなければならなくなる場合もある。つまり設計部門では、これまでとは大きく考え方を変えなければならない。

では、DPLMを十分に発達させるには具体的にはどうすればいいのか？　大まかに言えば、その答えはデータの中継技術にある。図6－3に示したように、データ中継技術を使えば、効果的な製品開発を可能にするバリューネットワークをつくることができる。開発された製品が直線的にライフサイクルの終わりへと進んでいく従来のPLMとは違い、これから製品は循環するデータのなかで常にフィードバックを受け、改善されることになる。

図が示すように、DPLMには四つの必須要件がある。すなわち、ラピッド（迅速）であること、スケーラブル（拡張性）があること、インテリジェントであること、そしてコネクテッドであることだ。

1　ラピッド（迅速）であること

成果型エコノミーのもとでは、社内の各部署の応答時間を最小限にすることが求められる。

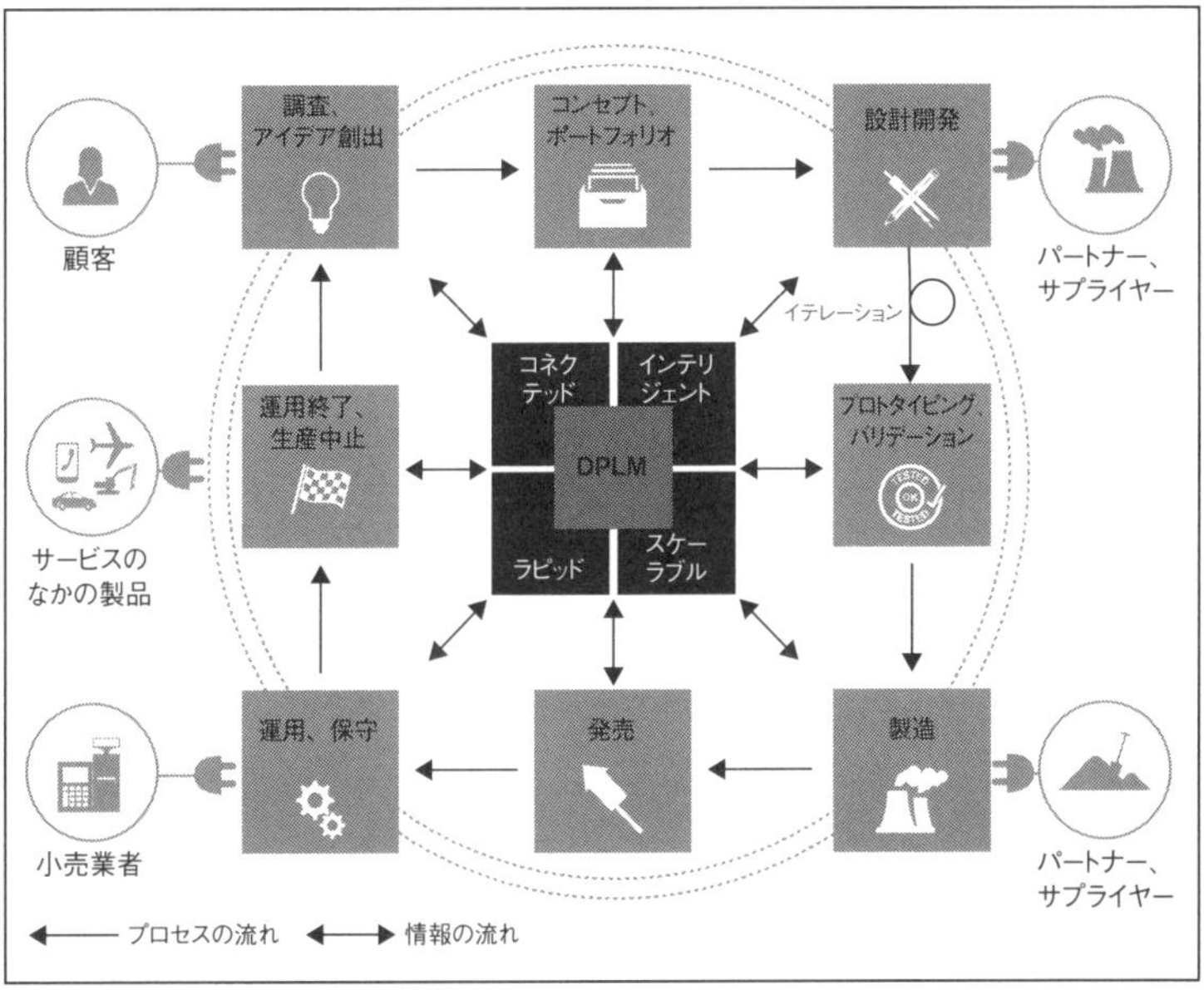

【図6-3】DPLMネットワーク(注9)

たとえば、設計部門で、製品コンセプトの評価をプロトタイプ設計のテストループに反映するまでの時間が短くなれば、製造部門でも、市場のギャップを埋める利ざやの大きい製品やサービスを迅速に提供できるようになる。ソーシャルメディアやクラウドソーシングなどを通じてくみ取ったニーズの変化が、即座に研究開発室に送られ、製品の機能やデザインを市場で求められている形に素早く変更できるような体制をつくらなければならない。

業務の迅速化にあたって、テクノロジーが果たす役割は常に大きい。高性能のコンピューターを使ったシミュレーション主導の手法によって、設計とバリデーション（妥当性確認）

のサイクルは大幅に速く回るだろう。また、プロトタイピングのスピードが上がれば、設計の初期段階において、無駄のない柔軟な方法で、生産性、品質向上のための実験を繰り返し行うことが可能になる。そうすれば早い段階で失敗を見つけられるので、早い段階から顧客や外部の協力者の意見を取り入れたテストをして、問題点をつぶしておける。また、結果として無駄な作業が減る。

一回限りの生産を、かつては大量生産でしか実現できなかったようなコストで、手軽に行うことができる3Dプリンターは、スピードアップに貢献してくれる技術の典型例だ。3Dプリンターのおかげで、精度の高いプロトタイピングを、時間をかけずに行うことが可能になるだろう。

たとえば、ドローンメーカーのアエリアルトロニクスでは、3Dプリンターを使って、リードタイムを大幅に短縮させた。研究開発にかかる時間を半減させ、さらに、カスタマイズが可能な無人航空機システム（UAS）の開発に成功した。(注10) これと同じようにイタリアのバイクメーカー、ドゥカティでは、3Dプリンターの導入で、エンジンの設計にかかる時間を28カ月から8カ月に短縮した。(注11) ドイツの自動車メーカー、BMWでは、現場作業に合わせたツールをつくる技術によって、従業員が使う手工具を72パーセントも軽量化することに成功した。(注12) 日本の自動車メーカー、本田技研工業も、製品の設計にユーザーからのフィードバックを取り入れるため、ラピッド・プロトタイピングに投資している。(注13)

2　スケーラブルであること

これはパワフルなＤＰＬＭをつくるうえで2番目に大切な要素であり、一つ目の「ラピッドであること」との関わりも深い。通常、ビジネスの文脈で言う拡張性とは、製品やサービスの販売規模の拡大を指す。しかし、成果型エコノミーのもとでは、この言葉は拡大と縮小、両方の意味を持つ。需要が生まれたら生産を素早くスケールアップしてそれを満たし、なくなった時にはすぐにスケールダウンして損失を最小限に食い止める。また、低コストで効率的な製品開発を実現するにあたっても、拡張性は重要だ。

実際、拡張性を確保することで、企業は製品管理にかかるコストを3割から7割も削減できると言われている。労働力の運用効率が10倍になったと報告している企業もある。

アメリカのＧＥでは、自社のＤＰＬＭを通じてクラウドソースでジェット機のエンジンブラケットの設計を行ったことで、大幅な軽量化に成功した。さらに従来は平均で2年ほどかかっていた新型エンジンの開発も、３Ｄプリンターの使用で大幅に短縮可能だ。(注14)

これから企業は、それぞれの製品をプラットフォームへと、あるいは、常にアップデートを続けるソフトウェアとサービスの「入れ物」へと変化させるため、製品コンセプトの明確化、設計、テスト、製造を一つの流れに統合する必要がある。そうすることで、市場の反応に合わせて、製品やサービスのラインナップを広げるうえでの基礎をつくる。たとえば、自動車や機械メーカーでは、トランスミッション設計の際に、高性能のコンピューターで大量のパターンをシミュレーションして、実際の試作品の数を減らすことに成功している。

データが部署の枠を超えて滞りなく流れて、社内の全部署が同じ目的を共有できるようになれば、複数の製品やサービスを市場に素早く投入できる。そうすれば、売り上げが上がるだけでなく、1ユニットごとの研究開発費が下がり、開発効率が向上する。

だが、新しい機能やサービス、テクノロジーを単に寄せ集めただけでは拡張性は確保できない。ほとんどの場合、製品のハードウェアの特徴から、ソフトウェア、ユーザーインターフェースまでを根本的に変える必要がある。本当は、製品のコンセプトを完全に作り替えるのが理想だ。また、当然のことながら、生産を素早く拡大、縮小するという概念自体が社内で受け入れられるまでにもかなりの時間がかかる。場合によってはメーカーが、現在フェイスブックやアマゾンがやっているのと同じように、日々、新しいサービスや製品を発表するという状況にならなければ、そのメリットは理解されないかもしれない。

3 インテリジェントであること

この要素を達成するためにまず企業がやるべきなのは、強力な分析ツールを使って、その時々にどのような製品やサービスが求められているかを明らかにすることである。その後、個々のユーザーの使用状況や好みに関する情報をコネクテッドプロダクトに内蔵したソフトウェアで収集し、それに合わせて研究開発を行う。ソフトウェア・インテリジェンスを導入したPLMは、コネクテッドプロダクトをリビングプロダクトに進化させるための基礎となる。リビングプロダクトの段階にいたると、製品は自律的に設定を変更、追加し、これまで以上に個々のユーザーに合わせた機能をリアルタイムで提供するようになる。さらに、PLMをエコシステム全体とつなげることで、ほかの企業が提供するサービスを自社の製品に組み込んだり、製品の寿命を延ばしたりすることもできる。アップルのような先進的な企業では、アプリケーションライフサイクル管理（ALM）とPLMを統合したシステムを使って、ソフトウェアとハードウェアの両方が必要とする条件をすり合わせた製品設計を行うことで、開発期間を短縮しながら、優れた成果を上げている。

4　コネクテッドであること

この要素は、PLMの全体的な改革と併せて導入しなければならない。PLMには、製品のアイデア創出からコンセプト決定、設計、試作、検証、製造、客先での使用からアフターサービス、そしてライフサイクルの終了まで多くの段階がある。これらすべての段階が、共通のデータ規格によるサイロのないシステムで統合され、情報の流れが一本化していることが理想だ。

個々の企業はいずれ、外部のサプライヤー、パートナー企業、請負業者、顧客が構成するエコシステムの一部となる。それぞれが持つ経験や知識を素早くつなげて、成果を最大化し、全員が利益を上げるようにするには、包括的なデータ交換システムが常に機能していなければならない。

また、データモデリングの技術も最大限に活用すべきだ。たとえば、現場でつくられている実際の製品のデジタル・ツインをつくれば、現場オペレーションを改善しやすくなる。現在のPLMシステムなら、製品ライフサイクルの始めから終わりまで、デジタル・ツインによる一貫したシミュレーションが可能だ。デジタル・ツインモデルは、予知保全、修理、デザインの改良など、製品の製造とサービス提供の両方で幅広く応用できる。

これら四つの要素を備えたPLMができれば、企業はコネクテッドプロダクトの力を十分に活用できる。設計、開発、製造をはじめとする社内の各部門は、顧客のニーズの変化に素早く対応し、ハードウェアとソフトウェア両方のバリューチェーンにまたがる製品を生み出すだろう。また、社外とのつながりのなかで俊敏に動くことで、企業は製品のライフサイクル全体を通じて、顧客、開発パートナー、サプライヤーなどの外部からフィードバックを受けるようになる。デジタル化の時代において、データは、企業の内外を問わず広く流通する「通貨」であり、企業各部門はこのデータの力を十分に活用できるようになるだろう。そして企業は、市場のニーズを満たす提案をいつでもできるようになり、常にその能力や機能を変化させ続けていくだろう。

低コストで改革を成功させた大手タイヤメーカーの例

ある大手タイヤメーカーでは、デジタル技術を使ってリサーチ能力を強化し、製品を市場に出すまでの時間を半分に、開発コストを3分の2にすることに成功した。

準備期間はおよそ3年間。この改革では、主に研究開発期間の短縮に主眼が置かれたが、そのためには、製品製造のノウハウを、社外のサポートを得て補強する必要がある。これは社員や組織にとって大きなチャレンジだった。同社では、全社的な協力体制を敷くことで、既成概念にとらわれない、新たなアイデアや手法を考案した。

改革は結果を出すこと重視で進められ、効果を計るため、重要業績評価指標（ＫＰＩ）が定められた。さらに、顧客の声を聞くための品質機能展開（ＱＦＤ）のような手法や、原材料からの設計、付加価値の創出、人間工学などに関する新たなスキームが導入された。また、製品に関連したオープンなエコシステムを築くため、国を超えて多くの専門技術を取り入れた。

最終的に同社は、この研究開発プロセスの改革によって、製品を顧客に売り切るまでのコストを3割以上削減し、それにかかる時間を7年から3年に短縮することに成功した。

あなたの会社のDPLM導入はどこまで進んでいるか？

ここでは、企業のDPLM導入の進捗状況を測るための質問を用意した。左記の問いに対して、「イエス」の数が多ければ多いほど、あなたの会社ではDPLMの基礎工事が進んでいることになる。それでは始めよう。

・新しいコンセプトや新製品のアイデアの着想、製品の製造中止を決定する際の参考として、ソーシャルメディアやユーザー限定のサービスウェブサイト、製品POSなどのデジタルプラットフォームを使っているか。
・製品やサービスの費用対効果を計る有効な手段を持っており、ポートフォリオの管理に生かしているか。
・顧客からのフィードバックや使用状況に関するデータを受け取るための仕組みを持っているか。そして特定分野の製品が、成長中なのか、成熟しているのか、あるいは製造を中止すべきなのかを判断する際に、その仕組みを活用しているか。
・開発コストを下げ、製品を市場に出すスピードを上げるために、クラウドソーシングを戦略的に利用しているか、あるいは人工知能を導入する計画はあるか。
・製品開発のシミュレーションや品質の検証、サプライヤーとの協力、機器のパフォーマンスの計測、市場動向や売り上げの分析などを行う際に、デジタルプラットフォームを利用

基礎となる技術	研究開発 ストラテジー	ディスカバー	エグゼキュート	オペレート
コネクテッドデバイス	オープン・イノベーション・プラットフォーム イノベーション・マネジメントツール	用途、パフォーマンス、データ、製品からサービスへの拡張	需要予測 統合されたリアルタイムでの開発状況モニタリング	リアルタイムの利用状況データに基づいた初期の段階での顧客インサイト、製品アップデート、ベンダー同士のコラボ
ソーシャル	ソーシャルリスニング、マーケット・インサイト デジタル・フォーカスグループ	コネクテッドカスタマー 顧客を基準にしたインサイト、ソーシャルベースの評価アウトラインとリスニング	対象製品のテスト	継続的な顧客からのフィードバック 利用状況データに基づいたインサイト
モバイル		アプリケーション開発、インテグレーション、リアルタイムでのフィードバック、クラウドソーシング	製品提供テスト	リアルタイムでの顧客からのフィードバック
クラウド	インサイト／アナリティクスプラットフォーム	用途、パフォーマンス、データ、製品からサービスへの拡張	モニタリングと診断、予知保全、アセットライフサイクル	リアルタイムの利用状況データに基づいた初期段階での顧客インサイト、製品アップデート、ベンダー同士のコラボ
デジタル	コンセプトの決定	クローズド・ループ・フィードバック	持続性のある高品質な製品の設計	製品からのリアルタイムのフィードバックによって情報の質が向上
3Dスキャニング／プリンティング	デジタルプリンティング	バーチャルモデリングとシミュレーション	物理テスト デジタルプロトタイピング（3Dプリンティング）	
自動化支援		システムエンジニアリングツール／アーキテクチャ	仕様としてのロボットプログラミング	リモートモニタリング 技術資料作成ツール
アナリティクス／人工知能	予測マーケティング／営業分析 予測的なセグメンテーション分析 予測的なソーシャルメディア分析	研究開発分析に基づくリアルタイムでの経営判断 アイデア創出と顧客との協調	サプライヤーのクオリティー分析	顧客の収益性分析 保証についての分析
バーチャルリアリティー		バーチャルな消費者環境	実験、バーチャルプロトタイピング、シミュレーションテスト	
サイバーセキュリティー	顧客関係の強化、セキュリティーやデータプライバシー、データ利用の倫理規定策定を通してビジネスリスク減少			

【図6-4】研究開発におけるテクノロジーの活用[注15]

しているか。

デジタル・プロダクトライフサイクルマネジメント
——アクセンチュアが企業の市場への適応をサポート

デジタル・プロダクトライフサイクルマネジメント（DPLM）は、従来とは大きく発想の異なる、エンドツーエンドの製品管理だ。これからは、製品やサービスの生産に関わる業務全般から、労働力の使い方、さらに顧客との関係にいたるまで、あらゆるプロセスが根底から見直されることになるだろう。

DPLMのもとでは、設計から、試作、製造、販売、現場での稼働まで、製品のライフサイクル全体が自律的に制御される。そして、製品はこれまでにない速さで、市場に投入され、その販売規模を拡大する。

こうしたエンドツーエンドの管理を可能にするDPLMは、人工知能（AI）、常時接続可能な高性能センサー、リアルタイムでのデータ分析、拡張・仮想現実、ジェネレーティブデザイン（コンピューターが自己生成的に行うデザイン）と製品のモジュール化、クラウドソーシング、3Dプリンターを活用した受注から製造までのノンストップ生産、エッジ・コンピューティング、ブロックチェーン、ソーシャルメディア、超薄型の可とう性電子回路（フレキシブル電子基板）、そして自律制御ロボット関連技術など、実に幅広い技術

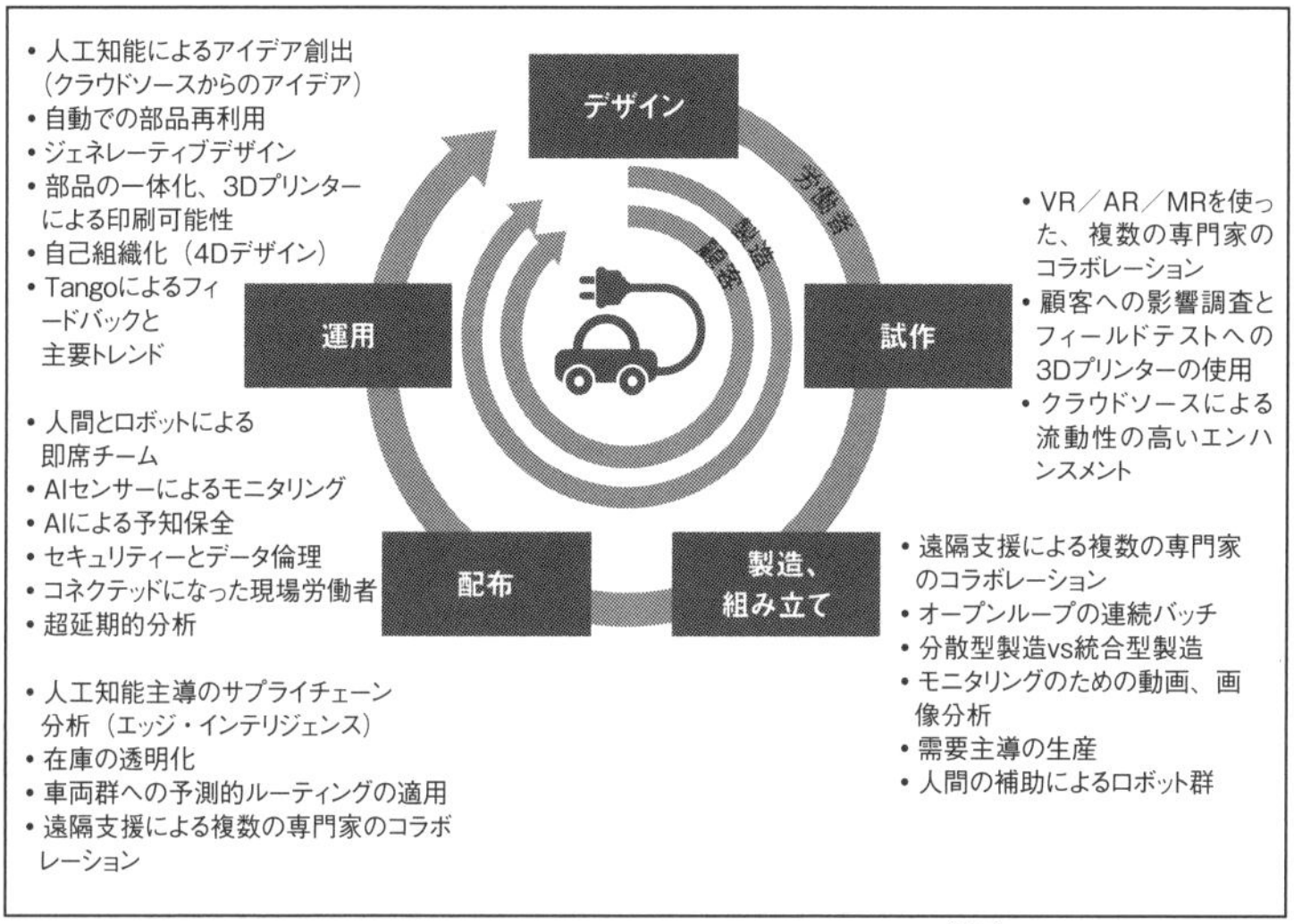

【図6-5】デジタル・プロダクトライフサイクルの組み合わせ効果[注16]

の組み合わせで成り立っている。

企業はDPLMを通して、顧客の意見や市場の動向を早くから取り入れることで、ニーズに沿った製品やサービスを提供できる。顧客の製品ライフサイクル全体への参加は、他社との差別化要因にもなる。

また、現場の作業員たちはより協調して働けるようになり、作業効率は向上し、スキル習得にかかる時間も短くなる。

さらに、データの分析結果に基づいて作業員が動くことで、同じ人数でも早く仕事が終わるようになり、結果として規模の大きな事業を展開できる。それ以外にも、複合現実（MR）を使った製品や事業プロセスのビジュアル化や、人工知能による単純作業の自動

	設計	製造	サービス
プロセス	• 短期間の製品開発をスピーディーに繰り返す(フェイルファスト・アプローチ) • 最新の人工知能による、高度な自動化、あるいは能力の拡張	• 部品の最適化(種類を最小限に抑えつつ、品質を高める) • 包括的な最適化によって、柔軟に設定を変更可能なインテリジェント・プロダクトを製造する • リアルタイムの情報によって、製造場所と物流を最適化する	• 製品の使用状況と顧客のニーズをリアルタイムで捕捉する • 顧客のニーズに基づいて自動的に設定を変更、状況に適応する • 製品やサービスに対する未来のニーズを特定、予測する • プラットフォームとの一体化することで、リアルタイムでサービスを提供する
人間の労働力	• 協力的 • クラウド対応 • 高度な能力拡張(たとえば、ウェアラブルデバイスやリアルタイムでの情報などによって)	• 動的なスケジューリング、人員配置、調達 • オンデマンドの訓練 • 人とロボットの協調を含む広範囲での業務の運用管理	• 遠隔での監視、診断、補修 • 複数の組織にわたるサービスの運用管理
顧客	• 顧客からのフィードバックや市場のトレンドを、開発の初期段階もしくは製品ライフサイクルの途中で取り入れる • 主要な顧客の協力を得る。たとえば、初期段階のテストや市場投入の際など	• 必要なとき、必要な場所で、製品やサービスを提供する(3Dプリンティングなど) • サプライチェーン全体で、パーツのトレーサビリティーを確保する	• 顧客のニーズをインテリジェンスを使って予想し、必要なサービスを必要なときに提供する • フィードバックから充足されていないニーズを捉え、将来の製品やサービスに反映する

【図6-6】DPLMが各部門に与えるメリット

化などの技術が、現場に与える影響は大きい。設計部門でも、バーチャルリアリティーの技術を使えば、製品仕様の変更が現場にどのような影響を与えるかをすぐにシミュレーションできる。また、遠く離れた場所にいる同僚、あるいは社外の技術者ともリアルタイムで協力して働けることは、新製品開発の際の大きなメリットとなるだろう。

製品のライフサイクルのなかで、これから最も大きく変化するのは、開発、製造、オペレーションの三つの段階だ。たとえば開発では、デジタル・ツインによって、製品を実際につくる前に、見た目や機能を含めたシミュレーションができるようになる。特定の状況だけを想定して製品をつくるのではなく、実際に起こりうるパターンを何種類も事前にシミュレーションしておくことで、実物の試作の回数を減らしながら、完成品の質を高めることが可能となる。

アクセンチュアでは、企業による製品の開発、製造、オペレーションの質を決めるインダストリーX・0における三つの主要要素――つまり、事業プロセス、労働力、顧客の研究に力を注いでいる。

DPLMはすでに実際のビジネスで価値を生み出している

従来の製品をリビングプロダクトに進化させるためには、DPLMの導入が必須だ。また、既存の開発プロセスに新技術を取り入れて、製品の開発サイクルを短縮すれば、開発・製造にかかる費用を最大で40パーセント近く抑えられる。DPLMによって、企業は業務効率をこれまでにないレベルにまで高めることが可能となる。

導入には大規模な改革が必要になるが、それでもやる価値は十分にある。試算によると、売上高250億ドル規模の企業がDPLMを導入した場合、1年あたりのEBITDAが1億ドルから1億5000万ドル程度上昇する。

すでにDPLMを活用して、大きな効果を上げている企業も多い。いくつか興味深い例を挙げてみよう。

たとえば、DPLMの一部である通信機能を使って、すでに稼働中の製品の使用状況を知ることができれば、顧客体験の品質向上が可能だ。キャタピラーのような重機メーカーでは、現場で稼働しているトラックから集めたデータをもとに、顧客に車両運用効率化のアドバイスを行っている。電気自動車メーカーのテスラでは、遠隔操作技術で、車に内蔵されたソフトウェアをアップデートして、常に最新の技術を利用可能な状態にしている。(注17)

また、DPLMは、エンドユーザーを含む社外の人間を、研究開発や設計に巻き込むことも可能にする。PCメーカーのデルでは、アイデアストーム(IdeaStorm)という顧客とのコラボレーション用のプラットフォームを開発し、アイデア出しやリアルタイムでの製品ポートフォリオ管理に活用している。デルは、アイデアストームを通じてユーザーに開発環境を提供することで、これまで2万4000のアイデアを集め、そのうちの550をすでに実用化した。(注18)同

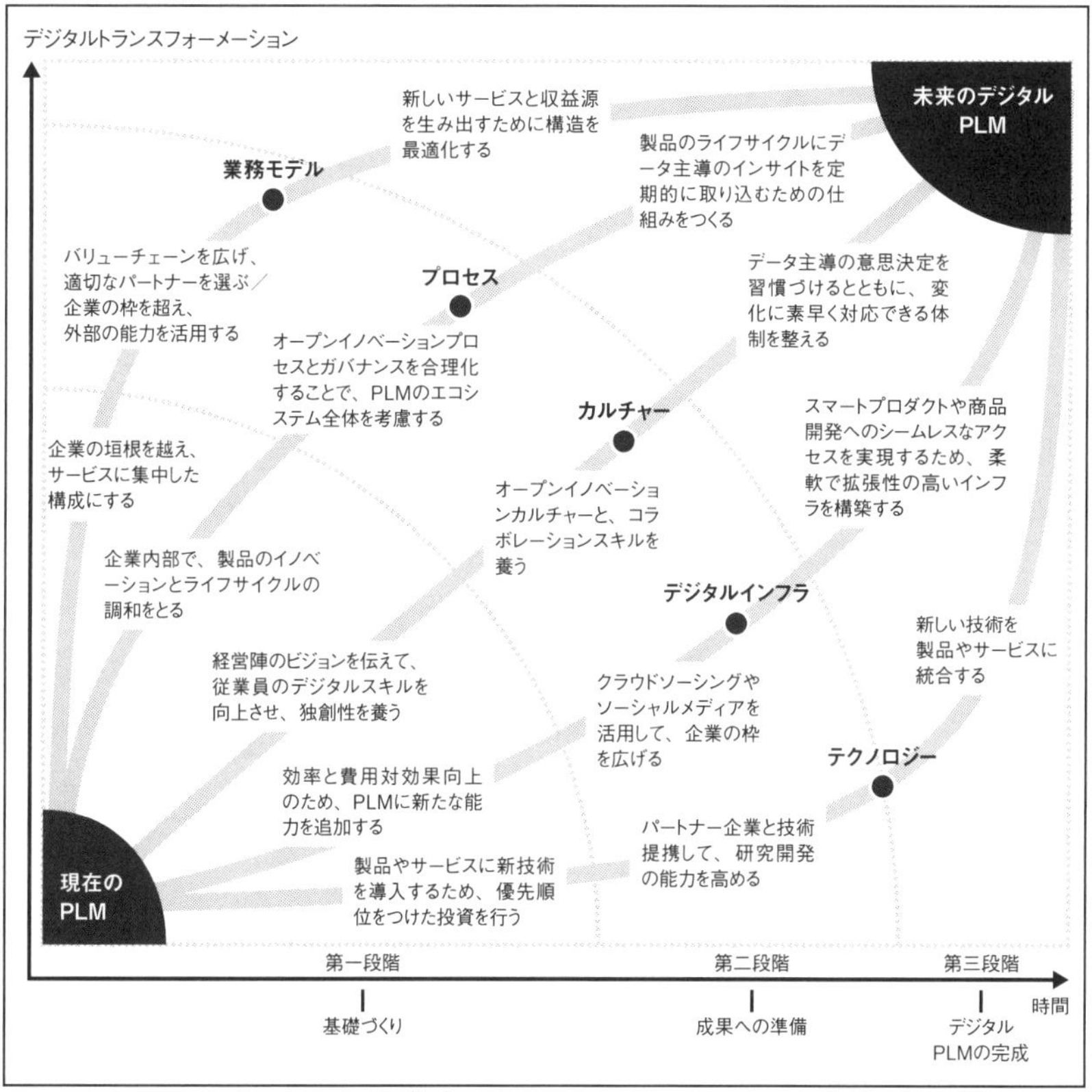

【図6-7】DPLM導入のロードマップ(注19)

様に、フランスの造船会社DCNSはバーチャルリアリティーを応用した「没入型仮想環境」と呼ばれる技術を使って、開発途中の製品を顧客に体験させることを可能にしている。(注20)

さらに、企業内のコミュニケーションにもDPLMは効果を発揮する。たとえば、航空宇宙・防衛産業のあるメーカーでは、現場の従業員がスマートグラスを通じて操作中の装置を映し、遠隔地にいる専門家の指示をあおぎながら作業を進めるなど、ウェアラブルデバイスが大いに活用されている。また、ヒュンダイでは、製品の設計や仕様、バージョンを確認できるアプリを、梱包を担当する部署に配布することで、現場に必要なデータを供給し、作業を円滑にしている。

図6-7に示したのは、DPLM導入のロードマップだ。成果型エコノミーに移行する速度は、市場によって大きく異なる。次の技術を取り入れるタイミングは、自社がターゲットとする市場の状況に合わせて決めなければならない。ぜひその際の参考にしてほしい。

DPLM導入の動きは全体としてはまだ緩慢であり、このロードマップはこれから多くの業界で役に立つだろう。最近の調査では、「自社のが持つアイデアを市場に出せる形の製品やサービス、ビジネスモデルに変える能力」に対して、「非常に満足」と感じているのは、調査対象となった役員全体の3分の1に満たなかった。さらに、「社外からアイデアを集めるための有効な手段を持っている」と考えているのは、わずか21パーセント。一方で28パーセントが、改革が進まない理由として「製品やサービスを市場に出すまでの時間がかかりすぎる」ことを挙げている。(注21)

適切なペースでプロセスを変え、社員を適応させる

ＰＬＭの適切なロードマップが定まって初めて、企業は、成果志向の顧客とコネクテッドプロダクトの時代における、効果的な製品開発の工程表づくりに着手できる。

デジタル製品の開発に乗り出した時、特に注意してもらいたいのが、バリューチェーン内の自社の活動すべてにおいて、少なくともこれからつくろうとしている製品が持つソフトウェアの機能を十分に生かせる水準の同程度のデータインテリジェンス、応答性、俊敏性、複雑性を、確保することだ。

新しい製品開発プロセスを実現するには、サプライチェーン管理から、アフターサービス、カスタマーサポートまで、現時点ではまだ縦割り状態にある機能や部門の壁を破壊し、つないでいく必要がある。また、開発プロセスのあらゆる場所に、まったく新しい通信手段やロードマップには書かれていない小さなプロセスの導入も欠かせない。さらに、これまでは開発に参加していなかった人、あるいは新しいソフトウェアからのインプットも取り入れることになる。

しかも、新旧のシステムを同時に運用しなければならないため、実際の移行作業はさらに複雑となる。場合によっては、まだ十分に利益を上げている「口のきけない」製品に、突然、メカニカルな機能を超えた、まったく新しいサービスを組み込む必要が生じるかもしれない。古いシステムから新しいシステムへの移行は決して簡単ではない。

エンジニアやデザイナーも、過渡期の混乱のなかで、従来の製品にソフトウェア機能を追加した「ハイブリッドな」製品をつくるようになるだろう。産業用機器が次々と新機能を備えるようになるにつれ、どの企業も千差万別に変化し続ける新しいサービスを、顧客に提供することになる。さもなければ、売り上げを伸ばしてクライアントに利益を還元するのは不可能だ。そのためこれからは、必要な訓練を受け、スキルと創造性を持ったチームを、正しく運用することが求められる。将来出現するであろうデジタルプロダクト開発のエキスパートを別途、雇う必要も出てくるかもしれない。

ただ、どの社員をどこに配置するかを決める際には、エンドツーエンドのデータフローが、非常に有益な示唆を与えてくれる。フルスケールでデジタル化した製品開発プロセスからは、これまでよりもはるかに多くの情報が生まれてくる。エンジニアが製品に仕様を追加するごとに、プログラマーがコードを1行書くごとに、そして新しい要素が製造工程に追加されるごとに、データは増える。テラバイト単位で蓄積したデータが、日々、順番の組み替えやフィルタリングを経て、開発プロセスの各段階にいる社員に知見を提供するようになるだろう。

一方で、こうした流れからはリスクも生まれてくる。中途半端なデジタル化は、チームの結束力や創造性を弱め、新たなコストを発生させかねない。導入した研究開発のデータ管理システムやDPLMがまったく機能しないこともありうる。データの流れを整理しきれず、デザイン、設計、試作の部門に余計な情報が流れて、開発プロセス自体が機能不全に陥ってしまうかもしれない。

そして、しばしば見逃されがちだが、現実的に最も大きなリスクは、社員がテクノロジーの進化についていけなくなることだ。デジタル化以前は、社内のみで研究開発を行っていればよかった社員たちが、急に外部のエコシステムに順応し、市場を含む複数のソースから流れる大量の情報を処理しなければならなくなる。外とのつながりを持たなかった従来の製品開発プロセスから移行するうえで、一番の難関はここだろう。

紙の設計図やステンシル、粘土模型による設計、試作が、3Dのデジタルモデルに移行したのはそう昔のことではない。しかし自動車業界のようなデジタル化への対応が早い産業ではすでに、アイデア創出からコンセプト決定、詳細設計、テスト、最終調整から販売後のケアに関するすべての情報を、一つのデータフローとして処理している。各段階を通過するごとに情報量は増えてゆくが、それでもデータの流れは途切れることがない。

ただ、技術の変化があまりに速いため、一部の企業では、社員の対応が遅れ、新しく導入した工程を利益につなげられないという問題が起こりうる。この問題への対処法については次章で詳しく解説しよう。

電子工学と先端技術が企業の道しるべ

デジタル化された製品開発プロセスが実際にどのように機能するか説明するため、ここではすでにDPLMをうまく使っている、携帯電話の開発を例にとってみよう。アップルやHTC

をはじめとする携帯電話メーカーでは、アイデアの創出から製品の発売、そして生産中止にいたる全工程の関連データを、すべてデジタル形式で管理している。

　プロジェクトチームはまず、ターゲットとなる顧客層が何を求めているかを特定し、その情報を開発工程に落とし込むことから始める。この段階では、サイズや品質の水準、処理能力など携帯電話の基本的なスペックを決定する。さらに、搭載されるカメラの数、スクリーンの解像度、ＳＩＭカードの仕様などの大まかな特徴や、製品のパッケージ、電源アダプターをはじめとする付属品など、細かい部分に関しても、この段階で検討する。

　製品開発をうまく進めるためには、携帯電話に必要な要件を、デザイナーやエンジニア、メカニック、プログラマー全員が共有しなければならない。さらに、携帯電話の具体的な特徴（スクリーンの大きさ、一度に表示できるアプリのアイコン数、どんな筐体かなど）を決めるチームにもあらかじめ仕様を伝えておくべきだ。仕様をデジタルデータとしてすべての工程で共有することで、開発プロセス全体を素早く、効果的に進められる。

　もちろん、個々のチームはそれぞれ違った作業に取り組んでおり、工程ごとに取りうる選択肢は複数存在する。だが、全体的な管理方法はシンプルだ。開発プランや製品のデザイン、設計などの情報をデジタルデータで共有して、チーム間のコミュニケーションを素早く正確にする。こうすることで、ある工程での変更が、ほかの工程に連鎖的に波及するという事態を最小限に抑えられる。

　すべての特徴と機能が固まったら、最後にもう一度テストをして、必要なら調整を加える。

ここでもチーム間で個別にやりとりをすると、かえって作業が煩雑になるので、関係者全員がアクセスできる包括的なデジタル開発プラットフォームを使って、全体の俊敏性と応答性を確保する。

携帯電話は複雑な製品であるため、開発にあたっては、複数の事業支援部門からの情報を統合管理する必要がある。データのやりとりがスムーズになり、それぞれの工程における意思決定のすり合わせがうまくいけばいくほど、ユーザーの支持を得る製品を開発できる可能性も高くなる。そのためには開発プロセスの包括的なデジタル化が必要不可欠である。

スマートフォンの機能が製造業の道筋を示す

携帯電話が出始めたばかりの頃、新製品の発表には年単位の時間がかかった。だが、時がたつにつれ、(ペースについてこられない一部の企業を除いて)そのサイクルは数カ月にまで縮まった。現在では、1年に1回はメジャーなアップデートがあるのが当たり前になり、マイナーチェンジはさらに頻繁に行われている。

この点から考えると、スマートフォンは、これまでで最もコネクテッドな製品と言えるかもしれない。生産、販売が終わったあとにも、これほど市場の注目を集め続ける製品はかつてなかった。高度なソフトウェアを内蔵し、通信機能を備えているだけでなく、スマートフォン自体がサードパーティーアプリケーションのプラットフォームとして機能するのが、その理由だろう。

ここで注目すべきは、ユーザーがどのような体験をするのかを決めるのが、スマートフォンのハードウェア的な特徴よりも、むしろそのなかにあるアプリケーションであるという点だ。ここに、これからのデベロッパーやデザインチームの目指すべき方向がある。おそらく、現時点では限定的なコネクティビティしか持たないほかの消費者向け、あるいは事業用の製品も、スマートフォンと同じような道をたどることになるのではないだろうか。

これは単に、アプリケーションを追加するための「空き地」を製品のなかに用意しておけばよいという話ではない。アップルのエンジニアとUX（ユーザー・エクスペリエンス）デザイナーは、特殊な機能を持ったアプリケーションをスマートフォンで動かせるよう、それを見越したプラットフォームづくりをした。たとえば、iPhone には加速度センサーが内蔵されているため、携帯電話をどれぐらい傾けて持っているのか、あるいは、歩いているのか、止まっているのかなど、ユーザーの現在の状態を感知することが可能だ。ここから、歩数計アプリや、車の運転中にかかるGを測定するアプリなどが生まれてくる。同様に、GPSを搭載することで、グーグルマップから地元のピザ屋の配達用アプリまで、位置情報システムを使った多数のアプリが可能になった。こうした状況を考えると、スマートフォンは、ほかの製品よりも一足先に、オープン・イノベーションプラットフォームと呼べる段階に達したと言えるだろう。

なぜなら、アプリの販売を許可するのがアップルやグーグルであるとはいえ、ここには、ハードウェアやOSをプラットフォームとして、すべてのユーザーがたった数行のコードを書くだけで開発者になることができる、巨大なクラウドベースの開発プロセスが存在しているからだ。携帯電話関連の世界では、製品の開発はすでに企業だけのものではなくなっている。

ものづくりの分野では、すでに同じような動きが起きている。ドイツのシーメンスをはじめとする大手産業機械メーカーでは、マインドスフィアなどの開発用プラットフォームを公開している。スマートフォンを参考にしたこれらのプラットフォームでは、ユーザーは自らの用途に合わせた産業機械用アプリや、データ分析用のソフトウェアを開発することができる。

複数の「時計」問題　あなたはどの解決策を選ぶ？

ただ、製造業の大半は携帯電話メーカーよりも遅れており、スマートフォンがとうの昔に乗り越えた、ハードウェアとソフトウェアの進化速度の違いというハードルをいまだにクリアできていない。

車などがよい例だ。現在、ある車のニューモデル（マイナーチェンジではなくまったくの新型）が出るまでには、だいたい5年から7年ほどかかる。スマートフォンとは違って、車の開発には多くの資本が必要になるため、投資の回収に最低でもこれくらいの時間がかかってしまう。ゆえに、これ以上開発サイクルを早めるのは難しい。自動車の場合、エンジン、ギアボックス、施錠システムなどが次のモデルになる間に、電子制御やソフトウェアは何度もアップデートされていく。しかし、組立ラインから大量に出てくる実際の車を見ているエンジニアたちは、このモデルを以前と同じ製品だと認識し、ハードウェアとソフトウェアの開発サイクルが同じだと考えてしまいがちだ。

システムエンジニアリング導入への障害を乗り越えた大手自動車メーカーの例

国際的に事業を展開する、ある大手自動車メーカーのグループでは、製品の複雑化とライフサイクルの短期化から、製品開発プロセス改革の必要性を感じていた。

特に同グループのOEM製造部門では、開発期間中の部署間の連携がうまくいかないため、製造装置の故障発見の遅れや、組織間の作業の重複、全体的な設計効率の低下など、さまざまな問題が発生していた。

従来の組織構造は縦割りで、独立した部署が個別にやりとりをしながら開発を進めていた。そのつながりは非公式のもので、それぞれ部署は独自の価値観やインセンティブに基づいて作業を行っていた。

この問題の解決には、システム・シンキングを用いてチームや機能、部署を連携させ、スキルや知識を統合する、「システムエンジニアリング」と呼ばれる手法が有効なことを、同グループは以前から認識していた。ただ、これまでは、関連する部署の同意を得て、システムエンジニアリングを具体的に導入するための準備が、整っていなかった。

だが、ついに改革が始まった。対象となるのはグループ内の12以上の組織である。まずは、組織や部門の枠を超えてリーダーが集められ、理想とする状態や現在直面している問題、改革を実行するうえでの障害について、認識を共有した。そして、優先順位の高い課題に対処し、新手法導入への障害を取り除くため、組織の別を問わず各部門に共通の問題に対応する「横のソリューション」や、個々の組織に包括的に適応される「縦のソリューション」について話し合った。各部署のコンセンサスが得られるまで、リーダーたちは徹底的に検討を繰り返した。

さらに、システムエンジニアリングによる新しい運用モデルの鍵となる要素を決定し、関連部署に素早く浸透させるための100日プランを立てた。試験的な車の開発プログラムで試すことでこの運用モデルを改革の効果を実地で検証できる。

このプランの最終的な目的は、システムエンジニアリングを使い部門の壁を壊すことによって、製品開発の成果や効率が実際に向上するかどうかを、試験的プログラムによって見極めることだ。主要なプロセス、資産、組織やシステムの要件が定義され、効果を計る指標を定め、ガバナンスを徹底したうえで、プランは実行に移された。

この試験的プログラムによって、改革の効果を確認した同グループは、その後18カ月のうちに、すべての新車開発プロセスにシステムエンジニアリングの手法を取り入れることに成功した。

問題なのは、衛星ナビゲーションや予知保全、移動保証、デジタルイグニッションなどの機能を追加するプログラムが増えたために、車のソフトウェアに頻繁なアップデートが必要になってきたことだ。ソフトウェアのライフサイクルはせいぜい1年から2年程度で、これをハードウェアのサイクルと完全に合わせるのは不可能である。

メーカーもユーザーも、古びたボディー（車）にできたばかりの心臓（ソフトウェア）が載っているという、ちぐはぐな状況を望んではいない。そのため本来は、常に最新のソフトウェアを搭載できるよう、ボディーのほうも柔軟な組み替えを可能にするのが望ましい。理想をそのまま実現するのは不可能だが、二つの異なるライフサイクルをかなりの程度まで調和させる方法は存在する。

それは、ハードウェアに一度載せてしまったソフトウェアを、あとからでもアップデートできるような仕組みをつくることだ。製品の開発プロセスをデジタル化すべき理由はここにある。完全な同期はコストの問題から実現が難しいが、それでもソフトウェアを適宜アップデートすることで、車体が多少古くても、あとから機能を追加してユーザー体験を「モダナイズ」できる。これが、ソフトウェアによるユーザーインターフェース設計の大きなメリットである。

一方、ソフトウェアの開発ペースに合わせるために、ハードウェアのサイクルを短くすると、大きな損失が発生する危険性がある。たとえば、ハードウェアの製造プラットフォームを3年で取り換えなければならないとしたら、期間あたりの製造量をかなり増やさなければ利益が出なくなる。しかし、常にそれほどのニーズがあるとは限らない。したがってこの場合には、ボディーやシャシーをあとから簡単に改造が可能な構造にしておくのが正解だ。併せて、ソフトウェアのアップデートを小刻みにすることで、二つのサイクルをなるべく近づけていく。また、電子部品の配線を固定化しない設計にするのも、一つのやり方だ。配線の制約がなくなることで、複数のソフトウェア開発サイクルがお互いに干渉しあわなくなる。

このやり方はＢ２ＣよりもＢ２Ｂで効果を発揮するため、最近は特に産業機械の分野で採用する企業が増えている。トラクターやクレーン、ブルドーザーなどの重機は、顧客にとっても大きな買い物であるため、手間をかけずにソフトウェアのアップデートをしたいという要望が強いからだ。配線が動かせないハードウェアではこのニーズを満たすことはできないだろう。

ところで、ここまでソフトウェアとハードウェアという二つの「時計」について話してきたが、もう一つ調和をとらなくてはならない時計があるのをご存じだろうか。それは、顧客体験に直接の影響を及ぼす、ユーザーインターフェースの開発サイクルだ。これからは車にも、毎週のように新しいアプリがリリースされるのが当たり前となっているほかのプラットフォームと同じように機能することが求められるようになる。そのため、インターフェースの調整も決して簡単ではない。

アメリカの電気自動車メーカー、テスラでは、販売したすべての車について、半自動運転アルゴリズムやナビゲーション、バッテリーコントロールシステムなどを、常に最新バージョンにアップデートすることができる。更新は、ＰＣのＯＳと同じように自動で行われ、ユーザーの手を煩わせることはない。

もちろん、こんな芸当ができるのは、同社の車のプラットフォームが最近になって開発されたというアドバンデージによるところが大きい。つまりテスラは、従来の車のマーケットに配慮することなく、最初からハードウェアとソフトウェアの歩調を完全に合わせた形で、研究開発を進めることができた。ほかの会社がつくっているような通信機能を持たない車の場合は、話はそう簡単ではない。ハードウェア仕様の変更をはじめとするややこしい作業が必ず出てくるだろう。ソフトウェアのアップデートをディーラーに報告しなければならないかもしれないし、電子部品を取り換えなければならない可能性もある。

ただ、定期的にソフトウェアのアップデートが行われる限りにおいて、消費者もクライアントも、ハードウェアの更新に2年程度かかっても我慢してくれるのではないか、というのが私の予想だ。2年以上使っているPCでも、OSが最新であれば問題ないのと同じである。もしかしたら多くのユーザーが、自分好みの古いバージョンの車体を使い続けることだってあるかもしれない。

要点　Take aways

01―― 製品開発の全工程が、スマート化した「コネクテッドプロダクト」の出現によって再定義される。

02―― ソフトウェア関連の機能を強化すべし。製品にはこれまで以上にソフトウェアが内蔵され、それが可能にするサービスやユーザー体験がこれからは重要視されるようになる。それぞれのペースで必要な体制を整えていこう。

03―― 健全なデジタル・プロダクトライフサイクルマネジメント（DPLM）は、新時代のデータ主導型製品「リビングプロダクト」を開発するうえでの基礎となる。俊敏性、拡張性、ソフトウェア・インテリジェンス、そして統一されたデータフローを兼ね備えた、DPLMシステムを構築しよう。

04―― ハードウェアとソフトウェア、二つの開発サイクルを調和させよう。ただ、動かせないように固定してはいけない。また、提供する価値や顧客満足度の最大化につながるようなマーケティング活動を行おう。

05―― 事業プロセス全体にわたるエンドツーエンドのDPLMを行い、会社のDNAに組み込もう。

第7章 ズームイン

コネクテッド・ワークフォースを準備する

工場、設計部門、あるいは経営会議などで、高い生産性を発揮し、データに基づいた決定を下し、監督機能を担当する。これが未来におけるコネクテッドな労働者の姿だ。彼らは、アナリティクスを使い、ロボットと協力して働くようになる。作業の安全性は、セーフティテクノロジーやトラッキングによって確保されている。人間とロボットの間で対立が起こるＳＦの世界とはまったく逆で、新時代の工場では、人と機械の協力により、どちらか一方では実現できないような成果が生み出される。ここで重要なのは、機械による自動化が進んだ製造業では、ほとんどの社員がホワイトカラーになるということだ。肉体労働の大半は姿を消し、人間が担うのは監督機能となる。しばらくの間は人間による作業が必要な部分も残るが、いずれはそれも自動化される。それゆえ、現在の労働力は大きな変化を迫られる。新しい体制への移行を担う幹部社員へのサポートを含め、企業は、社員の教育、育成を積極的に行う必要がある。

製造業のデジタル・トランスフォーメーションとは、現場へのソフトウェア・インテリジェンスの導入や、自律的に動く機械や製品の増加を指す。さらに、スマートフォンやタブレットのような手に持って使う端末だけでなく、ウェアラブルコンピューター、スマートグラス、スマートウォッチ、デジタルリストバンドなど、身につけることのできるデバイスが現場に普及し、コネクティビティが常に確保されることで、データの検索がいつでも可能になり、人と機械やアルゴリズムが、単に共存するのではなく、本当の意味で協働できるようになる。

人と機械がともに「考える主体」になるのは、産業史上、初めてのことだ。時がたつにつれ、仕事上の権限も、担当する作業も、計画も、両者の間に違いはなくなっていくだろう。

SFで描かれる、人間が機械に支配される未来《ディストピア》は、間違った予言だったことが明らかになる。機械は人間の仕事を奪うのではなく、能力を補うからだ。実際、機械の導入によって、以前にはなかった仕事が出現し、その多くは従来の作業よりもはるかに刺激的なものになるだろう。また、未来の職場は、生まれた時からコンピューターに囲まれて育ち、デジタルテクノロジーに慣れ親しんでいるいわゆるデジタルネイティブに合わせた環境になる。デジタルネイティブの力を最大限引き出すため、職場では、彼らの大好きな、ゲームのようなインターフェースが採用されるかもしれない。

ロボット技術の成熟度はついに閾値を超えた。賢く、安全かつ柔軟で、以前よりも扱いやすくなったロボットは、人間のパートナーの役割を十分に果たせる存在になった。ロボットは人間の能力を「拡張」し、生産性を高め、価値を創出する。さらに、周囲の環境を速やかに把握、適応し、まるで普通の人間と同じように社員とやりとりすることもできる。ついに、人とロボットの混成部隊が実現する時が来た。

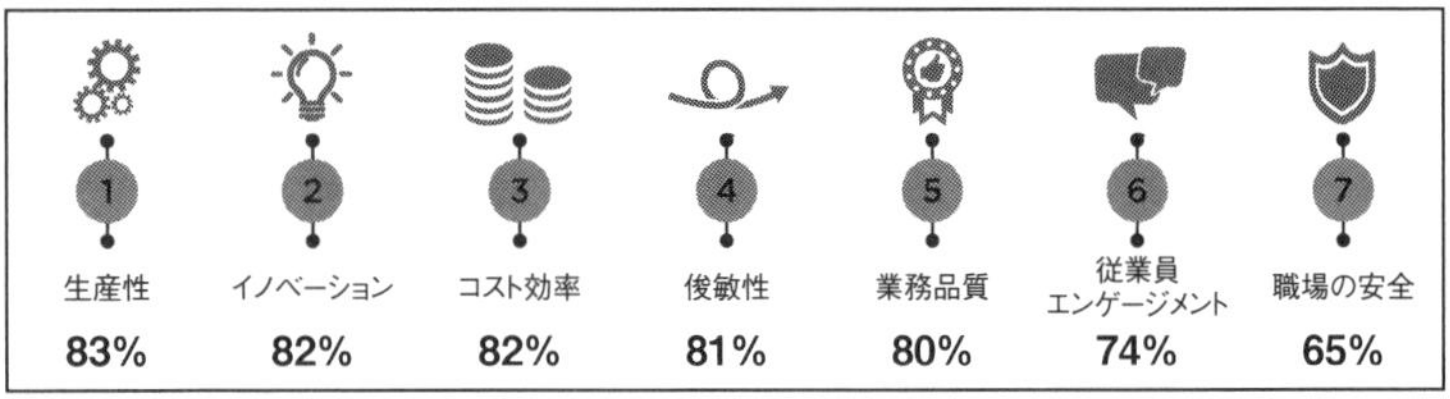

【図7-1】各業種の経営陣がデジタル技術の導入に期待する効果[注1]

ソフトウェアや機械学習、センサーや分析ツールなどのテクノロジーの発達もこの流れを後押ししている。全体がデジタル技術でつながった労働力は、柔軟で効率がよく、より広い範囲に対応が可能だ。近い将来、作業現場は、現在からは想像もつかないような変化を遂げるだろう。

人とテクノロジーの組み合わせ方が変わることで、人間の肉体的、精神的能力が増強され、管理職や現場社員がそれぞれの現場で正しい判断を下せるようになる。これによる業務の効率化や価値の創造が、企業の最終的な目的である。「成果型のバリュークリエーション」の名のもとに、これから、工業生産やサービスの設計方法は大きく変化する。

図7－1は、各業種の経営陣が、人間と機械の協働にどのような効果を期待しているかを示している。この調査では、オーストラリア、ブラジル、中国、インド、日本、アメリカ、ＥＵで活動するビジネスリーダー、925人にインタビューを行った。目的は、民間企業の経営陣や政府機関の政策担当者が、組織の成長や競争力維持のために、デジタル技術をどのように活用するつもりなのかをはっきりさせることにある。結果は、生産性向上やイノベーション、コスト効率、俊敏

性が上位を占めている。一方、業務品質、従業員エンゲージメント、職場の安全などは、上位とそれほど差がないものの、優先順位は低かった。

実際、人と機械の協働による経済効果はとてつもなく大きい。たとえば、売上高250億ユーロの自動車メーカーであれば、会社全体にコネクテッド・ワークフォースを導入することで、2020年までに2億5000万ユーロも利益が増加すると試算されている。(注2)基本的には、製造業でのポテンシャルの大きさは同じである。ただ、価値の大半が製造工程から生まれる自動車業界とは違い、他の製造業では、研究開発や製品サポートのような部門の改善による効果が大きい。

企業全体における人間とマシンの相互作用

デジタル技術の導入は、利益を増加させるだけでなく、現場の作業員と管理職、さらに機器と製品の区別をあいまいにして、製造業のビジネスを大きく変える。デジタル技術によって、成果とそれを達成する手段、顧客体験、あるいは現場作業員、事務員、開発エンジニア、経営陣のルーティンにいたるまで、事業における要素は一つ残らず変化すると言ってもいい。

まず、デジタル技術によって人間の能力が拡張される。そのあとには、逆に人間が機械の能力を拡張する段階がくる。ヒューマノイドのような人間との協働を意図してつくられたロボットが、人間の考え方や思考を押し広げる一方で、プログラムの改良や、周りの人間の思考や行動をアルゴリズムで自律的に学習することによって、ロボット自身も成長していく。この段階にいたると、ロボットはもう、人間の同僚として働くことが可能だ（このようなロボットを専門家は「コボット」と呼ぶ）。とはいえ、ロボットのコントロールは人間が握っていて、最終的な経営上の判断を下すのも、もちろん人間だ。

そして、こうした技術の土台になるのが、ユビキタスになったデジタルデータだ。企業の枠を超えて張り巡らされた物理的あるいは仮想的なセンサー網が、大量のデータを収集する。社内の業務フローや、社外で起きたイベントに適切なフィードバックを返し、エコシステム全体を貫く情報の流れを生み出す。さらに、クラウドベースの高性能サーバーが、この大量のデータを処理し、現場の従業員たちが常に利用できる形での保存を可能にしてくれる。

また、高度なデータ分析やモデリングの手法を導入すれば、生のデータを、企業全体から各部署、あるいは各役職での意思決定に生かせる「知識」に変えることができる。アルゴリズムが、仮想的なプロセスのうち一番効果的なパターンを自動で割り出し、そのパターンをコピーしてバリューチェーン全体に配置することも可能だ。開発中の製品のデザインをデジタル技術でモデリングすれば、試作やテストにかかるコストも抑えられる。

大量のデータの循環は、人間の生産性を少なくとも二つの面から向上させる。一つ目は、現場での情報提供によって、人間がそれを覚えておく必要がなくなり、クリエイティブな作業に集中できるようになること。二つ目は、音声認識や自然言語処理などの技術によって、ルーティン作業をロボットに任せられることである。

ただ、データテクノロジーのメリットはこれだけでは終わらない。ソーシャルネットワークやディスカッショングループ、オンラインでのファイル共有、リアルタイムでのテレビ会議などの手段は、従業員同士のコミュニケーションも変化させる。さらに、バーチャルリアリティー、拡張現実、複合現実の技術を使った、タスクやプロジェクトの管理は、製品やサービスの開発方法に大きな影響を与える。たとえば、アバターをつくってリモートコントロールで動かせば、従業員は実際の居場所に関係なく、研究開発チームやジェネレーティブデザインプロジェクトの一員として働くことが可能になる。

ほとんど監視の必要ない現場やマシンセントリックの概念が実現する日は近い

この章の冒頭で私は、機械によって人間の仕事が奪われることはないと述べた。ただ、これから数年に限っては、これまで人間が中心だった肉体労働の現場は、自動運転の機械の導入で大きく変わる。そして、監視のほとんど必要ない、実質的に無人と言っていい工場が出現するだろう。人の仕事が重要性を持ち始めるのは、それ以降の話である。

では、実際の製造業の経営者たちは、自社工場の機械化についてどのように評価しているのだろうか？　図7－2に数字を示した。企業はいまどの段階にいるのか。改革はどれくらいのペースで進んでいるのか。この図を見ればヒントが得られるはずだ。

企業が自分たちの現在地だと答えた段階と、5年後に到達すると考えている段階のうち、そ

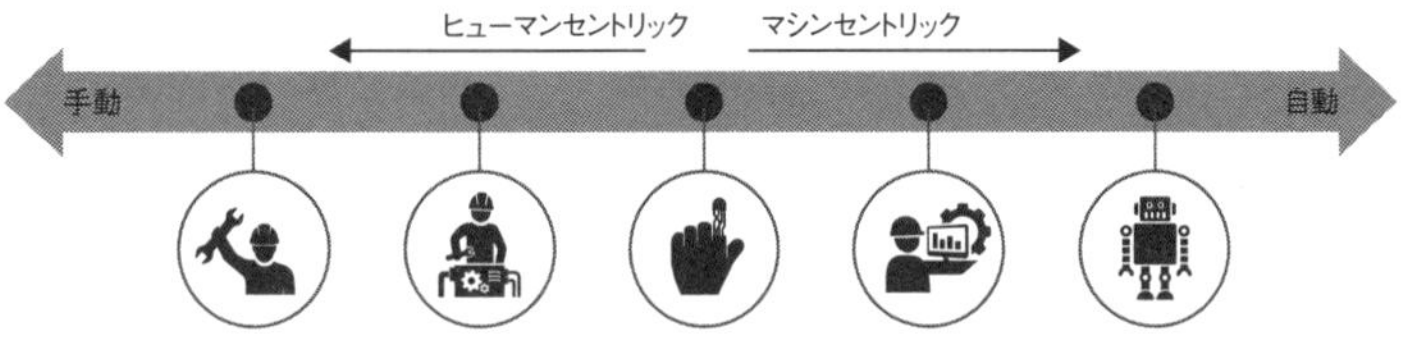

	人間がツールを使っている	機械が人間の能力を拡張する	機械との協調が実現している	人間が機械の能力を拡張する	自律型機械が導入されている
現在	27%	**35%**	24%	11%	3%
未来（5年後）	4%	11%	29%	**30%**	26%
現在と未来の差	-23pts	-24pts	+4pts	+18pts	+13pts

【図7-2】増強ー自動化スペクトル（注3）

れぞれ最も多くの回答が集まった場所を太字にしてある。

現時点では、「機械が人間の能力を拡張する」段階にあると考えている経営者の割合が35パーセントと一番多く、次いで27パーセントが、それよりも前の「人間がツールを使っている」段階だと答えた。さらに、「機械との協調が実現している」と考えているものもそれと同程度（24パーセント）いることがわかる。

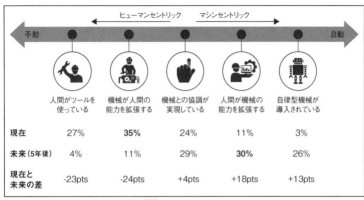

一方、5年後については、「人間が機械の能力を拡張する」段階に達すると予想した割合が30パーセントと数字としては最も大きかったものの、「機械との協調が実現している」という答えもほとんど同数であった。さらに、「自律型機械が導入されている」段階に達するとの予想も、これら二つと遜色ない割合で存在するという結果になった。

全体で見ると、経営者の予想通りに進めば、5年後には、現場における労働力の96パーセントが「コネクテッド」になる計算となる。また、現在、ヒューマンセントリックな企業は全体の62パーセントだが、５年後には52パーセントがマシンセントリックとなり、割合が逆転する。つまり、これからの５年間で、私たちは非常に大きな変化を目撃するということだ。（注４）

企業を動かすコラボレーティブ・ロボットへの道

では、これからビジネスに何が起きるかを知るため、いま取り上げた各段階を細かく見てみよう。

まず、現在の状態は、高性能ではあるがコネクテッドではないツールを、人間が使っている段階だ。次に、インテリジェントになったツールが人間の能力を拡張し、作業の細かい部分を自動でやってくれる段階がくる。

一番単純な例を挙げよう。何の機能もついていない手動のねじ回しを、オートストップ機能のついた電動ドライバーに置き換えたとする。すると、このスマートなツールによって、人間はねじの締めすぎを気にする必要がなくなる。つまり、機械が人間の能力を拡張したのである。このメリットは大きい。短時間でこれまでよりも多くのねじを、しかも正確に止めることができ、かける労力は減るが、仕事の質は高まる。

もう少し複雑な例として、ある航空宇宙・防衛産業の企業が実際に導入した技術、スマートグラスを取り上げてみよう。飛行機にシートを設置する際、作業員がスマートグラスを装着すると、部品を組み付ける位置がめがね越しにマーキングされるなど、必要な情報がすべて表示される仕組みだ。この効果は絶大で、作業にかかる時間は6分の1になり、ミスはまったく起きなくなった。(注5)さらに、作業が快適になったことで、職場の雰囲気まで改善されたという。

ここまでの例で、スマートツールがどのように人間の能力を増強するか、イメージはつかめただろう。しかし次の段階では、人間と機械の協働が始まり、こうしたツールすらも必要なくなる。そこでは何が起きるのだろうか？　再び、ねじ回しの例で考えてみよう。

未来の工場には、人間とコミュニケーション可能なロボット（コボット）が配置される。コボットは、人間の従業員が組み立て作業の準備のためにほかのロボットに製品のパーツを持ってくるよう指示しているのを感知すると、それに合ったねじ回しを自発的に用意して次の作業に移る段取りを整える。

実際に、インダストリアルエンジニアリング企業のＡＢＢが、こうしたロボットとの協働がすでに技術的には実現可能であることを証明している。工場の生産ラインにおける人間とロボットのコミュニケーションギャップを埋めることを目的に開発された、同社のＹｕＭｉというロボットは、プログラミングの知識がない人でも簡単に設定が可能で、それぞれの仕事に応じた適切な作業を自動で実行できる。(注6)

経営者たちから聞いたところでは、現在、現場でコボットが担当している作業として一番多いのは射出成形で、今後5年間で接着や溶接もやるようになるという。ただ、将来的にロボットの活躍が一番期待できるのは、組立ラインでの作業だとも言っていた。実際、話を聞いた経

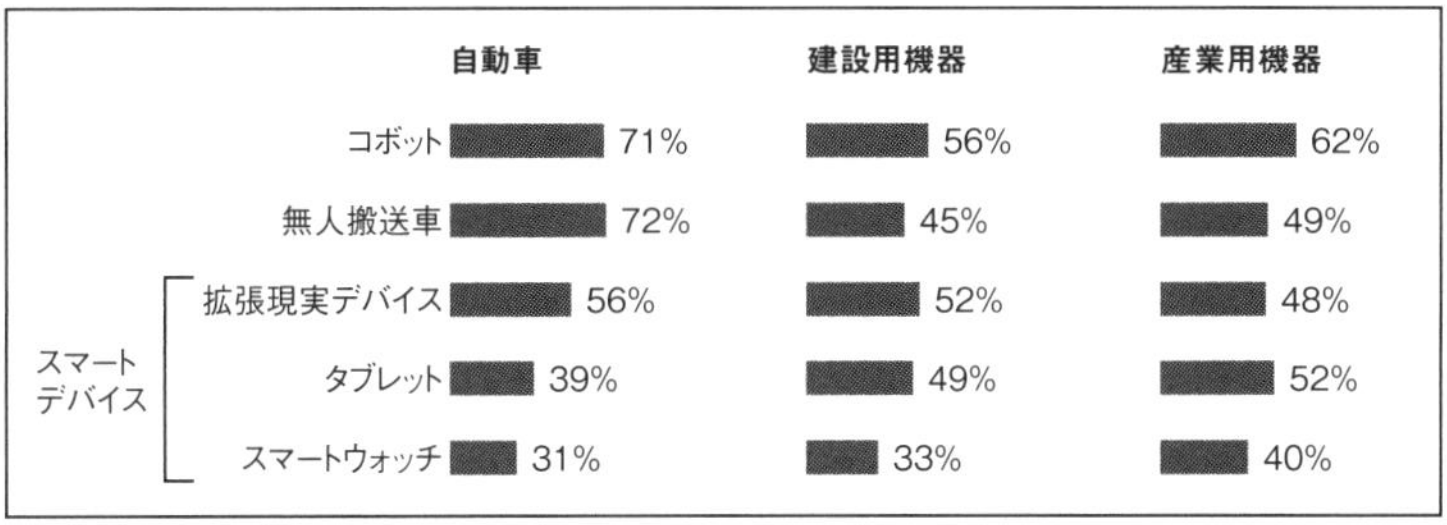

【図7-3】製造業の生産性を向上させうる上位五つの技術やデバイス(注7)

営者の3人に1人が、コボットを組み立てに使う計画を立てている。

また、新しいツールのなかで、製造業の生産性向上に一番効果があると予想されるものは何かという問いに対して、コボットという答えが最も多かった。次いで、無人搬送車や、スマートグラス、ヘルメットのような拡張現実デバイスが挙がった（図7－3参照）。

ただ、こうした人間の能力を拡張する半自律制御の機器も、最終的には、次に出現する「人間が能力を拡張する機械」に取って代わられることになる。この段階では、従業員やエンジニアが一連の作業（たとえば、二つの金属部品を溶接してそれをプラスチックと接着するなど）をやってみせるだけで、ロボットはそのやり方を覚えてしまう。あらかじめ決まった手順がないその場限りの作業であっても、すぐに学習し、ほかの作業と組み合わせて、何度でも繰り返すことが可能となる。

さらにその先には、コボットですら時代遅れとなる、マシンセントリックの時代がやってくる。そこでは、機械同士が協調し、自律的に仕事を見つけて、複雑なタスクを完了する。人間による制御は最小限となる。

この夢物語のような環境を、限定的な形とはいえ、すでに実現した企業がある。ドイツのシーメンスだ。同社は最近、いわゆる「完全自動化製造」の工場をスタートさせた。この工場は現場に従業員を配置する代わりに、約1150名のプログラマー、エンジニア、サポートスタッフによって遠隔地から制御されている。(注8) この例は、製造が完全に自動化されても、人間の仕事がなくならないことを示している。ただ現場からは人が消え、人間に求められる能力は大きく変わる。これからは、ブルーカラーとしての肉体労働のスキルではなく、戦略立案や監督など、ホワイトカラーとしての能力が重要になるだろう。

本格的なコネクテッド・ワークフォースには新しい組織構造が不可欠

前述のように、ビジネスの現場ではこうした変化が必要なものだと、おおむね理解されているようだ。しかし、実際の準備はあまり進んでいるとは言いがたい。

ただ、明るいニュースもある。これからの事業戦略にコネクテッド・ワークフォースが必要ないと考えている企業は現時点でたったの6パーセントだ。一方で、2020年には自社の工場生産がヒューマンセントリックからマシンセントリックに進化するだろうと予想している企業は85パーセントにのぼる。(注9)

現時点で、コネクテッドマシンを導入した新しい職場環境の整備を開始している企業は22パーセントにとどまる。ただ、すでに研究開発費の18パーセントが人と機械を協調させる技術の開発に投資されており、この数字は２０２０年には24パーセントに上昇する見通しだ（注10）。

われわれが行った調査により、デジタル化が特に進んでいる通信セクターでは、従業員数が１万人以上の企業を中心に、すでにコネクテッド・ワークフォースが大いに活用されていることがわかった。また、事業プロセス再構成のための具体的なプランを持っていたり、必要な技術に十分な投資をしていたりする場合も多い。さらに、こうした企業の63パーセントがすでに何らかの形でコボットを導入している。

加えて今回の調査でわかったのは、高度なコネクテッド・ワークフォースの実現には、大規模な組織改革が必要となることだ。個々の役割や部署横断的な技術だけでなく、企業文化や組織内の情報伝達の方法も含めた全社的な改革を実行しなければならない。

これまで情報のコントロールや意思決定は、組織の中枢部にその判断を委ねてきた。しかしいま、この権限は各部署や個人に委譲され、それぞれが「自治権」を持ちつつある。データの可用性が高まり、全社的なコネクテッド・ワークフォースが出現し、さらに、あらゆる場所でネットワークへの接続が可能になった時、意思決定機能を集中させる必要性はもはや存在しなくなる。事業全体に張り巡らされた、システム、機器、現場、人、製品をつなぐデジタルネットワークからは、どこで、何が、どのように行われているかを知らせる情報が常に流れてくる。その場でプランを決定し、実行するのがこれからは当たり前になるだろう。従業員はネットワークから取得した情報を参照しながら、現場の状況を考慮して、自身の判断で重要な決定を下すようになる。そのなかには在庫の調整やマテリアルハンドリングだけでなく、製品の価格設定やデザインまでが含まれる。

もちろん、現場から各部署へ、必要な報告は行われる（ネットワークのおかげで報告自体も効率的になるだろう）。現場での動きは組織全体で把握されており、必要に応じて作業の変更や修正が行われ、場合によっては中止命令が出されることもある。

こうした体制は経営効率を劇的に変化させる。すでに、組織の透明性向上や、オープンなコミュニケーション手段導入の効果は実証済みだ。クリアカンパニーの調査によると、高いコミュニケーションレベルを維持している企業は、そうでない企業に比べて、生産性が22パーセントも高く、社員の離職率が50パーセントも低いという[注11]。

こうした効果は、リアルタイムで常に変化を続ける需要主導の成果型エコノミーのもとでは、さらに大きくなる。権限委譲が進んだコネクテッド・ワークフォースによって、企業は、市場の変化に適切に対応できるようになる。さらに、インテリジェントな業務プロセスは、単に市場の変化に受動的な反応を返すのではなく、チャンスを予期したり、場合によっては創出することまで可能にする。企業は、経済的なリスクを減らしながら、これまでにない成果を達成できる。

ここで重要なのは、現場での意思決定は、業務の効率化だけでなく、従業員のスキル向上やモチベーションアップにもつながる点だ。こうした効果は現場の作業員だけでなく、デザインチーム、営業、調達、さらに経営陣にまで広がり、市場の変化に対してそれぞれが、リアルタイムで反応できるようになる。

ただ、これには準備が必要だ。企業はすべてのレベルの従業員に、適切な意思決定を可能にするためのデータを与え、能力を身につけさせなければならない。調査によると、こうした準備を整えるための計画を持つ企業はまだ全体の32パーセントしかいない。(注12)優秀な人材に、その場に合ったツールと適切なスキルを与え、正しく運用していくため、企業には戦略的な行動が求められる。

求められるのは細かい反復、適応を繰り返す柔軟な能力

では、いままで以上に人と機械が連携を強めるコネクテッド・ワークフォースに必要とされる能力とは、実際にはどのようなものなのだろうか?

まず、役職を問わず、新しい技術への適応力は必須となる。また、自発的な判断をもとに行動し、必要に応じて周りと協力できることも重要だ。そして、意外かもしれないが、実はデジタル化が進んだ企業で一番大切なのは、チームメンバーの感情面に配慮できる能力や、自発的な行動を促したり納得させたりするスキルである。逆に、狭い範囲での専門知識はあまり重要視されなくなる。

また、デジタル化が進んだ環境では、これまで以上に柔軟な思考と、素早い行動が求められる。膨大な量の情報を処理し、そこから引き出した知識をもとに、自分の行動を決める。ここ

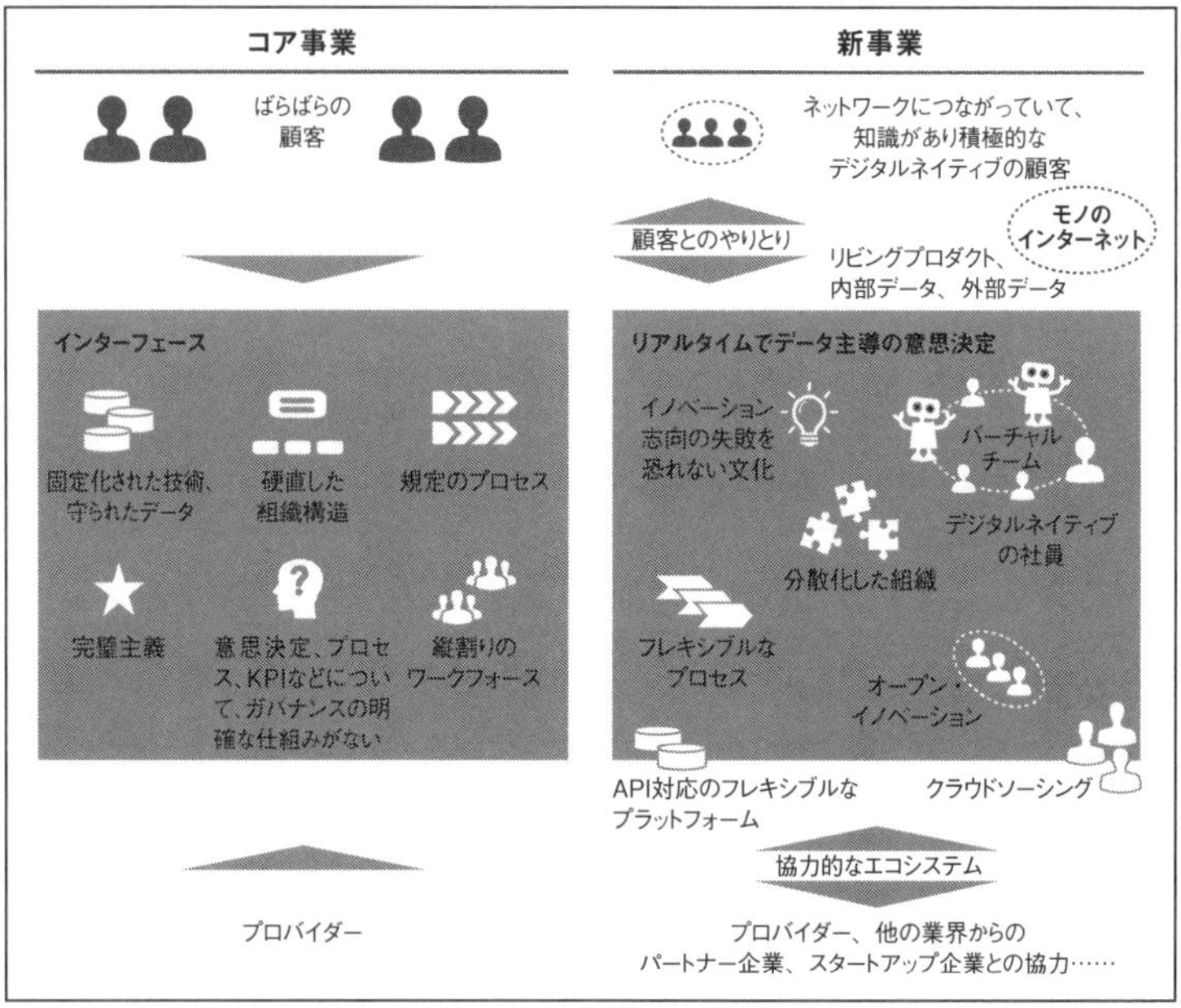

【図7-4】企業におけるデジタル文化の創出(注13)

にやりがいを感じられることが、コネクテッド・ワークフォースのメンバーの必須条件だ。皮肉なことに、以前の環境で企業や社員に必要とされていた能力は、変化の激しいデジタルの世界ではあまり役に立たない。いや、はっきり言えば、むしろ邪魔にさえなりかねないのである。

これからは、細かく反復、適応を繰り返しながら、時に実験的に仕事を進める能力が重要になる。判断に確信を持てないあいまいな状況でも、それを不安に思うことなく、前に進まなければならない。これはブルーカラーでもホワイトカラーでも同じだ。事前に完璧な計画を立ててから事業に着手するという従来のやり方は通用しなくなる。新しいデータや状況の変化によって、計画は頻繁に変更されるのが当たり前になるからだ。

管理職に求められる能力も、特にデジタル技術との関わり方という点で、これまでとは大きく変化する。経営幹部はまず、自社におけるデジタル技術の重要性と変化の必要性を十分に認識し、その理解を全社に共有しなければならない。さらに、改革のファシリテーターとしての役割をこなしつつ、一方で、その影響を冷静に見定める必要もある。

また、社員のデータ活用をサポートするのに、数学的な素養も求められる。

管理職は、より柔軟でオープンにならなければならない。部署間の縦割りやピラミッド構造が組織から消えるなか、管理職も多くの社員や機械と協力するようになるからだ。さらに、特定のニーズをいち早く捉え、それに機敏に対応ためのデジタルプロセスを即座に構成する能力も必要になる。

また、現場でのアイデア創出を促進するため、トップダウンの命令や職権ごとの厳格な管理といった従来のやり方から徐々に脱却し、権限委譲を進めていかなければならない。部下にインスピレーションを与えて成功に導く能力も必要だ。問題点を発見して正しい選択をするには、データの分析結果や機械からの提案を適切に解釈する力もいるだろう。そして何より、社員を鍛え、見守り、時に協力することで、全社的なレベルでの実験やイノベーションを前に進める能力が、管理職には絶対に必要である。

これからの管理職に必要な能力と認識のずれ

ジャッジメント・ワークの価値を認識している管理職は多い。ただ、職場において人間のほうがＡＩよりも明らかに勝っている部分である、対人関係の能力の重要性については、管理職の間でも盲点になっているようだ。現役の管理職に「これから5年間のうちに管理職に必要とされる能力、トップ3は何か」という質問をしたところ、回答は以下ようなの割合となった。

デジタルや技術に関する知識	42％
クリエイティブな思考と実験性	33％
データを分析し、解釈する力	31％
戦略立案能力	30％
計画、管理能力	23％
社交性、人脈	21％
人材育成力	21％
協調性	20％
製品の品質、水準を管理する能力	20％

専門分野における知識や技術	20％
部下の業務を管理、報告する能力	17％

管理職はマシンを信用するか？

私たちは過去数回にわたる管理職に対する調査の結果から、奇妙なパラドックスの存在に気づいた。全階層の管理職の84パーセントが「マシンの導入は業務を効率化し、仕事を楽しくする」と考えている一方で、「将来導入されるインテリジェンスを備えたＩＴシステムによる、経営判断についてのアドバイスを素直に信じる」のは、中間管理職で24パーセント、現場監督者ではたったの14パーセントしかいない。対照的に、役員になると、この割合は約半数の46パーセントまで増える。[注14]

各階層の管理職の間にあるこの認識のギャップはどうすれば埋められるのだろうか？　現場監督者と中間管理職に、複数の条件を示して、どれが満たされればシステムのアドバイスを信用できるかを尋ねたところ、全体の60パーセントが「システムがどのように動作してアドバイスをしているのかを理解できれば信用できる」、55パーセントが「実績のあるシステムなら信用できる」、49パーセントが「システムがアドバイスの理由を必ず説明してくれるなら信用できる」と回答した。

つまり、この三つの条件を満たせれば、企業は、マシンによる管理職のパフォーマンス向上の恩恵にあずかれる可能性が高い。逆に、信用を築くことに失敗すれば、マシンを導入しても、一部のルーティン的な管理機能の自動化程度しか成果は望めないだろう。

ジャッジメント・ワークの定義

ジャッジメント・ワークとは、情報不足で確実な方法が見つけられないような状況で、知的好奇心や経験、専門知識などを駆使して、経営判断を下したり、業務の実行を決定したりすることを言う。

産業界のビジネスリーダーたちへのインタビューで、ジャッジメント・ワークは次の三つに大別できることがわかった。

洞察

インテリジェント・マシンはものごとをパターン化したり、相関関係を見つけるのは得意だが、一方で、数字や統計、文章が表す内容を、本当の意味で理解することはできない。機械のこの性質に最初に気づいたのはマーケティング業界である。たとえば、あるキャンペーンが売り上げに与える影響を予測する時、マーケティング企業ではアルゴリズムを用いて計算を行う。しかし、ブランド価値を向上させるための長期的な投資や、短期的な売り上げを生み出す販売促進活動の相対的な重要性を評価する際には、人間の知恵や経験が絶対に必要となる。

抽象的思考

人間が指示を与えてやりさえすれば、インテリジェント・マシンは対象物の特徴を見事に識別し、分類してくれる（たとえば、ネット上にある大量の動物の写真を、種類別に分類するなど）。一方で、コンピューターは「枠にとらわれない」思考が苦手だ。たとえば、ウーバーの創業者たちは、自家用車を持っていてもすぐに使える簡単な移動手段への需要があることを発見し、それをビジネスにつなげた。そのような芸当は、コンピューターには不可能だ。

文脈からの理由付け

情報が少なすぎてそれだけでは判断できない場合、リーダーは、これまでの実績や文化、人間関係などの文脈を総合的に考慮して「行間を埋める」ことで、最終的な決断をする。たとえば、成功したベンチャーキャピタリストは、これまでの経験から得た文脈的理解を生かして投資戦略を決定している。

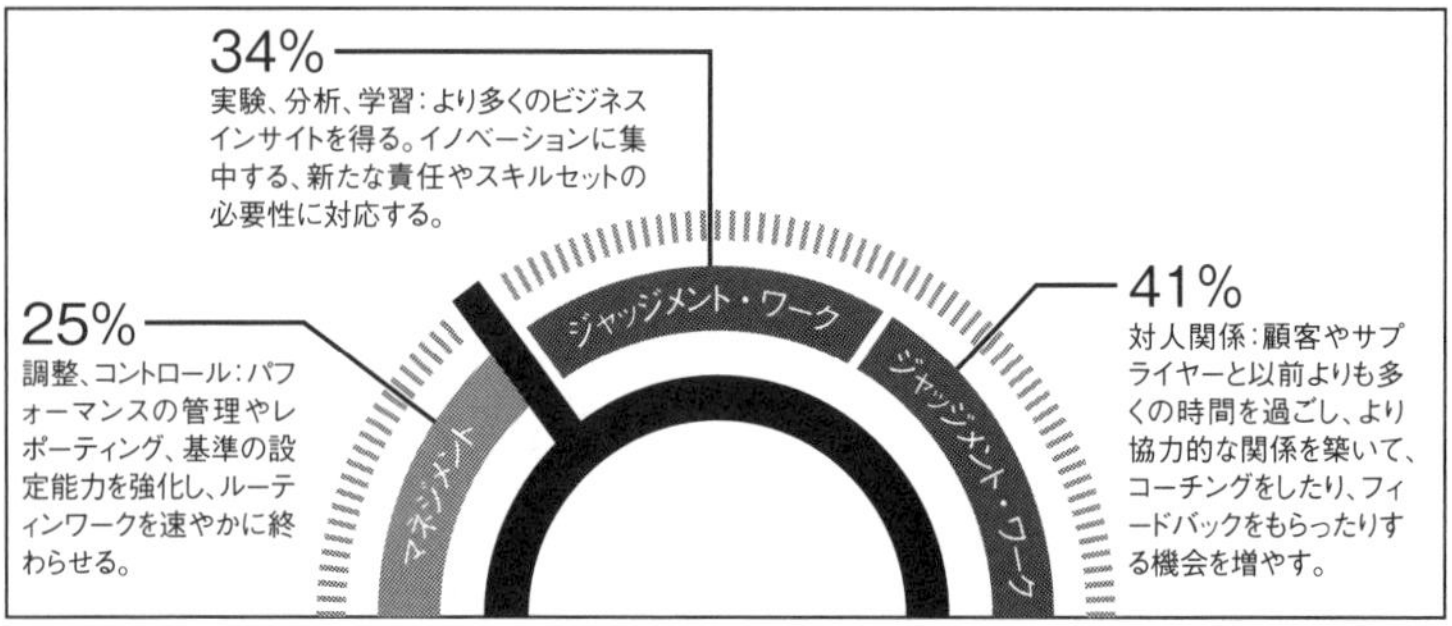

【図7-5】リーダーシップにおけるジャッジメント・ワークの重要性は拡大している[注15]

管理職は経営戦略に関するジャッジメント・ワークに注力すべき

ルーティンや価値の低い作業から解放されることで、管理職は、アイデアやイノベーションの創出、社員とのコミュニケーション、そして会社の成長につながる経営判断に注力できるようになる。

もちろん、現時点で管理職はすでにたくさんの判断を行っている。だがそれでも、日々の業務の負荷が、知的好奇心への刺激や、さらに重要な戦略的判断への集中を妨げているのは事実だ。

インテリジェント・マシンはこの状況を変えることができる。たとえば、求職者の情報を分析して、すぐに会社を辞めそうな者を特定し、会社に残ってもらうためにはどうすればいいかを考える。こうした手順の決まった業務は、インテリジェント・マシンが一番得意とするところだ。将来、こうした管理、調整業務を機械が行うのが当たり前になれば、必然的に管理職の仕事の一部が消え、残った部分の重要性が増すことになるだろう。

次世代の管理職とは

インテリジェント・マシンを同僚として扱う

次世代の管理職にとって、インテリジェント・マシンは、単なる機械ではなく、同僚である。最終的な判断をするのは人間だが、インテリジェント・マシンはデータを使ったシミュレーションや、必要な情報の検索、提供を通じて、人間の価値判断をサポートしてくれる。

ジャッジメント・ワークに集中する

意思決定の際にはデータが示していることをさらに深読みしなければならないこともある。経験や専門知識をもとに結論を出し、実行に移す能力こそ人間の真骨頂だ。

管理業務は人工知能に任せて、「本当の」仕事に力を使う

社員の仕事を管理、調整するという従来の役割は、重要性を失うか、あるいは完全に消

滅する。その代わり、他分野の組織の幹部たち（デザイン会社のアートディレクター、病院の外科部長、研究所の上席研究員、コンサルティングファームのプロジェクトマネジャーなど）と交流して、創造性と問題解決力を発揮しなければならない。そのうえで単なる監督役ではなく、実務のリーダーとして自社のプロジェクトを引っ張っていくことが、これからの管理職に期待される「本当の」仕事となる。

デジタル技術を使い、枠を超えた協力をする

複雑に絡み合った思惑を解きほぐしてチームの意思を統一し、個々のメンバーやネットワークの力を最大限に引き出すため、新しい時代の管理職は、高い社会的知性（SQ）を備えていなければならない。また、新しいアイデアの創出や、複雑な問題の解決、総合的な判断の決定には、知識や経験も必要だ。さらに、管理職は、デジタル技術を駆使して、パートナー企業や顧客、外部のステークホルダー、あるいはほかの業界における先駆者たちの振る舞いを観察したり、彼らから直接、情報を得たりしたうえで、経営判断に生かすことも求められる。

デザイナーのように働く

管理職自身にも創造力は必要だが、それ以上に重要なのは、ほかの人間の創造性を引き出す能力だ。多様なアイデアを統合して、現実的かつ魅力的な提案を生み出すため、デザ

イナーの資質を持った管理職は、デザイン・シンキングを自分たちのチームや組織に適用する。さらに、インテリジェント・マシンの力によって、デザイナーが使うその他の手法――問題の可視化、データやソリューションの可視化、物理的あるいはデジタルでのプロトタイピングなども、企業運営への応用が可能になり、将来的に大きな役割を果たすことになるだろう。

インテリジェント・マシンへの過小評価

インテリジェント・マシンは意思決定や知識の獲得を容易にし、ジャッジメント・ワークをサポートする。たとえば、アナリティクスや人工知能によって、管理職は自らのソーシャルスキルを向上させ、部下の気持ちにこれまで以上に配慮できるようになる。

具体的な例を挙げてみよう。インテリジェント・マシンが、顧客や従業員の会話のなかに、ポジティブな言葉とネガティブな言葉がどれくらい出てくるかを自動でカウントし、分析結果を管理職に報告する。そして管理職は、その結果を今後の関係改善や向上に生かす。こうしたやり方は、将来、複数の人間が共同で価値判断をする際に必要不可欠になるだろう。

また、仮説の立案や、調査、研究も、インテリジェント・マシンを使えば、いままでよりもリスクやコストを抑えたうえでスムーズに進められる。データモデルを作成すれば、研究開発チームでは、新しい製品やサービスにどの程度の費用をかけるべきかを簡単に知ることができる。マーケティング部門では、解析ツールを使ってデータ主導の顧客体験がデザインできるようになる。

しかし残念ながら、これからの組織の成長、パフォーマンスや俊敏性の向上、イノベーションの促進には、インテリジェント・マシンが非常に重要であるにもかかわらず、現在の管理職の多くは経営判断にインテリジェント・マシンが役立つとは思っていないようだ。ただ、ＩＴに強いミレニアル世代の管理職が増えてきたことで、この状況は変わりつつある。

事実、ベビーブーマーとミレニアル世代を対象に行われた調査では、「マシンのアドバイスを信じますか?」という問いにイエスと答えた割合が、前者では66パーセントだったのに対し、後者では83パーセントだった。またベビーブーマーが現在持っている技術を磨くことに重きを置いているのに対して、ミレニアル世代は、創造的思考やデータを分析、解釈する力を高める必要があると考えている。(注16)

この結果からは、まず、ミレニアル世代がインテリジェント・マシンに価値を認めているのがわかる。そして、彼らが昇進するにつれて、ジャッジメント・ワークにもマシンによるサポートが増えていくことが予想できる。また、ミレニアル世代が「影のアドバイザリーボード」のような機構を通じて現経営陣に、ユニークで価値のある視点を提供できる可能性があることも、この調査結果は示している。

企業の人事には戦略が必須

ここまでの話を踏まえて、「スキルの需給ギャップ」という問題について考えてみよう。製造業がヒューマンセントリックからマシンセントリックに移行する際の主要なリスクの一つは、デジタル技術を使う仕事の需要が急速に拡大し、それに見合う人材が不足すると同時に、すでに使い物にならなくなった技能を持つ者が市場にあふれることだ。

今後、技術や技能の「賞味期限」はいまよりも確実に短くなる。産業界の業務モデルの変化から生み出された、現在最も需要のある職種や技能のほとんどが、10年前には存在すらしていなかったことが、世界経済フォーラム（WEF）の調査によって明らかになった。さらにWEFは、仕事の内容があまりに急速に変化するため、いまの小学生の3人に2人は、現在はまだ名前すらついていない職業に就くと予想している。（注17）

図7-6は、自動車業界において、コンピューターに取って代わられる可能性が高いと思われている業務のリストだ。データは、アクセンチュアが自動車メーカーに直接部品を供給する一次部品メーカーに対してコンサルティングを行った時に作成した資料から抜粋した。

企業には、各業務の優先順位や、スキルの重要度について、現実の動きよりも一足早く把握することが求められる。さもなければ、必要なテクノロジーが社内にそろっているにもかかわらず、それを扱える社員がいないということになりかねない。直感的には、機械による作業の

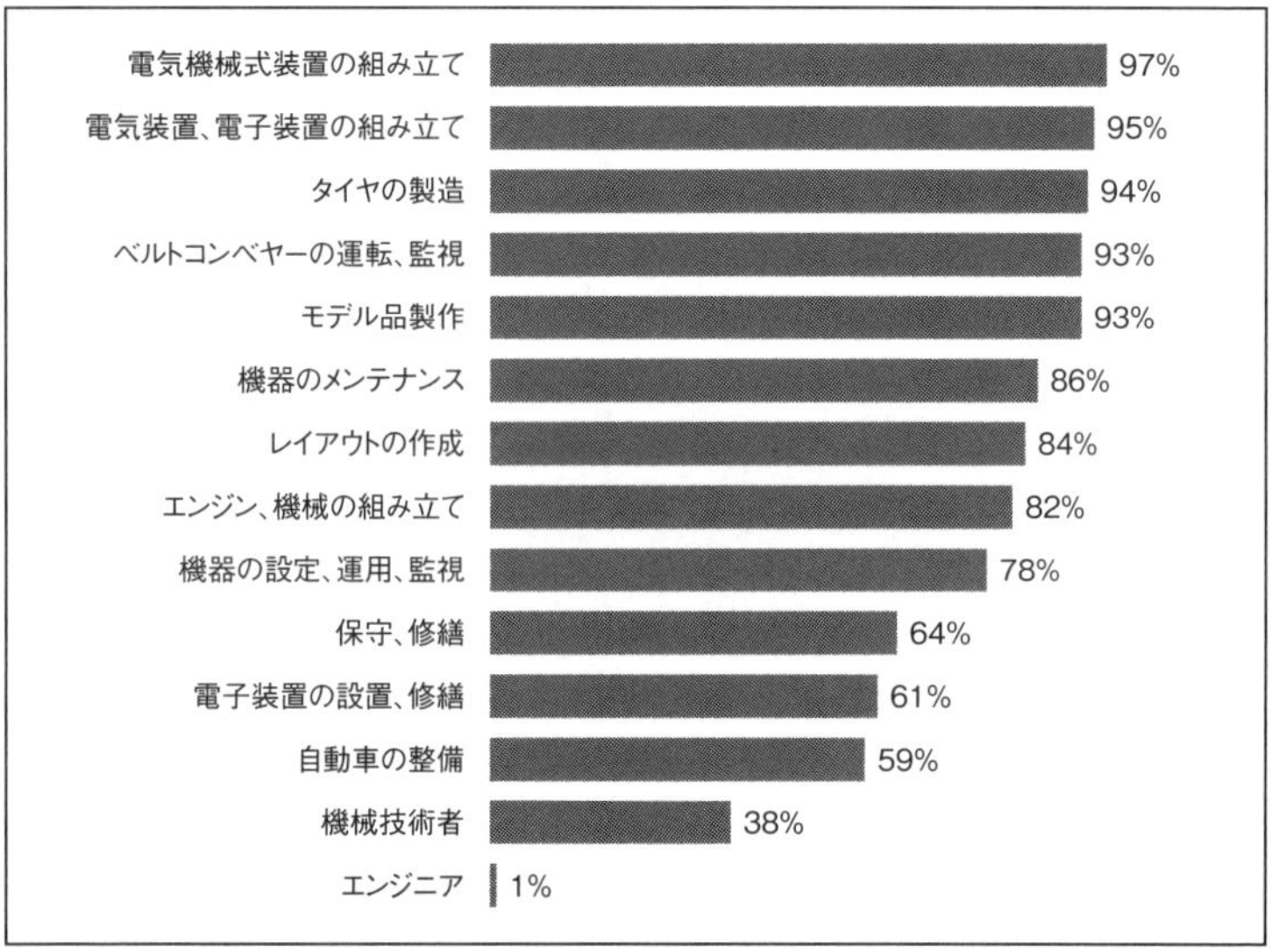

【図7-6】自動車業界の業務のうち、20年以内にコンピューターに置き換えられる可能性が高い業務[注18]

自動化によって、経営者は雇用に頭を悩ませる必要がなくなるように思えるが、実際にはまったく逆で、社員の採用はこれまでよりも難しくなる。

人事部は、必要なスキルを備えた適切な人材を正しいタイミングで雇うために、これまで以上に戦略的に行動しなければならない。もう、匿名の巨大な労働市場から、工場のシフト要員を必要な時だけ引っ張ってくるというやり方は通用しない。代わりに、自社内で人材育成や、教育機関にカリキュラムを設けて人材を一定数確保するなど、企業には能動的な活動が求められるようになる。

一方で、企業はクラウドソースを使った外部人材の活用も視野に入れなければならない。ウーバーがクラウドソーシングによって自家用車のオーナーたちのネットワークを築いて新たな交通手段を提供したのと同じように、未来の労働市場では専門知識を持った人材の情報がクラウド上にプールされ、企業は必要時にその情報を参照して人材を活用できるようになる。こうした雇用モデルが成立することで、企業は正社員やアルバイトではなく、高いスキルを持った多数のフリーランサーに依存するようになるかもしれない。

そしてこれからの雇用の中心になるのは、ミレニアル世代だ。2020年にはアメリカで働くミレニアル世代は8600万人となり、全労働人口の40パーセントに達する。彼らはいわばデジタルネイティブの「第一世代」であり、自分の個人的な情報を他人と共有したり、逆に、個人や製品、企業の情報にアクセスしたりすることに慣れている。そのため、デジタル化された環境にも適応が早い。さらに、若い消費者が製品やサービスに求めるものを感覚的に理解している。企業は、これから貴重な戦力となるミレニアル世代を獲得するため、彼らが魅力を感じるような職場環境を整える必要があるだろう（グーグルはこの点にいち早く気づいていた）。

ただ、現在の従業員をスキルアップさせ、再配置することも、分野によっては十分可能だ。特に従来型の製造作業に従事していた者にこの方法は適している。しっかりトレーニングすれば、必ず生産性は向上する。新しいテクノロジーは仕事を奪うのではなく、むしろ以前よりも刺激的な仕事をつくり出すということが、ここでも実感できるはずだ。

WEFのレポートには、デジタル化の進行に合わせて、特に需要が高まると予想される三つの職種が挙げられている。(注19)

一つ目はデータアナリストである。データ分析の重要性を考えれば当然だと言えるだろう。企業はこれから、サプライチェーンから製造、あるいは現場での機器使用まで、製造の全工程や事業のなかから、必要なデータを抽出しなければならない。

また、コネクテッドプロダクトはどんどん複雑化するので、その機能を説明するのは決して簡単ではない。成果型エコノミーに移行する企業が増え、ソフトウェアを使った機器が生み出す価値が大きくなるにつれて、顧客から製品に関するアドバイスを求められる機会が多くなり、操作のためのトレーニングの需要も高まる。そのため、専門知識を持った営業担当者の重要性はこれまで以上に高くなる。これが二つ目だ。新しい環境が従来の仕事をより進化させる好例である。これから営業は、強引に製品を勧めたり、一部の顧客を優遇して製品を買ってもらったりする従来のやり方とは一線を画するものになる。

そして、最後の一つがシニアマネジャーである。デジタル化の流れのなかで大きく変化するビジネスをコントロールして、必要な改革を推進するとき、彼らの果たす役割は非常に大きい。私は先ほど、これからの管理職は、いまよりもフラットな関係で社員と協力することになると述べた。だがそれと同時に、逆説的ではあるが、その職責は現在よりもはるかに大きくなる。複雑に絡み合った事業プロセスを破壊、再構成する力。デジタル化された環境でまったく新しい企業文化をつくる力。そして、部署の機能を改革し生産性を上げる力。シニアマネジャーにはこれらすべてが求められる。多くの経営者が、自社の将来の鍵を握る役職として、改革担当の責任者を挙げているのも決して驚くにはあたらない。

要点　Take aways

01―― 未来の労働者は、工場でも、エンジニアリングセンターでも、製品が稼働する客先でも、データに基づいた判断を下す意思決定者、あるいは機械に対する監督者の両方の役割を果たすようになる。

02―― コボットや人工知能の導入によって、企業のあらゆる機能が影響を受ける。最終的には工場からボードルームまですべての場所で、人間と機械が協調して働くようになる。

03―― 手をこまねいていてはいけない。自社に訪れる変化を積極的に受け入れよう。

04―― 社員教育、採用についての戦略はいますぐに立てるべし。従業員に技術を身につけさせ、優秀な人材を獲得しなければ、必要なスキルはすぐに不足する。デジタルに強い労働力を確保するため、クラウドソーシングのような新しいモデルも積極的に活用しよう。

05―― 現場の管理職は、ワークフォース全体の改革の鍵を握るうえに、その役割自体もこれから大きく変化する。

第8章

ズームイン
新しい世界でのイノベーションの起こし方

顧客はもう、製品やサービスが、前よりも速くて高性能で大きくなる（あるいはコンパクトになる）だけでは満足しない。企業は、顧客の要求をこれまで以上に正確に捉えるだけでなく、顧客自身が気づいていないニーズまで掘り起こさなければならない。そのためには、需要主導のアプローチによる改革――つまり、企業の枠にとらわれずに、以前よりも広くなったエコシステムから外部の情報を積極的に受け入れ、エンドユーザーとの間で相互のフィードバックができる仕組みをつくることが必要だ。現在のグローバルなビジネスの場において、革新的な企業は四つのタイプ（ブリリアント・イノベーター、アーリー・イノベーター、マーケットシェア・プロテクター、エフィシェント・エグゼキューター）に分類される。しかし近い将来、成果型エコノミーが実現した時、継続的な利益を上げることができるのは、新しい事業への対応が可能な、ブリリアント・イノベーターただ一つである。

近代工業生産の歴史の大半において、製造分野のイノベーションとは、製品への新たな機能の追加や、品質の向上を指してきた。たとえば自動車であれば、馬力や燃費、安全性の向上などハード面の改善が中心で、デジタル技術の車への応用は無視されてきた。

エンジニアやデザイナーの主な仕事は、ニッチ化の傾向を強める市場でハードウェア製品を少しでも多く売るために、従来の製品に機能を追加したり、目新しい製品を開発したりすることであり、イノベーションは革命的というよりも、むしろ漸進的なのが普通だった。

ただ、20世紀の終わり頃になると、このようなやり方で大きな進歩が生まれることは徐々に少なくなっていった。１９４０年代から60年代にかけては、半導体、超音速飛行機、高度なレーダーの開発など、まだ数多くのブレークスルーが見られたが、その後、技術革新のペースは落ち、発明の数は確実に少なくなった。

意外に思われるかもしれないが、世の中に革命をもたらしたスマートフォンも、当初は、漸進的な発明だった。確かに、10年前に登場した時から、スマートフォンは破壊的な商品だった。しかしそれは、単にこれまでの技術の拡張という文脈においてでしかなかった。そのため、その後、数年間にわたって、データ通信が可能な従来の携帯電話がスマートフォンと共存することになった。大きなタッチスクリーンを備え、インターネットに接続可能なこのモバイルデバイスが、デジタル化された世界の主役になるまでには、登場からある程度のタイムラグがあった。

実はここに重要なポイントが隠れている。スマートフォンが真に革命的な製品になったのは、それ自体がプラットフォームとなり、アプリケーションの開発者とのエコシステムを形成してからだ。そのままでは単なる「口のきけない」電子部品の塊にすぎないスマートフォンに、巨大な価値を生み出す力を与えたのは、ソフトウェアとプラットフォームとそれらがもたらすユーザー体験である。そしてスマートフォンが起こしたこの革命は、その他の製品やサービスにも、未来の進化の方向を示した。

ただ、変化の早いデジタル世界の流れに乗るには、企業側の準備が十分だとは言いがたい。企業の研究開発は、過去の習慣に引きずられて、開発プロセスのサイロ化や、従来の製品やサービスへの過度な投資などに陥りやすい。また、最新のプラットフォームを活用したデータ分析能力の開発に目を向けている企業も、現時点ではほとんどいない。つまりこれから訪れるデジタル化の大波に対して、大半の企業があまりに準備不足なのである。

確かに、製品販売用ウェブサイトや、デジタル技術による顧客関係管理を取り入れている企業は多いが、研究開発部門についてはいまだに閉鎖的で、部門の枠を超えてデータの収集、分析を行ったり、プラットフォームを創出したりして、ＩｏＴの能力を活用しようという発想がない。

一方で、改革に必要な作業は複雑さを増している。まだ十分な利益を出しており、これからもしばらくは稼いでくれるであろう従来の事業は改善を続けなければならない。それと同時に、これまでにない特徴を持つコネクテッドプロダクトやサービスを、今後訪れる成果型エコノミーのなかで実用可能な形にするために、新事業への投資を進めていく必要がある。この二つの目的を同時に達成するため、企業には両面的なアプローチが要求される。

統計からは、この二つを達成しようと懸命になっている企業の姿が見えてくる。２０１４年、世界最大級の企業約1000社の研究開発費の合計は、6500億ドルに達した。これは、2009年からの5年間で、毎年6パーセント以上伸びている計算になる。(注1)先ほどは準備不足だと述べたが、どうやら、イノベーションへの投資自体は十分に行われているようだ。ただ、重要なのは、いくらお金をかけたかではなく、それをどう使ったかだ。

われわれが調査した企業のうちの63パーセントが、改革担当の最高責任者、チーフ・イノベーション・オフィサーを置いていた。しかし、改革のための公式なポストやシステムがそもそも存在せず、新旧の事業に対する戦略を分けていない企業が、いまだに26パーセントも存在することもわかった。(注2)

新旧どちらのビジネスにおいても、イノベーションを促進する仕組みは、価値のあるアイデアを生むエンジンと、才能のある人材や企業のガバナンスを高めるエコシステムからなる、複雑な有機体であることを心に留めておいてほしい。改革に踏み出すのは決して簡単ではないが、失敗を恐れずに、二つの戦略を同時に進めよう。

古いタイプのイノベーターは市場のサプライサイドしか見ていない

規模が大きい企業も、スタートアップと同じような能力とフロンティアスピリットを持つ必要がある。さもないと、現在持っている競争上の優位を、徐々に失っていくことになる。

企業のイノベーターの大半は「どうやって宣伝すれば、製品やサービスを消費者に気に入ってもらえるのか?」ということしか考えていない。確かに、すでに一定の支持を得ている既存の製品やサービスについては、これを考え続けることは重要だ。だが、新しいものをつくる時には「どうやったら現在の環境を変えて、消費者自身がまだ気づいていないニーズを掘り起こせるのか?」という問いが必要になってくる。

しかし、現在の研究開発の多くは、まだ前者だけに集中している。そこではあくまで「内から外へ」の思考が中心で、たとえば新製品開発にあたっての他業種との提携や、プロフィットシェアリングなど、分野の枠を超えたインプットやアウトプットを使った多層的な発想が見られない。また、社内においてもＩＴやソリューション部門のプロダクトマネジャーとイノベーターを融合させるための部門横断的な戦略がない場合がほとんどである。

古いスタイルの改革アプローチは、供給側からの視点でものを見ている。イノベーターたちはエンドユーザー市場だけを見て、人口統計による未来の市場規模の推定や、フォーカスグループによる製品の受容度の評価などの手法を多用する。実際にマーケティングを実施するかどうか決まっていないのに、売上高の予測をするケースもしばしば見受けられる。「まずつくれ。そうすれば人はやってくる」がここではいまだに合言葉になっているのである。

もちろん実際には、エンジニアやマーケティング担当者が大ヒット間違いなしと思った製品やサービスが市場でまったく受け入れられないこともあれば、大してテストもしていないのに大ヒットを飛ばす製品もある。イノベーションの歴史は誤った判断の連続だった。20世紀フォックスの有名なプロデューサー、ダリル・Ｆ・ザナックは「テレビが市場でシェアを保てるのは、せいぜい半年が限度だろう。あんな木箱を毎晩眺めていたら、すぐにうんざりするはずだ」と述べた。(注3)1950年代には「10年以内に、原子力を使った掃除機が実用化される」と予想したアメリカの家電メーカーもあった。(注4)

「まずつくれ。そうすれば人はやってくる」対「まずは現場の声を聞け。つくるのはそれからだ」

供給側を中心にした考え方はもう古い。データ主導の成果型エコノミーのもとでは、企業はこれまでとは違った視点から、まったく新しい提案をしなければならない。

将来的には、需要主導でスピードの速い、オープンなイノベーションが当たり前となり、顧客にはいままでにない柔軟なサービスが提供される。イノベーターには、ソーシャルリスニングなどを駆使して、急速に変化する市場のニーズを把握し、即座に満たす能力が求められる。消費者やクライアントは、社員と個人的なつながりを持つ「お得意様」として、朝は豪華で夜は質素に、あるいは車では贅沢をして家では倹約をするなど、自分の思いどおりに振る舞うようになるだろう。世界の回るスピードはそれほどに速くなる。

第2章で述べた通り、未来の売り上げは「成果」で測られる。つまり、販売されるのは製品そのものではなく、それに内蔵されたソフトウェアが可能にするサービスや体験だ。製品は単なる入れ物にすぎなくなる。

たとえば、ドリルのメーカー（あるいはドリル関連サービスの提供業者）なら、現在のようにドリル自体を販売する代わりに、「壁に穴をあけて、写真を飾るためのフックを取り付ける」などの成果を売るようになる。物流機器のメーカーは、倉庫内のすべてのフォークリフトを制御するソフトウェアを提供して、顧客の運搬業務を最適化するだろう。自動車メーカーは、自動運転車を使って目的地までの安全な移動を約束し、さらに車内でも、ソフトウェアによってオフィスと同じような作業環境を提供するサービスを始めるだろう。

このようにソフトウェアと顧客体験の改革が鍵を握る未来の市場で成功を収めるためには、企業はイノベーションのDNAを進化させなければならない。世界は間もなくスマート化された製品であふれ、現場で集められた大量のデータが、開発部門にいるエンジニアにフィードバックされるようになる。そして、そのデータを分析、再構成することで生まれる知見が、さらに新しい製品やサービスのアイデアを創出するための材料になる。

また、こうしたデータの流れは、需要主導の活動を活性化させる。研究開発チームにとって、客先で稼働する製品やサービスクライアントは、それ自体が常に進化を続けるデータの報告者として機能する。合言葉は「まずつくれ。そうすれば人はやってくる」から「まずは現場の声を聞け。つくるのはそれからだ」に変わるだろう。

ただ、そのためには考え方を変え、開発プロセスを改革する必要がある。業務も、顧客やパートナー企業との付き合いもすべてが変化するなか、企業には、競合他社に対する認識を改め、これまでよりもオープンで流動的になったエコシステムのなかで活動することが求められる。

データから得られる知見が、データ主導の市場での成功を左右するのは当然だが、ほかにも、クラウドからのフィードバックの活用、複数の開発サイクルの管理、デジタルプラットフォームテクノロジーの導入、外部のイノベーターとの協力など、大切な要素はたくさんある。そして、これらはすべて、顧客の真のニーズを満たす製品やサービスを提供するための手段であることを忘れないようにしたい。

イノベーションがもたらす最初の利益

イノベーションの重要性は急速に高まっている。これは通信や家電、ソフトウェア業界のような、デジタル技術に特化した分野に限った話ではない。インダストリアルエンジニアリングを含む多くの業界でも、イノベーションのルールが徐々に変わりつつある。

世界の製造業を対象に行われた最新の調査では、過去2年間に最も大きなイノベーションがあった項目として「顧客体験の改善」を挙げた企業が全体の42パーセントにのぼった。これは成果型エコノミーへの理解の深まりを示している。(注5) さらにトップ企業の多くが、高付加価値と顧客体験の向上を実現するために、従来の製品やサービスの改善だけでなく、複数の要素からなる複雑なカスタマーソリューションの開発にも着手していることがわかった。図8－1には先端を走る企業の、具体的な改革の内容を示した。

また今回の調査で、イノベーションが確かに業績アップにつながることも確認できた。改革

企業名	イノベーションの詳細
モンサント	天候や土壌の状態に関係なく収穫高を最大にするためのソリューションサービスを農家に向けて提供している。さらに、現場で収集した天候と収穫高のデータを再分析することで、個々の農家に合わせた顧客体験を可能にしている。
ディズニー	「マジックバンド」というウェアラブルデバイスを開発して、ディズニーワールドでのアトラクションの利用や支払い手続きをシームレスにし、顧客が滞在時間を最大限効率的に使えるよう配慮している。さらにマジックバンドを通じてディズニーは顧客の行動パターンやニーズを知ることができる。
ジョン・ディア	従来の農業機械の販売事業を、デジタル技術を使った収穫高の計画、悪天候時の警報、畑の区分け、種まき密度などに関するアドバイスを含めた、包括的なサービスに進化させつつある。
ダウ・ケミカル	「パックセンター」という施設をつくることで、バリューチェーン内の顧客やパートナー企業との協力を事業プロセスに組み込んだ。顧客のニーズを的確に捉えるため、パックセンターでは最新鋭の実験室に技術の専門チームが配備されている。
レゴ	レゴといえばプラスチック製のブロックが有名だが、現在の主力事業はデザイン業であり、体を使った遊びをバーチャルな世界に拡張する技術の開発に力を注いでいる。開発能力を強化するため、レゴでは小売店、大学、テクノロジー系企業との提携を進めている。
BMW	顧客志向の製造販売プロセス(COSP)を導入した。組み立て開始の8営業日前までなら、顧客は同社のウェブサイトを通じて、注文した車をカスタマイズできる。しかもそれによって納車日が遅くなることはない。ウェブサイトに寄せられる毎月12万回のカスタマイズオーダーはシステムによって記録、処理され、その後、製造計画部門に送られる。これにより、BMWは生産スケジュールをオーダーに合わせてほぼリアルタイムで調整できるだけでなく、顧客のニーズや好みの細かい変化をすぐに把握できるようになった。
シャオミ	スマートフォンの機能の開発にクラウドソーシングを取り入れて、研究開発費を低く抑えることに成功した。
本田技研工業	新製品の紹介やデザインへのフィードバックを促進するためにラピッド・プロトタイピングを導入した。

(注6)
【図8-1】顧客体験を包括的に向上させるためのリエンジニアリング・イノベーション

をどの程度重要視しているかによって結果は異なるものの、経営者たちは、新しいアプローチの直接の効果として、売り上げや利益が3・5パーセントから7パーセント程度上昇したと報告している。

イノベーションによる、分野別の売り上げの上昇率と増分を図8－2に示した。特に伸びが大きいのは産業機械、一般消費財、家電などの分野だ。

四つのタイプのイノベーター、長期的な勝者は一つだけ

さらに私たちは八つの業界（自動車、産業機器、一般消費財、医療用機器、企業用テクノロジー、コンシューマーテクノロジー、通信技術、ソフトウェア）の合計350社に対し、業務やパフォーマンスに関する調査、分析を行った。さらに、グローバルに状況を把握するため、アメリカ、カナダ、イギリス、フランス、ドイツ、イタリア、中国、日本、韓国の計9カ国において、企業の最高技術責任者や、イノベーションやエンジニアリング部門の部長や副部長、あるいはそれと同等の役職につくリーダーたちにインタビューを敢行した。

そして、調査結果をもとに、アクセンチュアでは、イノベーションに対する取り組み方を基準として、企業を四つのタイプに分類した（図8－3）。

一つ目は、全体の43パーセントを占め、最も数の多い**「マーケットシェア・プロテクター」**。このタイプは、基本的には従来のルールにのっとって行動する。主な目的は現在のシェアを守

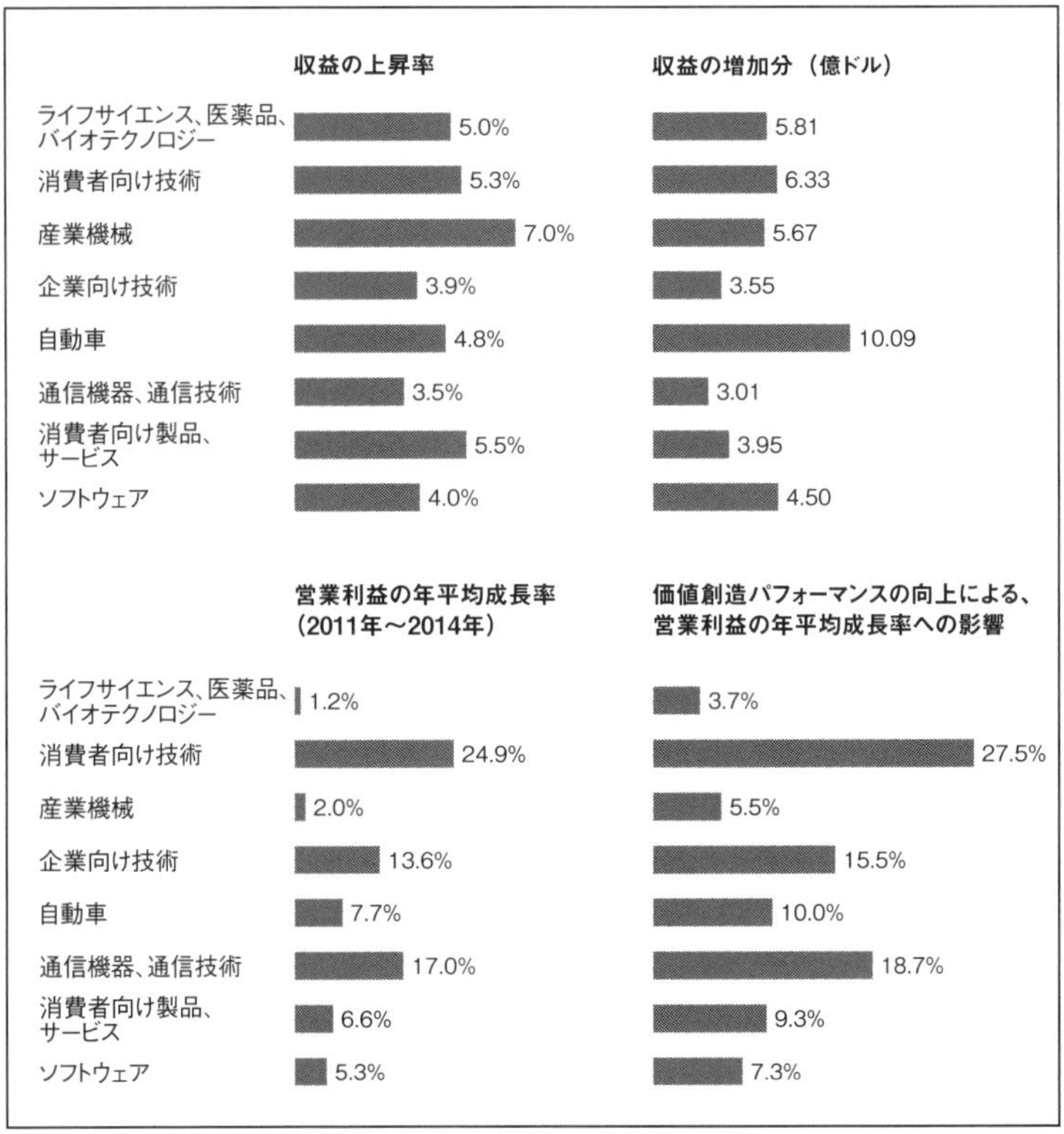

【図8-2】分野別、新しいイノベーションによる収益の上昇率と増加分（注7）

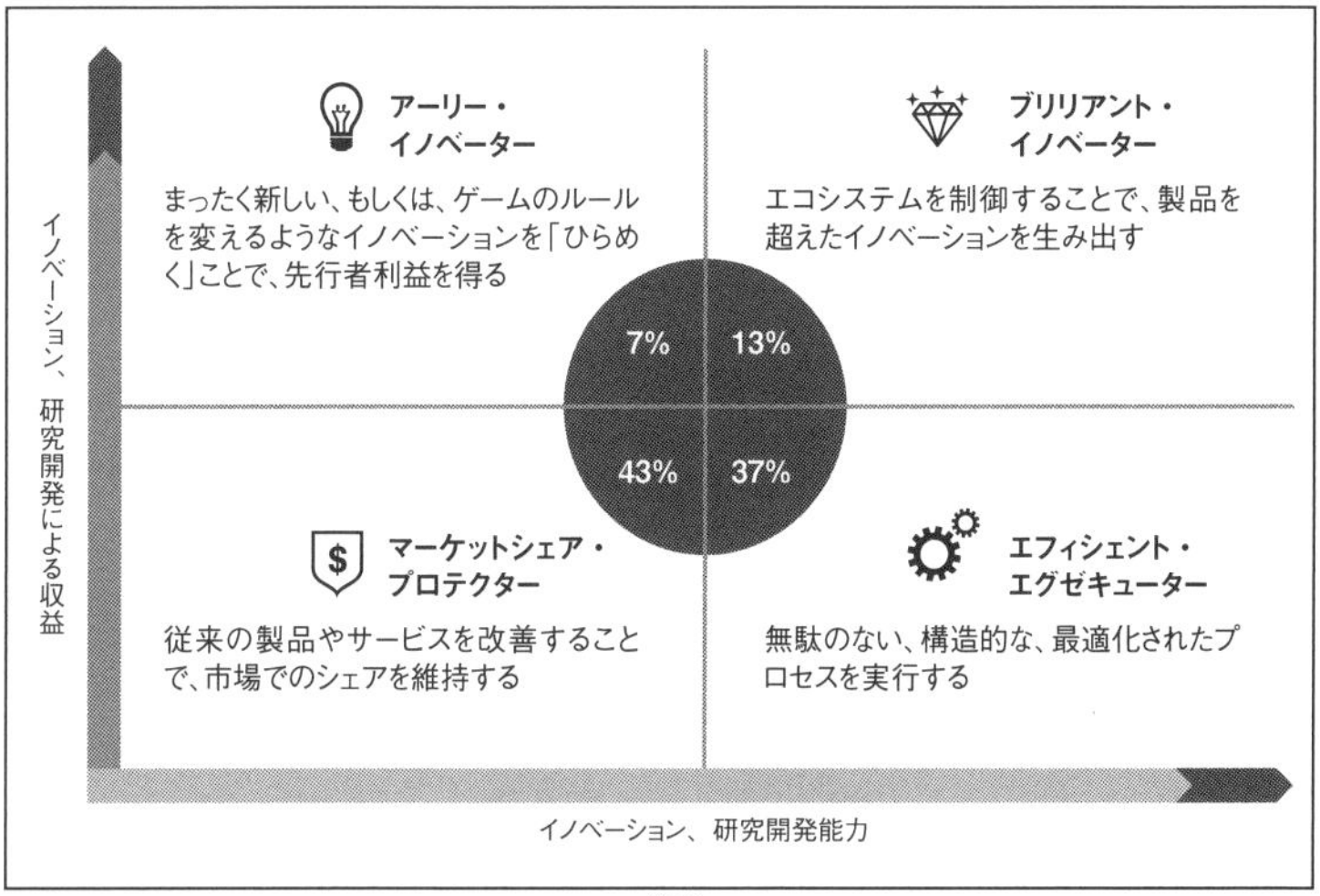

【図8-3】イノベーション主導の成長モデル(注8)

ることであり、イノベーションはその手段にすぎない。そのため研究開発費はあまり多くない。そしてイノベーションのほとんどは、従来の製品やサービスを改善するためのものである。

二つ目は**「エフィシェント・エグゼキューター」**。このタイプは、改革のプロセスを円滑に進めるためのルールをあらかじめ設定して、イノベーションを非常に効率的に実行する。だが、不思議なことに、それが大きなリターンにはつながらない。このタイプの企業には、これまでに散々言及してきた新しいイノベーションの必須要素、つまり、コネクテッドプロダクトとプラットフォームがそろっていない。そのため、社外にいるエコシステムのパートナーと協力できず、イノベーションの利益は限定的となる。

三つ目の**「アーリー・イノベーター」**にな

ると、イノベーションはようやく実を結ぶ。このタイプの企業は、スタートアップと同じような俊敏かつレスポンシブな改革プロセスを通じて、まったく新しいアイデアを「ひらめく」。そしてそのアイデアをもとに、市場全体を変化させ、業種の区分を以前とはまったく違うものに変えてしまう大きなブレークスルーを起こす。新たな市場を切り開いたこの企業は、しばらくの間、先行者利益を享受する。そのため、アーリー・イノベーターは前の二つのタイプよりも圧倒的に大きなリターンを得る。

ブリリアント・イノベーターが製造業界を先導する

同じように、四つ目のタイプの企業が上げる利益も大きい。そして、私たちはこのタイプこそが、成果型エコノミーにおける工業生産のロールモデルだと考えている。

それが、「**ブリリアント・イノベーター**」だ。エフィシェント・エグゼキューターのシステマティックな効率性と、アーリー・イノベーターの革新性、さらに、それがもたらす利益率の高さを兼ね備えている。たとえば、ソーシャルメディアのプラットフォーム企業であるフェイスブックはこのタイプ典型である。卓越した創造性をもって顧客体験に革命を起こしたフェイスブックは、アーリー・イノベーターから、ブリリアント・イノベーターへと見事な転身を果たした。

製造業の企業もブリリアント・イノベーターになろうと努力している。ドイツの技術系企業、ボッシュでは、独自のＩｏＴクラウドを使ったウェブベースのサービスを開始した。自社が持つモビリティや工業生産、ビル関連事業のネットワークを活用したアプリケーションで、新たな分野での顧客獲得に乗り出した。たとえば、ドライバーが目的地に着く前に駐車場を予約したり、エンジニアが遠隔地から空調設備のトラブルに対応したり、農家に正確な土壌の温度を知らせることで収穫高アップに貢献したりと、多岐にわたるコネクテッド・サービスがこのＩｏＴクラウドによって可能になる。(注9)

ヘルスケアの専門企業ケアストリームヘルスでは、病院に対して、臨床データや臨床画像を従来のように一部署で集中的に管理するのではなく、整形外科、救急科、集中治療室、さらにオペ中の手術室でも参照できるソリューションを提供し、バリュー・プロポジションを大幅に向上させた。同社ではさらに、この技術をヘルスケア業界でのコラボレーションや情報共有にも幅広く活用している。(注10)

インテルでは、半導体市場の枠を広げるため、マイクロチップを使った新しい製品の開発に力を注いでいる。その一環として、同社ではドローンビジネスに参入し、買収や出資を通じて、ドローン技術の開発を続けている。具体的には、上海のドローン・航空機専門企業、ユニーク・インターナショナルに６０００万ドル出資したのを皮切りに、２０１６年にはアセンディング・テクノロジーを買収。さらにエアウェアやプリシージョンホークといったドローンメーカーにも資金を提供している。(注11)

いま取り上げた企業は、新しいデジタル事業をこれからの生き残りの鍵であると捉えており、先ほどの表で言えば、右上のエリアに進むのが必須であることを理解している。

私は、製造業界の企業にも、これと同じようにブリリアント・イノベーターを目指すことを勧めたい。既存の大企業が従来の製品だけに頼って利益を上げ続けるというのは、もはや現実的ではない。また、アーリー・イノベーターが一時的に高い業績を上げるのは確かだが、「ひらめき」を価値の源泉とする以上、一度築いた地位を維持するのは困難だ。フェイスブックを見ればわかるように、継続的な成功のためには、アーリー・イノベーターですらもブリリアント・イノベーターを目指す必要があるのだ。

これから始まるレースのポールポジションである、ブリリアント・イノベーターの位置に立つには、これまでに解説してきたイノベーションの源泉――縦割りのない組織構造、自由なデータフロー、効果的なフィードバックの回路、コネクテッドプロダクト、市場の変化や顧客の好みに対してリアルタイムでの反応を可能にするシステムなどのすべてを、企業は備えていなければならない。

図8-3に示したように、現時点では企業の43パーセントがマーケットシェア・プロテクター、37パーセントがエフィシェント・エグゼキューターだ。つまり、全製造業の8割の企業が、いまだに新しいイノベーションのルールを理解していないということになる。彼らはイノベーターではなく、単なるリノベーター（焼き直しをする人）にすぎない。

逆にブリリアント・イノベーターは13パーセントしかいない。アーリー・イノベーターはさらに少なく、たったの7パーセントだ。これはおそらく、市場のルールを変えるようなイノベ

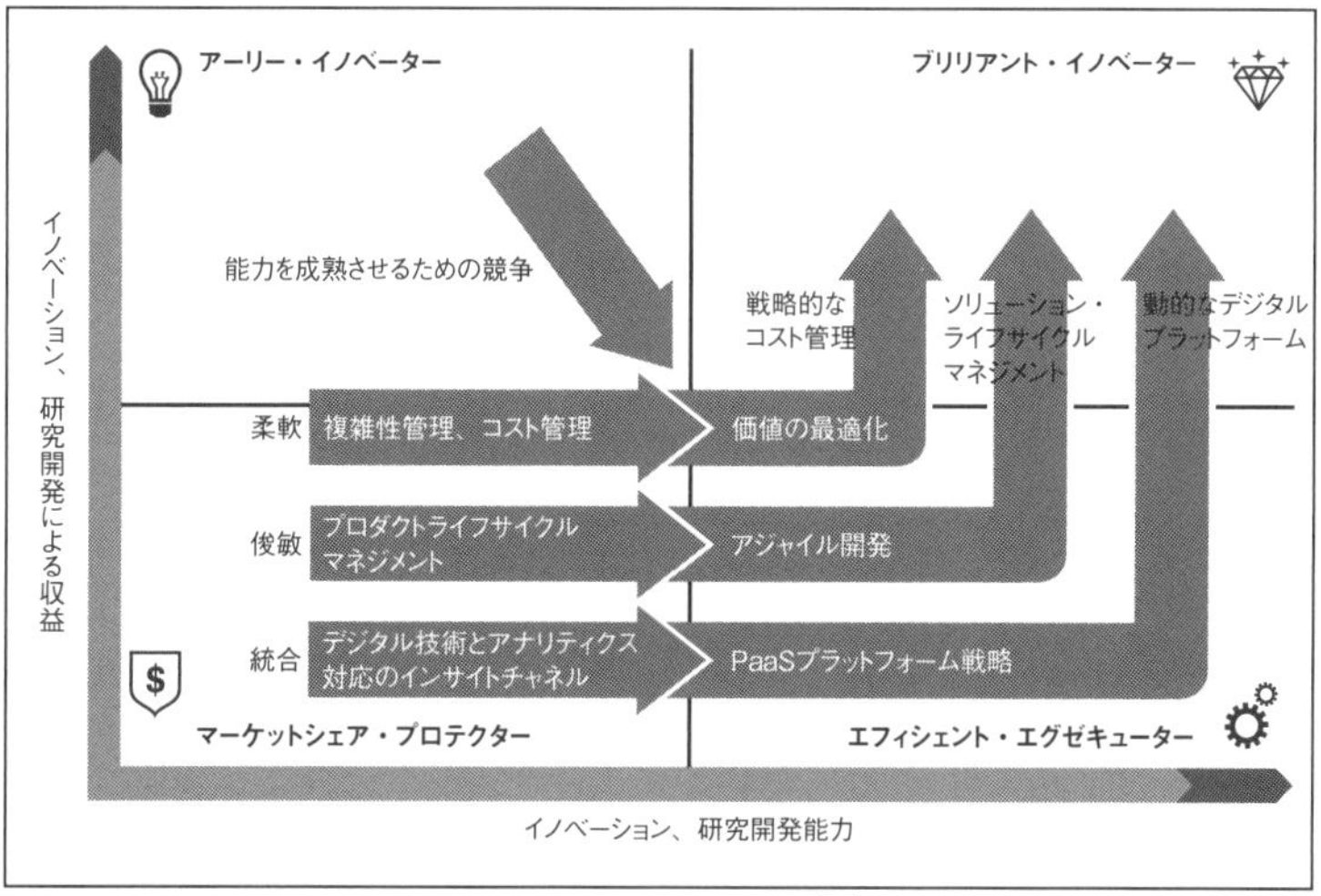

【図8-4】異なるタイプに変化するためにとるべき行動(注12)

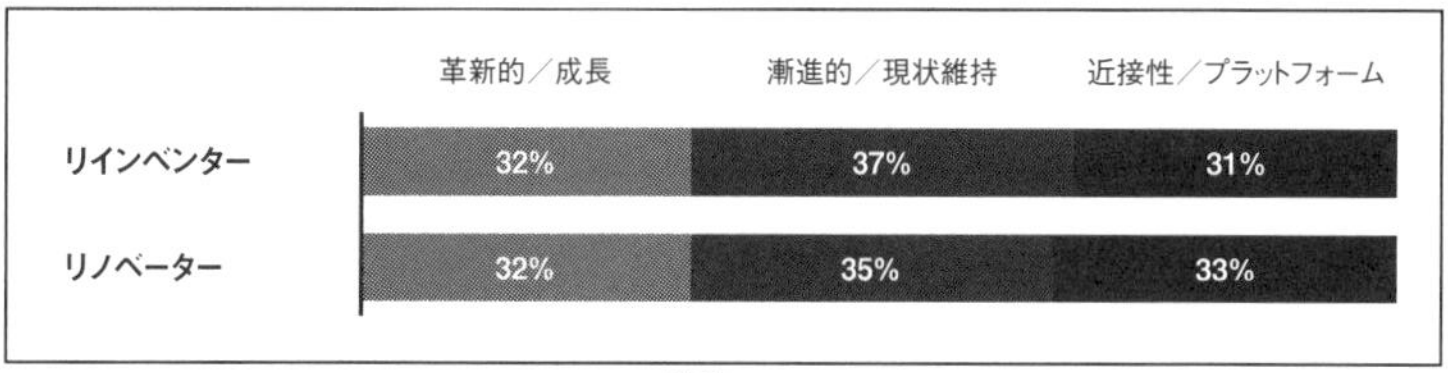

【図8-5】イノベーションへの投資の配分(注13)

ーションはそもそもめったに起こらないことに加え、大抵の場合、システマティックな研究開発の結果というよりも、イノベーションが才能と偶然の産物だからだろう（ちなみに、われわれが調査した限り、3Mを例外として、製造業でこうしたイノベーションが起こった例はほとんどない）。アーリー・イノベーターとブリリアント・イノベーターは選ばれし存在であり、ハイパフォーマーであり、ビジネスの真の再構築者（リインベンター）である。当然、投資収益率やマーケットシェアは前の二つのタイプをはるかに上回る。

ただ、驚くべきことに、こうした高いリターンは、必ずしもイノベーションへの投資額の多寡とは関係がない。さらに、投資方針という点では、四つのタイプの間にそれほど差がないことも明らかになった。では結果に違いが出るのはなぜか。それは、リインベンターたちは、イノベーションへのアプローチ方法を知っており、その知識を効果的に使っていたからだ。つまり、投資額が同じなのにリターンに差がついた理由は、単に彼らがやり方を知っていたからにすぎない。結果としてリインベンターの売り上げの増加率は、各業界の競合他社に比べて、年率で3・5から7パーセントほど高くなり、営業収益でも大きな差がついた。

デジタル主導のイノベーションが成否を分ける

今回、調査の対象となった企業に、イノベーションを実行するとき実際に使った手段（あるいは手順）を重要度順にランクづけしてもらった。すると、やはりと言うべきか、リインベン

リインベンター Top5	リノベーター Top5
1. クラウドソーシングや外部のユーザーからの情報	1. トレンドの監視と予測
2. オンラインリサーチツール	2. グローバル市場への適合
3. エスノグラフィックリサーチ	3. ビッグデータマイニング
4. ソーシャルメディアリスニング・インテグレーション	4.（卸売事業者や小売事業者からの）チャネルインサイト
5.（卸売事業者や小売事業者からの）チャネルインサイト	5. 競合他社の動向

【図8-6】顧客や消費者の動向を確かめる方法（注14）

ターとリノベーターでは大きな違いがあった（図8－6参照）。

たとえばリインベンターは、「クラウドソーシングや外部のユーザーからの情報」をトップに挙げたが、これはつまり、組織が情報に対する高い透過性と俊敏性を備えたプロセスを持ち、外部のパートナーと必要に応じて連携して、素早くエコシステム内でのつながりをつくる能力を備えていることを示している。さらに、「オンラインリサーチツール」や「ソーシャルメディアリスニング」の活用も、デジタル技術による顧客体験のメリットを最大限に活用するための必須要素だと言えるだろう。

一方、リノベーターも決してデジタル化反対論者というわけではない。「ビッグデータマイニング」や「チャネルインサイト」を使っていることからもそれは明らかだろう。しかし、「トレンドの監視と予測」を一番に挙げたという事実が、彼らの視点がサプライサイドに偏っており、従来のアプローチに依拠しているのを物語っている。結局、彼らのイノベーションは本質的に、製品の特徴に改良を加えるという、従来のやり方から抜け出せないのである。

一方、リインベンターはイノベーションと研究開発の能力を活

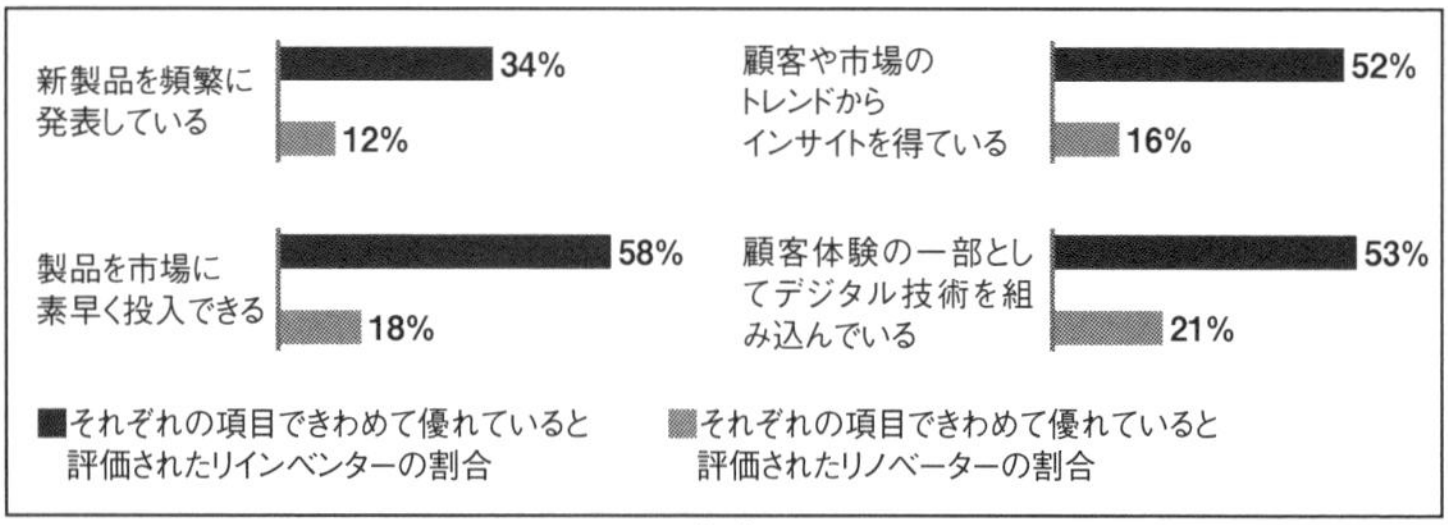

【図8-7】イノベーションがもたらした効果(注15)

用して、あっという間に巨大な利益をつくり出す。特にブリリアント・イノベーターは、顧客同士をつなげるための新しい方法を発見する能力にたけている。具体的には、最新のイノベーションプロセスやプラットフォーム、さらに個々の製品やサービスがさらに大きなバリュー・プロポジションを構成するエコシステムなどがその例である。

図8-7を見ればその効果がわかる。調査の結果、成果型エコノミーで成功を収めるためのすべての要素――製品を市場に出すまでの時間、新製品を発表する頻度、デジタル技術による顧客体験の創出、トレンドの正確な把握において、リインベンターはリノベーターをはるかに上回ることがわかった。

リインベンターになるための四つのアドバイス

現在とは異なるタイプに生まれ変わり、最終的にブリリアント・イノベーターを目指すには、企業は次の四つの側面からイノベーションを実行する必要がある。

1　インサイトプラットフォームの構築

インサイトプラットフォームを構築すれば、環境に応じて変化する製品、サービス、顧客体験を継続的に組み合わせて、新しい利益を生み出すことが可能となる。

顧客や消費者の動向を知るのは常に重要だが、市場が細分化され、高品質な製品、サービス、体験があふれる現在の状況では、ただ顧客に何が欲しいかを尋ねるだけでは到底足りない。企業には、顧客のまだ満たされていないニーズを、場合によっては、顧客自身がまだ気づいていないニーズを先回りして満たすことが求められる。消費者を大きな集団としてではなく、一人ひとり顔の見える個人として認識するようになるにしたがって、これはますます重要になる。図8-8に、すでに具体的な取り組みを始めている企業の例を挙げた。

顧客ニーズの把握は、ブリリアント・イノベーターの価値の源泉だ。今回われわれが行った調査では、経営者の63パーセントが、顧客の動向をつかむために、高度な分析ツールや、図8-6で答えた手段の改良に取り組んでいることがわかった。さらに31パーセントは短期間でこれらを整備する計画を持っている。

2　ソリューションセントリック

これからの競争はさまざまな次元で行われるようになる。企業は既存の製品やサービスの改善を続けながら、エコシステム内で自社が提供する体験や、コネクション、サポートなどを、

企業名	イノベーションの詳細
ベライゾン	サービスの加入者のデータを活用した新たな収益の実現を目指している。具体的には、使用するデバイスの種類を問わず、顧客が、世界中に広がるモバイルネットワーク上でどのような消費行動をとっているかを捕捉。新たなビジネスにつなげる構えだ。
キャタピラー	アップテイクテクノロジーズと提携して、稼働中の産業用機器の状態に対する予測分析サービスを開始した。現場からフィードバックされるデータをもとにしたこの分析は、機器の利用効率を大幅に向上させる。
ロールス・ロイス	センサーと予測分析を使って、ジェット機エンジンの状態を監視し、メンテナンスに関するアドバイスを行っている。これによって顧客は、エンジンの稼働時間を増やし、保有コストを抑えることができる。
ネットフリックス	顧客の視聴傾向を分析することで、同社放送のドラマシリーズ『ハウス・オブ・カード』の市場規模を事前に予測。さらに、制作を担当したケヴィン・スペイシーやデヴィッド・フィンチャーの演出が受け入れられるかどうかまで分析し、結果的に大ヒットに導いた。
ピツニーボウズ	「シングルカスタマービュー」というソリューションを通じて、デジタル時代における顧客動向へのより深い洞察をサポートしている。このソリューションを使えば、迅速なデザインと情報の伝達、あらゆるチャネルにおけるリアルタイムな顧客動向への文脈的理解が可能になる。
アリババ―タオバオ	アリババのタオバオという取引用プラットフォームは、従来の顧客の不満点を把握し、対処することで急成長したサービスの典型例だ。具体的には、供給業者と小売店を仲介したり、中国の銀行システムに沿ったサービスを提供したりしている。アリババの分析に基づいた顧客に対する深い理解がなければ、タオバオは実現しなかっただろう。
シーダーズ・サイナイ	シーダーズ・サイナイメディカルセンターでは、アップルが提供するHealthKitという開発ツールを使ってアプリを作成。900を超えるデバイスから、8万人以上の患者からデータを収集し、病院内のデータフローを統合した。患者の情報が見えやすくなったことで質の高い治療が可能になり、さらにそれぞれの現場に必要なデータだけを提供できるため、診察や治療にかかる時間も短縮された。
消費財メーカー	小売店の販売データをリアルタイムで生産計画に反映させている。これによって、在庫量を減らしながら、必要な製品を素早く市場に供給することが可能になった。つまり需要を「予測」するのではなく、「感知」している。

【図8-8】データ分析から得られる知見が顧客体験の質を高める(注16)

広範囲に、しかも深く追求しなければならない。サービスや体験、ハードウェアやソフトウェアなど、すべての要素を顧客中心につなげることが、これからの企業の役割である。

そのためには組織の大胆な改革が必要だ。研究開発、設計、製造、調達、販売、マーケティングなどの縦割りを撤廃して、イノベーションの達成に不可欠なこれらの機能を再配置し、協調させる。次に、製品を品目ごとに扱う慣行もやめる。これによって、製品は相互に機能を補い合い、顧客に、より大きな価値と質の高い体験を提供するようになる。イノベーションが導く成長とは、これまでのように直線的ではなく、常にその方向を変化させながら進んでいく。そのため、企業は発想を大きく変えなければならない。

3 ピボタルリーダーシップの養成

改革には、組織全体を協調させ、変化を促進し、社員に大きな影響を与えるリーダーが必要だ。リーダーは、ほかの社員には見ることのできない価値を評価し、改革の進度を測りながら、会社を正しい方向へと導かなければならない。優れたテクノロジー企業では、ソリューションマネジャーがこうした役割を担っている。だが、その他の分野では、従来の製品やブランド担当の管理職が中心であることが多い。その場合、改革も、新たなブレークスルーを求めるよりは、製品をいかに売るかという方向に集中しがちだ。

調査の結果を見ると、ここでもリインベンターはほかのタイプと明らかに異なる特徴を二つ示していた。一つ目は、明確な目標を掲げたうえで、それがどの程度達成できたかを測る指標を作成していたこと。もう一つは、改革に関連する数多くの要素のなかで、特に、戦略的な製品管理、リーダーのビジョン、予定されたタスクの実行に重きを置いていたことだ。

4 スピードの異なる業務を同時に展開

過去に使われてきた業績評価の指標が、新しい世界でも同じように役に立つとは限らない。特に、これからは市場の参加者全員が変化に即座に反応するようになるため、「製品を市場に出すまでの時間」は、長期的な差別化要因にはならないだろう。リインベンターは従来の製品やサービスと、デジタルプロダクトのイノベーションサイクルの違いに合わせて、それぞれスピードの異なる業務を同時に進める必要性を理解している。

調査からは、リインベンターが、常に独特かつダイナミックなイノベーションの手法や能力の開発を続けていることがわかった。違う言い方をすれば、リインベンターは常にゲームのルールを書き換えている。図8－9を見ればこのプロセスがどのように進んでいるのかがわかるはずだ。

インキュベーターの感性と能力が未来のイノベーションを完成させる

前に述べたように、大企業も改革の必要性を感じ始めており、イノベーションを起こすための新しいスピーディーな思考法を徐々に取り入れつつある。デジタル化以前のプロダクトセン

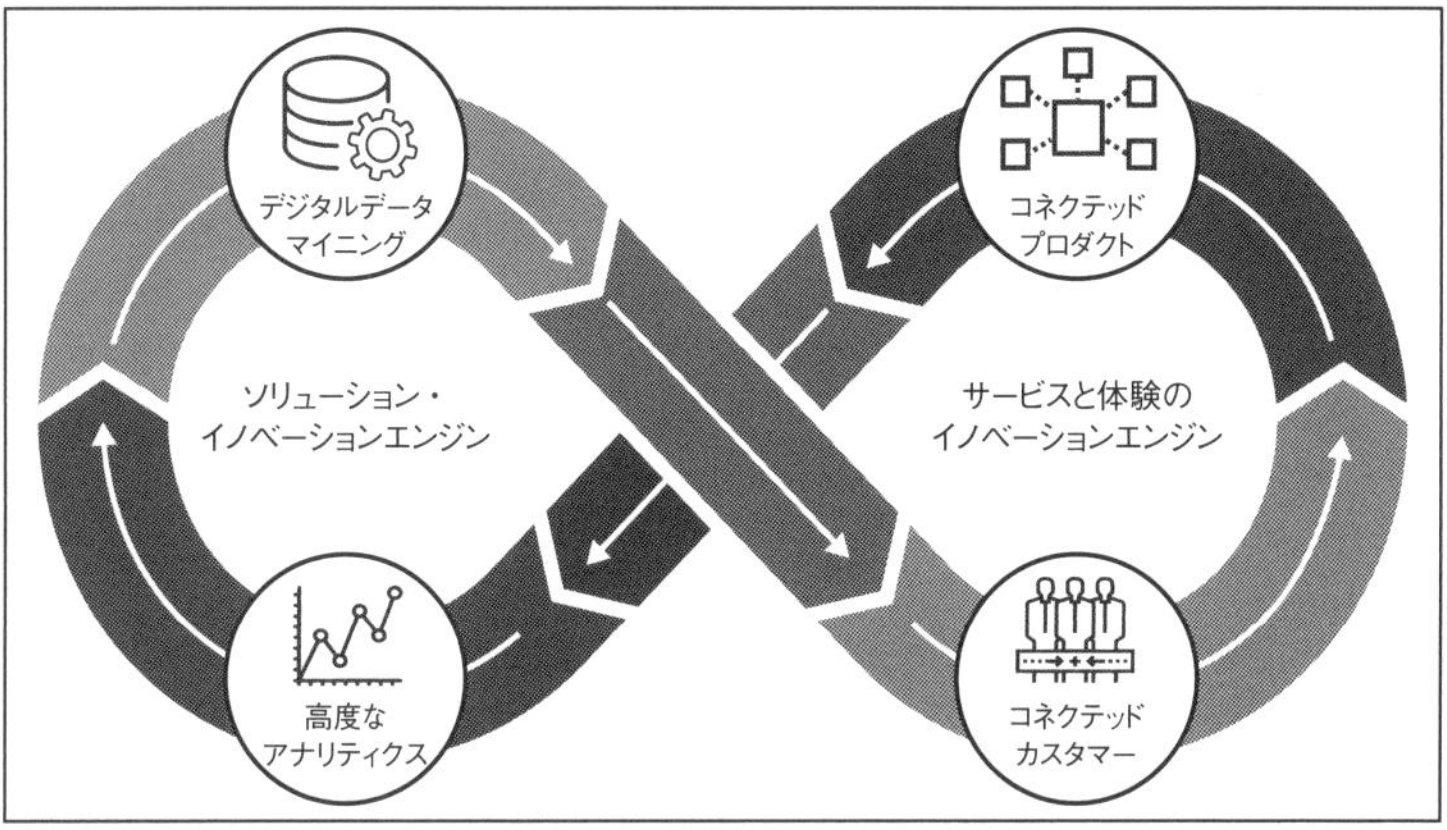

【図8-9】連関するイノベーションモデル(注17)

トリックな世界では、最大7年もかかっていた製品開発のサイクルが、現在ではせいぜい2、3年になり、場合によっては数カ月というのも珍しくなくなった。

ただそれでも、従来の、予定通り着実に改革を進めるやり方からの脱却は一筋縄ではいかない。外部からの刺激に即座に反応可能なスタートアップ企業の感性と行動力を身につけ、俊敏性の高いインキュベーターのスタイルを実現するのは決して簡単ではない。特に、新旧の事業を同時並行で進めなければならないことを考えるとなおさらである。

私がお勧めするのは、社内のすべての部署の業務を観察したうえで新たな改革のアイデアを出す、イノベーション専門のチームをつくることだ。そうすれば、市場に破壊的な効果をもたらす成長のチャンスを見逃さずに済む。

内部のインキュベーターによってアイデアを加速させる自動車業界の大手一次部品メーカーの例

自動車業界のある大手一次部品メーカーでは、モビリティサービスとコア事業の連携を強化するためのアイデアの創出やプロジェクトの実行を目的として、２０１４年にインキュベータープログラムオフィス（ＩＰＯ）を設置した。

ＩＰＯはスタートアップスタイルの内部組織であり、イノベーションのための専門チームである。その活動範囲は全世界に及び、組織の枠にとらわれず、新たなビジネスのアイデアを収集する。社内では部署や役職を問わずすべての社員から、社外ではエコシステムのなかにいるあらゆるイノベーターから、広く新事業の提案を募る。

そして有意義な提案があった場合は、ＩＰＯがそのまま、市場テストの段階まで開発を進める。いまから5年以内に、同社のハブであるヨーロッパ、中国、アメリカの拠点から得たアイデアをもとに、実現可能性のある事業ポートフォリオを作成するのがＩＰＯの主な目的だ。ただ、プロジェクトに将来性がない場合には、すぐに中止という判断を下すのもＩＰＯの役割だ（この手法はスタートアップ企業と酷似している）。事実、現時点までに3割程度のプロジェクトを中止した。

同社では現在、新型タイヤに使用するたわみやすい性質を持つ素材の研究や、タイヤデザインの専門知識を応用したビジネスモデルの発案、ＩＴ技術によってモノやヒトの移動の利便性を向上させる新しい製品やサービスの開発に優先的に取り組んでいる。

市場全体の状況や、パートナー企業の動向とイノベーションのパターンを分析することで、ＩＰＯの設置、運営が可能になる。さらに、「場合分け」のシミュレーションによって、改革が必要なエリアを特定し、効果を見極めて優先順位をつければ、会社の未来の姿が見えてくる。

同社はヨーロッパだけで、従業員から４２００ものアイデアを集めた。さらに、スタートアップ企業がつくるエコシステムへのコネクションづくりや、アイデアを形にするための技術を持つベンチャー企業の株式取得にも成功している。


このＩＰＯやほかの企業の例を考え合わせると、リインベンターになるためには次の三つのポイントがあると言えそうだ。

1　ビジネスの戦略とインキュベーターの戦略を調和させる

従来の研究開発部門に比べて、インキュベーターの自由度ははるかに高い。だからこそ、あらかじめイノベーションの優先順位を決めておくのは非常に重要だ。さもないとインキュベーターは方向性を見失ってしまう。開発すべきは新しい製品か、コネクテッドソリューションか？　それともモビリティサービスやデジタルサービスなのか。企業は目標をいくつかに絞って、インキュベーターが重要なプロジェクトに集中できる環境を整えなければならない。

2 インキュベーターを組織内の正しい階層に配置する

インキュベーターは会社全体の改革を担当する経営チームに、成果を直接報告しなければならない。プロセスの透明性と任務の重みを担保して初めて、インキュベーターの活動が生きてくるからだ。正しい職権を持ったインキュベーターは、改革のエージェントとして自信を持って活動できるようになる。そうすれば、会社全体が一つになり、すべての部署が新しいビジネスチャンスをつかむためのアイデアの創出に取り組むことができる。

3 適切なパートナーとエコシステムをつくる

製品開発に必要な能力を補ってくれる大学やスタートアップ企業、サードパーティーなどとの連携を成功させるには、社内に必要なプロセスや手段をそろえなければならない。たとえば自動車メーカーであれば、コネクテッド・カーをつくるために、通信、ソフトウェア、アナリティクスの能力を補強する必要がある。ルノーはパリ・インキュバトゥール（訳注＊大企業とスタートアップをつなぐ会社）の力を借り、同社を通じて、スタートアップ企業の協力を募り、革新的なサービスやアプリケーション、テクノロジーを開発することに成功した。(注18)

シュナイダーエレクトリックによるスタートアップ企業との提携のモデルケース（注19）

世界的な重電メーカーであるシュナイダーエレクトリックでは、これまでも、イノベーションを達成するために、常に技術系企業と提携して、ハードウェアとソフトウェアの両面から、設計やソリューションの提供能力を補ってきた。しかしデジタル時代の到来に伴い、製品をコネクテッド化する必要性が高まったことで、新しいパートナーとの協力が必要になった。だが、これらの会社は、文化や俊敏性、成熟度という点で、これまで提携してきた企業とは大きく異なっている。さらにその多くがスタートアップであることから、長期的に成功して市場でシェアを獲得できるかどうかは不透明な状態だった。パートナー企業に頼るのではなく、自分たちがうまくかじ取りをしなければ、成功は難しい。シュナイダーエレクトリックの経営陣は、そのことに気づいていた。

では、具体的にはどのように改革を進めたのか？　同社はまず、スタートアップ企業との協働を専門とするチームを世界中に設置した。そして、「ユースケース」を使って、クライアントの抱える問題点を絞り込み、その解決に集中できる環境を整えた。一般的に、スタートアップ企業と協力する際には、ユースケースの使用が鍵となる。アイデアを形にする時、余計な情報は邪魔になるからだ。

以前であれば、こうした進め方は不可能だっただろう。おそらく会社同士の提携という形になり、パートナー企業の能力を使うかどうかは個々の事業部門の判断に委ねられた。しかしこれでは社内で問題意識を共有できないうえに、時間がかかりすぎる。そのため、たとえパートナー企業との協働が活発になっても、体制を整えている間にチャンスを逃してしまい、結局、具体的な成果につながらないことが多かった。

だが、新しいアプローチでは、一つか二つのユースケースに集中できる。そのため、スタートアップが持つ技術を、現実的な環境で素早くテストし、さらに3カ月から6カ月の超短期でプロジェクトを立ち上げることができた。

これは、まさに経営手法の転換が企業にもたらす価値を変えた好例と言えるだろう。しかしさらに重要なのは、このやり方は顧客への価値も向上させるという点だ。ただし技術者の世界では、いまだに「自分たちは最高の技術と知識を持っており、会社の発展にはそれだけで十分だ」という考えが根強い。この状況を変えるには、スタートアップの発想を熟知しており、その能力を使って革命を起こす方法を知っている人材をリーダーに据える必要がある。そしてそのような人材は、しばしば業界の外からやってくる。

プロジェクトが成功したとはいえ、シュナイダーエレクトリックが開発したソフトウェア内蔵の新製品の市場はアリーステージで、ビジネスとしての成否は「これから市場を創出できるかどうか」にかかっている。そこで同社では、潜在的な需要の予測を通じて、クライアントにコネクテッドプロダクトを受け入れる体制が整っているかどうか調べることにした。併せて、現実的な事業案や要素ごとの関連性、実行するうえでの必要条件などの観点から、ユースケースのさらなるに改善を目指した。これは、デジタル技術を使って、顧客や「顧客の顧客」が本当に必要とする「製品を超えた要望」を理解しようという試みである。

こうした知見を得るには、エスノグラフィー調査（訳注＊対象者の生活を一緒に体験し、対象者の属する集団について理解すること）、デザイン・シンキング（第４章参照）、チャネルインサイト、ソーシャルメディアリスニングなどの新たな調査方法を駆使して、製品やサービスがどのように使われるのかを理解する必要がある。同社ではこれらの手法の導入によって、顧客の要望に合わせてソリューションを細かく調整するとともに、求められる価値をピンポイントで提供する必要最小限のプロジェクトを実行できるようになった。このやり方は、効果的なイノベーションのモデルケースと言えるだろう。

一方で、イノベーションプロセスの再構築に失敗する企業も数多い。インキュベーターの有用性をどの程度理解しているかは、企業によって異なるが、それにしても長い歴史を持つ企業が環境の変化に適応できない例が目立つ。

ホテル業界などはその典型だ。エアビーアンドビーなどのスタートアップによって、これまでの経営モデルが根底から覆されたうえに、既存の企業は旅行関連の情報収集サイトへの対応も非常に遅い。ホテル業界の企業の多くは、市場で起きた変化の影響を根本的に過小評価しており、ドラスティックな組織改革の必要性に気づいていない。

インキュベーションとは、単に新しい活動、プロセス、チームを社内に導入することではない。新たな規律や発想、ＤＮＡを取り入れ、組織全体を活性化させなければ、インキュベーションとは呼べない。

要点　Take aways

01―― 体験は製品に勝る。近年、製造業の企業に最も多くの価値をもたらしたのは、イノベーションによる顧客体験の向上である。

02―― イノベーションへの新しいアプローチを取り入れることで、特に産業機械、一般消費財、家電といった分野では大きなリターンを得られる。

03―― 製造業では、イノベーションへの投資方針に関して、企業間の違いはほとんど存在しない。成否を分けるのは「何に投資するか」ではなく、投資した資金を「どのように使うか」だ。

04―― 社外に目を向けよう。競合他社への認識を変え、オープンかつ流動的なエコシステムのなかで活動することが、成功の鍵だ。

05―― ブリリアント・イノベーターは、ソリューションセントリックで、プラットフォームから得た知見を重視し、中心的なリーダーシップを養成したうえで、スピードの異なる業務を同時に展開するという特徴を持つ。

第9章

ズームイン
プラットフォームとエコシステムを最大限活用する

データ主導の製造業の世界では、まず、エコシステムの一部になるのが、すべての企業にとっての必須条件だ。次に、自社の製品の周りにプラットフォームを形成できれば、さらなる利益を得ることができる。後者はすべての企業に必要というわけではないが、両方の条件を満たすことで、事業はイノベーションと成長のエンジンになる。ただ、IIoTの世界では、ビジネスのプラットフォームとエコシステムは非常に複雑だ。成果志向の製品やサービスを展開するため、ビジネスリーダーには、幅広いパートナーと協力し、これまでにない事業機会の創出を視野に入れながら、多角的な思考をすることが求められる。従来の、製品中心の企業戦略は大きな転換を迫られるだろう。

製造業では過去数十年にわたって、会社の価値、イノベーションを起こす力、顧客との関係の良し悪しは、ひとえに企業努力にかかっていたと言っていい。しかしこれからは、個々の企業はエコシステムの一部にならざるをえず、そのなかでどのように他社と協力していくかが、成功を大きく左右する。

エコシステムの力がなければ、ブレークスルーを起こすイノベーションや、破壊的成長の機会は得られない。また、これから生き残るために必要な価値を生み出してくれるのは、国や分野を超えたパートナーシップと、開かれたネットワークを活用した新しい事業モデルだけだ。

つまり、製造業では、どの企業もエコシステムを避けて通れない。企業は、何よりもまず、成果志向の顧客に向けた新製品やサービスの開発という共通の目的のもと、エコシステムの一部としてパートナーとのネットワークを築かなければならない。

そして次に、これはすべての企業に必須というわけではないが、自社の製品がプラットフォームの一部を形成するように仕向けることで、それらの製品を、これから登場する、さらに高い価値を生み出すプロダクトセントリックなエコシステムの核として機能させることができる。

そもそもエコシステムとは何か？　なぜ必要なのか？

エコシステムとは基本的に、成長やイノベーションの促進という共通の目的を持って、戦略的に形成された企業間のオープンなネットワークの集合体である。この意味において、エコシステムは企業の競争力の源泉となるネットワークだ。また、エコシステムは、国や業種の枠を超えて、幅広い参加者（協同組合やサプライヤー、その他の機関、さらに、顧客やステークホルダーなど）を包み込む、新しいアイデアの生成装置だとも言える。

エコシステムのなかでは参加者全員が、イノベーションを加速させ、能力を補いあい、よりよい結果を出すために、連携、協力する。それによって、単なるモノとしての製品ではなく、より複雑な「成果」を求めるようになった顧客や市場に、俊敏に対応することも可能になる。

通常、エコシステムは、中心となるパートナー企業が持つ知的財産を核に、ハードウェアと数種類のAPIを組み合わせて、XaaSの形で、特定の市場と業界をまたぐ広い市場の両方に提供される。このようなエコシステムは、これからの企業にとってのいわば「神経組織」であり、事業という「肉体」を動かすにあたって欠かせないものだ。

製造業大半の企業は、境界線のはっきりした従来の世界に慣れている。そこでは、知的財産や知識は社外に漏れないよう厳密に管理され、あらかじめ決められた分野の枠をはみ出ることは、危険で、自社の価値を毀損する可能性のあるイレギュラーな行動だと見なされていた。

だが、デジタルテクノロジーの出現によって、この古い世界を区切る境界線は無用の長物となった。予測もつかない方向から攻撃者（それは既存のライバル企業かもしれないしスタートアップかもしれない）が現れ、新たな技術を使って、あっという間に市場を席巻することが可能になった。

もしデジタルテクノロジーがなければ、アップルは、銀行が独占していた決済マーケットに参入できなかっただろう。BMWがモビリティ市場に参入して、業務用自動車のレンタルサービスを提供できたのも、大きな先行投資なしにそのビジネスモデルの実現を可能にするアプリケーション技術の存在があってこそだ。携帯電話の事業者たちは、テクノロジーの力を使って、ビザやアメックスのようなカード会社、さらには銀行を含む従来の金融機能すべてを代替しようとしている。いまやスマートフォンは決済装置でもある。

デジタル技術がユビキタスになるというのは、企業がほとんど予算をかけずに、いつでも、異なる業界の市場に革命を起こせる可能性があることを意味する。テクノロジーは従来の業界の区分をあいまいにする。デジタル世界の競争では、参加も撤退もハードルが非常に低くなる。

たとえばホテル業界では、２００８年に創業したばかりのエアビーアンドビーが、２０１３年11月の時点ですでに最大手となり、従来の企業はビジネスモデルの見直しを迫られている。アジアではディディ（打車）やオラ（Ｏｌａ）といった企業が人々のタクシーの使い方を変えたことで、規制が厳しく動きの少なかった従来のタクシー業界を根元から揺るがしている。そして、中国のシャオミはたった4年で、世界で3番目に大きな携帯電話メーカーに成長し、大きな存在感を示した。(注1)

同様に、製造業でも大きな変化が起きる。市場の流動性が高まり、顧客は、専門性の高いニッチなニーズを満たすハードウェアだけではなく、そのハードウェアの使用による「成果」の担保まで含めたサービスを求めるようになる。逆に企業側は、こうしたサービスをデザインし、市場に供給するため、必要な能力を持ったパートナーを探さなければならない。

この変化は不可避である。なぜなら、複雑なハードウェアとソフトウェアによって支えられる「成果」は、いくら大手であろうとも、単独の企業が保有する技術だけで開発しうるものではないからだ。各企業の経営者は、顧客に価値を提供する一連の流れのなかで、適切なパートナーを探さなければならない。たとえそれが、競合他社や、サードパーティーベンダーであったとしてもだ。逆に、こうした企業とのつながりからは、いままでにない発想が生まれるというメリットもある。さらに自社の企業文化の刷新や、個々の従業員の意識改革も、パートナーとの協力をスムーズにし、イノベーションを起こすための必須要素である。

新しいパートナーとのネットワークや広いエコシステムに、自社を組み込むことができなければ、イノベーションには弾みがつかず、利益につながらない。逆に言うと、これさえうまくいけば、コア事業に投資する余裕も出てくる。あとはそれを土台に新しい事業を発展させていけばよい。

ただ、エコシステムの様相は複雑で、時間とともに大きく変化する。そのため企業には、未来について複数のシナリオを検討したうえで参加型モデルを開発し、実行に移せる能力がなければならない。さらに経営者には、複数のエコシステムのなかで会社を安全で効率的に運営する手腕が求められる。現在のところ、企業の大半は、準備がまだ整っていない。しかしこれらの能力はこれからの製造業には必須となる。

スタートアップ企業を活用する

よいアイデアの利点を生かすには、素早く実行せよ

イノベーションを起こす能力は、スタートアップ企業の命であるとともに、市場開拓にも大

きな力を発揮する。成功する企業はすばらしいコンセプトを持っているだけでなく、それを形にしてターゲットとなる市場に売り込む力がある。アイデアは大切だ。しかしそのアイデアは、市場のニーズを満たし、クライアントやエンドユーザーに価値をもたらすものでなければならない。どれか一つでも欠ければ、そのスタートアップは倒産の憂き目に遭うだろう。

スタートアップは、あなたの会社が望むビジネスを実現させるための裏方であり、その事業を前に進ませるエンジンでもある。また、スタートアップには、その情熱と才能をニッチなニーズへの価値提供に集中させるという特徴がある。多くの場合、ベンチャーキャピタルの投資を受けているため（つまり、他人の資金を使っているため）、すぐに利益を上げなければ生き残れない。そのため、事業を実行する速度はきわめて速い。大きな組織のように煩雑な手続きに縛らず、またイノベーションや市場開拓のために使える資金は、競合する大企業の一部署が動かせる額をはるかにしのぐ。適切なスタートアップと協力するメリットは明白だ。

その問題を解決してくれるスタートアップはすでに存在する

世界には非常に多数のスタートアップがあり、数千億ドルもの資金が投資されている。B2CやシリーズAに達していない企業を除いても、IoT、人工知能、ブロックチェーン、ロボット工学とオートメーションをはじめとするインダストリアル・インターネットテクノロジーの分野には、数え切れないほどのスタートアップが存在する。さらに、ヘルスケア、オイル・ガス、輸送、公益サービスなど、特定の業界を専門にするスタートアップもこのリストに加わるため、イノベーションの供給はすでに十分だと言える。

この状況から考えると、現状の問題点の大半については、すでにどこかのスタートアップが解決策を見つけている可能性が非常に高い。ただ、デジタル技術の真価は、まだ企業自身がまったく気づいていないか、あるいはぼんやりとしか認識していない問題に対しても、対策を打てることにある。データ分析によって、私たちは、自分がこれまで気づいていなかったものの存在に気づくことができる。

とはいえ、どちらにせよほとんどの場合、求めている解決策はすでに存在する。適切なスタートアップと協力できれば、自社の製品や事業の開発チームを、包括的なソリューションの実行とブランドづくりに専念させられる。

さらに、社内で強い影響力を持ち、多くの資金を動かす力のある役員がオープン・イノベーションのコンセプトに賛同してくれれば（そしてそれが、「イノベーションのためのイノベーション」ではなく、成果を重視するものであれば）、スタートアップとの協働はさらに実り多いものになる。とにかくまずは、自社にとって何が問題なのかを発見することだ。あとはそれを解決してくれるスタートアップを探せばいい。

従来の自社独力の研究開発は時間がかかるうえにコストもかさみ、スタートアップの脅威にはもはや対抗できない。だが、多数のスタートアップを含むエコシステムを活用したオープン・イノベーションを取り入れれば、デジタル時代においても、企業は改革者としての役割を果たすことができる。スタートアップとの協力で得た利益をもとに、企業は従来の枠を超えた、

さらに大きな存在へと成長するだろう。(注2)

国際的な自動車メーカーはどのようにエコシステムをつくったか

乗用車はすでにコネクテッドプロダクトの未来の方向性を強く指し示している。1年に数百万台を販売する大手自動車メーカーのケースを見てみよう。

2013年、進化の早いコネクテッド・カー市場の流れに乗り、顧客のニーズに沿ったスマートプロダクトを提供するため、同社はヨーロッパで、ドライバー向けのデジタルサービス（インフォテインメント、ナビゲーション、メンテナンスなど）用プラットフォームを発表した。狙いは、顧客志向のサービスの提供と、製品の品質向上だった。

このプラットフォームはまたたく間に普及し、いまではヨーロッパ20カ国、5億台の車にさまざまなデジタルサービスを提供するとともに、同社にとっての貴重なデータソースとなっている。現在、同社の中心ブランドのすべての新車に、このプラットフォームが標準装備されている。しかも顧客は購入後の数年間、無料でサービスを使える。

このプラットフォームをオンラインで、いわゆる「SaaS」として提供できるようにするためには、多くのパートナー企業からなるエコシステムが必要だった。同社は、大手携帯電話会社の力を借りてコネクティビティを確保し、さらに、サービスのコンテンツづくりのためにナビゲーションシステムの専門企業の協力も取り付けた。

ドライバーはこうしたサービスを、7インチのタッチスクリーンや、ハンドルについたボタン、あるいは音声操作で使用できる。

マーケティングの観点から見れば、このプラットフォームは顧客志向だと言える。しかし同時に、企業にも多くのメリットをもたらした。たとえばそこから集まるデータは、すでに、製品保証にかかるコストを低く抑えたり、新事業のアイデアを創出したりするのに役立っている。また、ゆくゆくは、プラットフォームを基礎として、完璧な予知保全も可能になるだろう。さらに将来、同社は単にハードウェアを製造するだけでなく、車やドライバーのデータを製品として扱うようになるかもしれない。

同社では、プラットフォームがつくったデジタルバリュー・チェーンを、保険や支払いサービス、オイル業界などほかのエコシステムにも広げていく予定だ。これによって、同社は従来の車中心、ハードウェア主導のビジネスモデルから、プラットフォーム中心、データ主導のビジネスモデルに移行していくだろう。

エコシステムを形成する――その具体的方法

エコシステムが持つ一番の力は改革力である。スタートアップ企業のような高度な専門性を持つパートナーの協力を得ることで、従来の縦割り部署による研究開発よりも、はるかに効率的なイノベーションが可能となる。

図９‐１は、有益なエコシステムを形成し、それを改革の基礎として活用するために実行すべき手順のリストである。

これまで、事業を立ち上げて、グローバル市場で成長のチャンスをつかむには、戦略の立案からプロジェクトの実行まで、社内で縦の流れをつくる必要があった。これからは、その流れを横、つまり社外に広げ、時には地元の中小企業を含む多くの会社と、積極的に協力しあうことが求められる。

国をまたぐビジネスのかじ取りはますます難しくなる。なぜなら、企業は、いままで以上に俊敏、柔軟かつオープンで、ほかの会社と協力できる現場感覚を持った組織に生まれ変わる必要があるからだ。人や技術、戦略を含めた組織全体が変わらなければならない。

経営者はまず、「これからの会社の役割は製品やサービスの提供ではなく、顧客がよりよい成果を上げるためのサポートである」ということを社内で宣言して、改革への道筋を示す必要がある。まずは、すべての階層の従業員が、エコシステムをつくるための戦略にコミットできる体制を整えなければならない。

そして、従業員のみならず、社外のパートナーや顧客とのやりとりを可能にする、包括的なコミュニケーションテクノロジーの導入も必須だ。

うれしいことに、調査によると、すでに78パーセントの経営者が、新しい分野での成長戦略

得られた教訓	
明確な方向づけをする	• エコシステムの形成を成功させるには、4、5年後の明確なビジョンが必要。
役員の協力を得る	• 経営陣のなかに、権力があり、かつ協力的な役員がいること。 • 意思決定や問題解決を迅速に実行できるプロセスがあること。
経営陣が主導権を握る	• 経営陣はたとえば、エコシステム内の潜在的な参加者の特定や、エコシステムへの参加の促進など、戦略的にパートナーシップ獲得を進めなければならない。
複数の指標を持つ	• エコシステムにおける戦略的パートナーシップの成果を測るための指標を複数設定する。売り上げだけで評価を下してはならない。
とにかくチャネルを重視する	• 組織の上から下まで、持っているチャネルを最大限に活用して、クライアントの問題への対処から業界各社との交渉、事業の運用まで、包括的なアプローチで実行しよう。
ソリューションのロードマップを設定する	• いきなり複数のソリューションを組み合わせた大きな計画を立ててはならない。改革に着手する前に、クライアントや業界の中小企業などの協力を得て仮説を検証する。そして、投資を取り戻すために規模を拡大する前に、もう一度やり方が正しいか見直すこと。 • 概念実証(POC)ソリューションを顧客との契約の一部として検討する。
進出すべき地域を絞る	• リソースを初期の段階で分散しすぎないこと。 • グローバルサポートチームの力を借りて、進出すべき地域に優先順位をつける。
短期で結果を出す／動きながらチャンスをつかむ	• 短期で結果を出し、改革の勢いを維持するとともに、組織内での意思を一つにする。
柔軟な業務モデルを設定する	• 市場に素早く反応するため、柔軟性のある業務モデルを設定する。 • 共同開発のパフォーマンスを常に評価し、プロジェクトの管理プロセスを設定する。
経営を変える／文化を一つにする	• 業務であろうと、指標であろうと、意識であろうと、チームで一つのものを共有するという考えを持つ。 • エコシステムにおける戦略的パートナーシップは、社内に新しくできた部署のように取り扱う。 • エコシステムにおける戦略的パートナーシップを、将来の結果につながる高付加価値の活動に集中させるためのビジョンを持つ。

【図9-1】効果的なエコシステムをつくるために必要な要素(注3)

の必要性を実感しており、戦略提携やジョイントベンチャー、あるいは買収を通した、企業体制の変更を視野に入れているようだ。

さらに、過去3年間の業績で考えても、同業他社を上回った全体の3分の2の企業は、残りの3分の1に比べて、社員に外部のステークホルダーとの関係構築を推奨する傾向が強かった。これは注目に値する事実である。

オープン・イノベーションは、現行企業とスタートアップをどのようにつなげるか

オープン・イノベーションが、企業内外のアイデアを組み合わせやパートナーの力によって、改革を起こし、事業を前進させ、企業の持つ技術を市場に出すための仕組みであることはよく知られている。

アクセンチュアではこれを一歩進めて、イノベーションを加速させるための方法論を用いた「サービスとしてのオープン・イノベーション」を提供している。狙いは、製造業の既存企業の業務効率を向上させるとともに、それ以外の業界に存在するスタートアップ企業のエコシステムと協力してビジネスの成果を加速させることだ。

このプロセスには以下の三つの段階がある。

1　コンセプトを定義する

まずは事業の目標を立て、デザイン・シンキングのアプローチを通じて、想定しうる問題やビジネスチャンスをピックアップする。

その後、問題点を絞り込み、それを解決するためのアイデアを検証するための最小限の機能を持った製品（ＭＶＰ）に落とし込み、アーリーアダプターを満足させるために必要な要素を特定する。併せて、イノベーションの目的をさらに具体化させ、どのような状態を目指すのかを決める。

さらに、ＭＶＰを作成できる能力を持つパートナー企業を探し、コンセプト提案の青写真も作成する。

2　実現可能であることを証明する

次に、ラピッド・プロトタイピングを行う。提案したコンセプトの実証（ＰＯＣ）に資金が投入され、イノベーション担当のチームはスタートアップにいるユーザー体験の専門家たちと連携を開始し、マーケティング部門の主導によって、プロトタイピングを速やかに実行する。

ここでは、コンセプトの実現可能性を証明するとともに、実際のビジネスとしてどのような形で市場に出せばいいのかを分析する。その際、重要業績評価指標（ＫＰＩ）も設定し、目標とする結果が達成できるかを測る。

大切なのは、いまつくろうとしているソリューション──つまり、スタートアップの技術やその他の要素の組み合わせが、前の段階で決めた目的に沿うものなのかを確認することだ。使おうとしている技術が、狙い通りの結果につながるかどうかは、この段階の確認作業にかかっている。

3 実行する

ついにソリューションを市場に出す時がやってきた。受け入れられるかどうかは、その時の市場の環境や、エンドユーザーの反応、ソリューションの統合性、相互運用性、規模など、さまざまな要因に影響される。

一気に展開するのではなく、まずは一部のユーザーに対して段階的に提供を始めるのが普通である。この時、目標とする数字や規模に届きそうか判断するためコストや利益などを見ておくのも重要だ。

そのあと、マーケティングや社員のトレーニング、社内の業務プロセスと合わせて、ついにソリューションを市場で全面的に展開する。ここまでくると、スタートアップが行う作業は前の段階よりも少なくなっているが、それでもソリューション全体にとっては依然として鍵を握る存在だ。なぜなら、スタートアップは、アイデアだけを提供するのではなく、そのアイデアが市場のニーズに沿っているか、あるいはユーザーに価値を与えるかどうかを決める際にも重要な役割を果たすからだ。

プラットフォームが呼び起こす力

本章の冒頭でも強調したように、製造業のすべての企業にとって、エコシステムの一部となることは生き残るための必須条件である。ただ、それは、自社の製品の周りに、必ずプラットフォームを形成しなければならないという意味ではない。すべての企業にこれを求めるのは不可能だ。しかし、プラットフォームを形成した企業こそが、これから訪れる成果型エコノミーのもとで勝者となるのもまた事実である。サービス主導のＩＩｏＴプラットフォームが、数多くのビジネスエコシステムの中心となって、新時代の製造業を支配するのは間違いない。広範かつ複雑なビジネスのダイナミズムからは、多岐にわたるコミュニティーやパートナーシップが生まれ、革新的な製品やスマートサービスの組み合わせによって、多くの価値が創造される。

こうした新しいビジネスモデルが、企業にもたらすメリットは明らかだ。プラットフォームは業務効率を飛躍的に向上させ、業務の拡大をスムーズにし、イノベーションのスピードとクオリティーを上げる。さらに、データ分析能力を向上させることで、よりよい顧客体験を提供可能にする。

現在、グローバルな規模のプラットフォームを持つ企業はすでに１８０社ほど存在し、そのネットワーク全体を合計した価値は4・3兆ドルを超える。こうした傾向はさらに加速している。2018年までに、企業の半数以上がプラットフォームを形成するか、あるいは、製造業向けのクラウドプラットフォームを採用する予定だ。(注4)

この複雑な事業構造の詳しい分析に入る前に、まずはすでに稼働するプラットフォーム製品とエコシステムの具体例を見てみよう。製造業の企業にとっても大いに参考になるはずだ。

アップルはまさにロールモデルだと言っていい。このシリコンバレーの巨人は、長年にわたって多くのデジタルプラットフォームを開発してきた。既存の音楽業界に破壊的な効果をもたらした iTunes などはその一例である。ただ、やはり最も先進的なのは、スマートフォン関連のプラットフォームだろう。(注5)

では、このプラットフォームはどのような要素で構成され、そのような方法で価値を生むのだろうか？

まず、一番重要な構成要素は、その優れた設計によって、世界的な人気を獲得したハードウェア製品――つまり iPhone だ。全世代を合わせると現在までに10億台以上販売され、プラットフォームをつくるための強固なハードウェアの基盤となった。

そして二つ目の要素は、アップルがサードパーティーに、iPhone のＯＳで動くアプリの開発、販売をを奨励したことだ。これにより、アップルと世界中のソフトウェア開発業者の間にネットワークが生まれ、消費者のあらゆるニーズに応えるアプリが多数開発された。市場に出たアプリの数はすでに200万を超えている。(注6) アップル単独では実現不可能な数字だ。

三つ目の要素は、ソフトウェアデベロッパーがアプリの開発、販売を行う場として、アップルが2008年にスタートさせたアップストア（App Store）だ。その目的は、アプリの販売から得た利益を、プラットフォームやエコシステム内のパートナーたちに分配することだけではない。App Store は、アプリの品質やデザインを監視し、一定の水準を保つツールであり、ことが可能。それを使って iPhone の評判を守り、価値を生むシステムを回し続けることができる。

ここで重要なのは、アップルが顧客志向のパワフルなプラットフォームを通じて、一企業の限界をはるかに超える幅広い領域から、知識や工夫を取り入れていることだ。集まった知識と独創性は、アップル内部の優れた専門技術と融合したうえで市場に投入される。エコシステムのパートナーともに価値を創造し、利益をシェアする。

世界中に普及したハードウェアによる物理的な土台が、アプリを開発するサードパーティーを引きつけ、開発されたアプリがハードウェアを消費者にとってより魅力的なものにする。こうした好循環によって、プラットフォームは自ら成長していく。

そしておそらく、こうしたプラットフォームは製造業にも現れるはずだ。

取引の中心地からイノベーションのエンジンへ

アップルの例からわかる通り、ネットワークのダイナミクスから起こる相乗効果によって力を吸収し、自発的な成長を始めるのがプラットフォームの大きな特徴だ。

厳密に言えば、すべてのプラットフォームがデジタルデータのハブとして設計されているわけではない。しかし、大半のプラットフォームはインターネットを介して、大量のデータとのコネクティビティを利用している。逆に言えば、プラットフォームが「臨界点」を突破して、ユーザーを次々と引きつけ、価値を拡大させていく好循環を始動させるには、このようなネットワークの特質を生かすことが必要不可欠だ。

初期プラットフォームの基本形は、純粋な市場原理による取引の場である。一番わかりやすい例は、アマゾンやイーベイなどのオンラインマーケットプレイスだ。また、中国のｅコマース企業のアリババや、ホテル業界のエアビーアンドビー、タクシー業界のウーバーが提供しているプラットフォームにも、同じように市場原理が働いている。

特にアマゾンのライバルである中国のアリババのプラットフォームでは、現在、年に１２７億回の取引が行われている。(注7)

純粋な取引の場としてのプラットフォームが成熟すると、次は、新しいイノベーションの種となるアイデアが交換され始める。アップルの開発者向けプラットフォームや、現在、製造業の企業が使っているプラットフォームがこれに近い。この段階にいたると、イノベーターたちの相互のやりとりを通して、新しい製品やサービスのアイデアが自然と洗練され、次々と製品化されるようになる。ここではプラットフォームがすでにエコシステムの一部になっている。

そして、商取引とアイデアの交換という両方の要素が、理想的な割合で組み合わさった時、プラットフォームは真の力を発揮する。

アップルが築いた、柔軟で拡張性のあるソフトウェア開発者のネットワークは、理想のプラットフォームであると同時に、ほかの分野にもそのまま応用できるロールモデルでもある。なぜなら、車や飛行機、あるいは調理家電においても、ソフトウェアが果たす役割が非常に大きくなっているからだ。今後、ソフトウェアは、こうしたハードウェア製品の価値を支えるとともに、新たなイノベーションの源泉となる。

プラットフォームの指揮者であるアップルと、そのエコシステムのパートナーたちの間に築かれた動的なネットワークを見れば、この意味がわかるはずだ。そこでは永続的かつ迅速なイノベーションが確約されている。なぜなら、プラットフォームとなる製品を中心に、無数のソフトウェア開発者やマーケターが、利益を上げようと常に全力で活動を続けているからだ。これ以上にアイデアが生まれやすい環境はないと言っていい。これから製造業の世界でプラットフォームをつくろうとしている企業にとっての目標は、アップルのように、複雑なエコシステムを制御し、そこから生まれてくるアイデアを選別する存在になることだ。

たとえば、鉱業セクターを顧客とする重機メーカーは、鉱業用トラックを制御したり、貨物列車に積み込む鉄鉱石の重量をチェックしたりするためのアプリケーションを、外部の開発業者につくらせるようになるかもしれない。あるいは、機械や家電のメーカーが、収益アップを目的に、自社製品をプラットフォームとしてサードパーティーのソフトウェアやハードウェアの開発企業に解放するかもしれない。

最後に、もう少し一般的な視点から一つ言っておきたい。それは、エコシステムは、決して固定されたものではないということだ。パートナー企業は、ニッチなニーズを満たすために、戦略的なプライオリティーに従ってエコシステムに参加している。そのため、エコシステムは本質的に動的であり、環境に合わせて変化する性質を持っている。そしてこの性質があるからこそ、企業は、ターゲットとする顧客のニーズを満たすための能力を、外部の複数のパートナーから調達して、必要に応じて自由に組み合わせることができる。エコシステムの活用が企業単独による能力構築に勝るのは、その動的な性質のおかげである。

「神経組織」としてのプラットフォーム

ＧＥやシーメンスのようなものづくりの大手は、製造業向けの強力なクラウドベースのプラットフォームの提供（あるいは開発）をすでに始めている。顧客企業は、これを導入すれば、すべてのハードウェアにソフトウェアの「神経組織」を張り巡らせることができる。

こうした産業用プラットフォームの市場はまだ発展途上だが、すぐに大きくなるのは間違いない。データの収集、モニタリング、意思決定のためのアナリティクスだけでなく、業務プロセスや機器の能動的な制御も、最終的にはプラットフォームを通じて実行可能になる。

そのため、これまではまとまりがなく縦割りの構造だった製造業が、プラットフォームの導入によって初めて、すべての部門の業務プロセスを一カ所で管理できるようになる。業務の透明性や、効率も飛躍的に向上するはずだ。

GEのIIoTプラットフォーム、「プレディックス（Predix）」を例にとってみよう。これは、アセット（製造設備や機器）をネットワークに接続してデータの収集や分析を行い、そこから得た知見のフィードバックによってインフラの有効活用や業務の効率化を実現するするためのアプリケーションを構築できる、オープンアーキテクチャの産業用OSである。すでにGEだけでなくほかの企業にも配備されているプレディックスは、さまざまな用途を想定して設計されている。GE内部ではエンドツーエンドで全工程のデータをここに統合している。顧客はプレディックスを通して、GE製機器のより効率的な使い方やメンテナンスの方法を学べる。さらに、サードパーティーの企業は、プレディックスをIIoTプラットフォームとして、自社製品の開発に活用できる。

構造が複雑なビジネスでもプレディックスがあれば、一つの管制塔からの集中管理が可能だ。経営者は、特定の部署の業務を、必要な時に、まるでエックス線検査でもするように詳細に調べることができる。業務のレスポンスはきわめて機敏になり、メンテナンスサイクルは最適化され、それに伴ってコスト効率も向上する。

すでに興味深い応用例がいくつかある。フルスケールでデジタル化され、多くの工程が自動運転になっているラテンアメリカのある鉄鉱山では、業務のほとんどがオーストラリアにあるオフィスからの遠隔操作で行われている。採掘現場でデータを収集してくれるソフトウェア・プラットフォームがなければこのようなやり方は不可能だろう。もちろん、コストの面でも大きなメリットがある。

シーメンスが提供する「マインドスフィア（MindSphere）」も、同じような目的でつくられたプラットフォームだ。これは、作業現場のフロアに点在する機械設備や装置を、接続するコネクターボックスにひとまとめにしたようなシステムである。センサーや機器を通じて収集したデータをとりまとめ、クラウドに送信し、分析、可視化したうえで、経営判断に生かせるようにする。

汎用性が非常に高く、複数の分野の広い用途に使用できるのも、このような産業用プラットフォームの特徴だ。たとえば、空港にある預けた荷物を運ぶベルトコンベヤーのような比較的シンプルなものから、大手自動車メーカーの工場で稼働する複雑な組立ラインまで、幅広い装置に使用できる。また、研究開発と顧客サービスのような遠く離れた部署が、同一のシステムに、同じやり方で接続できるようになる。

さらに、このような、サービスとして提供されるプラットフォーム（ＰａａＳ）は、クラウドを通じてデータベースに接続されているために拡張性が高く、データ分析の効率も飛躍的に向上させる。これによって、企業は予知保全など、新スキーム導入のコストを下げ、そこから十分な効果を上げることが可能になる。

シュナイダーエレクトリックやトルンプなどの企業も、すでに独自の産業用ＰａａＳを開発しており、将来的にはその周りを囲む、広範囲にわたるパワフルなエコシステムの創出を狙っている。また、ＩＢＭやマイクロソフトをはじめとするソフトウェアベンダーも、産業用プラットフォームの分野に参戦しつつある。

重要なのは、プレディックスやマインドスフィアのようなプラットフォームにはいずれ、専用のアプリケーションストアが開設され、ソフト開発者やパートナー企業からなるエコシステムが生まれることだ。企業はソフトウェア・ドキュメンテーションを外部の開発企業に提供し、データ分析や、マテリアルフローの管理ツール、位置情報システムなどの典型的なビジネス・アプリケーションを個々の顧客に合わせた形で開発、提供する。要するに、産業用のプラットフォームは、アップルのロールモデルのように、徐々に幅広いエコシステムの中心になっていく。

近い将来、エンジニアリング企業や重機メーカーは、自社の製品やデータに関連した、独自のプラットフォームとマーケットプレイスを持つのが当たり前になるだろう。たとえば、ドイツのコンクリートポンプメーカー、プツマイスターでは、従来のようにポンプを販売するだけでなく、ポンプの使用をサービスとして提供する計画を立てている。(注8)

これからは、製品のユーザーが情報をシェアすることで、エコシステム全体が利益を得るようになる。たとえば、シェアされたデータを使って、機器の設定にかかる時間や、材料の消費量、機械の各種パラメーター、消費エネルギーなどを最適化したり、事故やダウンタイムの原因を取り除いたりすることが可能になる。

つまり、蓄積された機器の使用データは、エコシステム参加者全員に価値をもたらす。もしくは、プラットフォームの主催者が、データの一部を有料化として新しい収入源にすることも十分にありうる。

プラットフォームの三つの段階

産業用プラットフォームの主たる目的は、情報のやりとりを効率化するハブを提供して、経済的、あるいは知識的な交流を活性化させるエコシステムをつくり出すことだ。具体的には、業界の垣根を越えてパートナーシップを促進し、企業同士の相乗効果を引き出すのが、プラットフォームの最も重要な機能だと言える。

プラットフォームが成熟するまでには、主に三つの段階がある。

1　コネクテッドプロダクト

製造業では、どのプラットフォームも製品、あるいはいずれかの工程に関わる機械が、ネットワークを創出する機能を持ち、さらに「スマート化」されるところからスタートする。iPhoneの場合と同様に、この条件がそろって初めて、製品はソフトウェアベースのサービスを提供するプラットフォームになる最初の関門をクリアしたことになる（第4章で取り上げたビエッセグループのケースも同様）。ここで言う「スマート化」とは、製品自体に、製造や使用に関する情報を保存し、データを生成して企業にフィードバックする機能がついていることを指す。企業はそのデータを既存の物理的プラットフォームの運用に適用することで、製品や製造工程を改善できる。この製品と企業のつながりこそが、製造業のソフトウェア・プラットフォームの第一形態であり、このあと、プラットフォーム中心の経済に移行した時の土台となる。そして、スマートプロダクト自体も新たな物理的プラットフォームとして機能するようになる。たとえば現在、車がすでにインターネット上のノードとしての機能を備えているように、将来的には工場にある機械もウェブと接続され、同じ役割を果たすようになる。(注9)

2 スマートサービス

プラットフォームの運用が始まると、製品から送られるデータを分析ツールでフィルタリングして、価値ある知見を引き出せるようになる。さらにそれをサードパーティーのサービスプロバイダーと共有することで、製品を中心にスマートなサービスが展開されるようになる。さまざまな機器や製品を中心に広がる、この第二形態の産業用プラットフォームは、それぞれがリンクすることで、その両側にいる当事者——つまり(サードパーティーを含む)企業とユーザーの双方に、さまざまな場所から集まった知識や経験、いわゆる「集合知」を提供する。これによって、ソフトウェアベースのサービスはさらに加速する。

3 システムのなかのシステム

そして三つ目が最後のステージである。最終形態になったプラットフォームは、モノやサービスのとりまとめ役として、参加者全員に多くのサービス機会を提供する。これまでとの最も大きな違いは、これらのスマートサービス・プラットフォームは、物理的な資産、特定のブランド、製品とは直接の関係がなくなっていて、あたかも独立した事業体を形成しているかのようになっている。これはちょうど、ウーバーが個々のデータソース、つまりタクシーのドライバーや彼らの運転する車の所有権を持たないままに、移動手段を提供する独立のプラットフォームとして機能しているのと同じだ。製造業では、たとえば、建設現場に適切なタイミングで、建築資材、作業員、ツール、重機などを提供できるようにサービスを組織化する企業が出てくる可能性がある。重要なのは、プラットフォームへの参加者が増えるごとに、新たなサービスの機会が生まれるということだ。

この3段階のロードマップでは、ソフトウェア定義プラットフォームが、最終的には、種類の異なるハードウェアのシステムやサービスを統合して、製造業にまったく新しい価値を生み出し始める。

つまり、ソフトウェア定義プラットフォームスマートサービス・プラットフォームと（ここにはオンラインでのマーケットプレイスやアプリストアが含まれる）そこに組み込まれたエコシステムこそ、未来のグローバル市場における競争の鍵なのである。

注目すべき点はほかにもある。まず、これから企業は、プラットフォームのゲームのなかでどの役割を担うかの選択を迫られる。すなわち、サービスの提供者なのか、オペレーターなのか、あるいは全体の統制役なのか。さらに、自社の製品をプラットフォームにどの程度密接に連動させるのかも重要な要素だ。オープンにするのか、それとも、ソースコードを公開せずあくまでも付加的な活用にとどめるのか。

また、このロードマップからは、デジタル化された製造業では、競争という概念がこれまでとはまったく違ったものになることも伝わってくる。同じ業界のなかで、企業同士が製品の質を競いあうという従来の図式はもう成り立たない。未来の世界では、複数の企業や経営者をメンバーとする、プラットフォームやエコシステムという「チーム」同士による、競争が行われる。すでに、アップルのiOS対グーグル率いるアンドロイド連合軍との間で戦いが起きている。

ただし、製造業においては、プラットフォームの中心になるのはあくまでも製品だということは覚えておこう。

新しいビジネスモデルに向けて段階的に組織を変化させる

プラットフォームとそれに関連するエコシステムの運用は、あらゆる境界線をぼやけさせ、枠を押し広げる。これは企業の内側だけでなく、外側に対しても起こる。従来の組織構造や企業慣行が大きな影響を受けるのは間違いない。

ここでは、従来のマネジメント手法からの脱却した特別な経営が求められる。コア事業の力を保ったまま、新しいデジタル事業に踏み出すための準備をしなければならない。

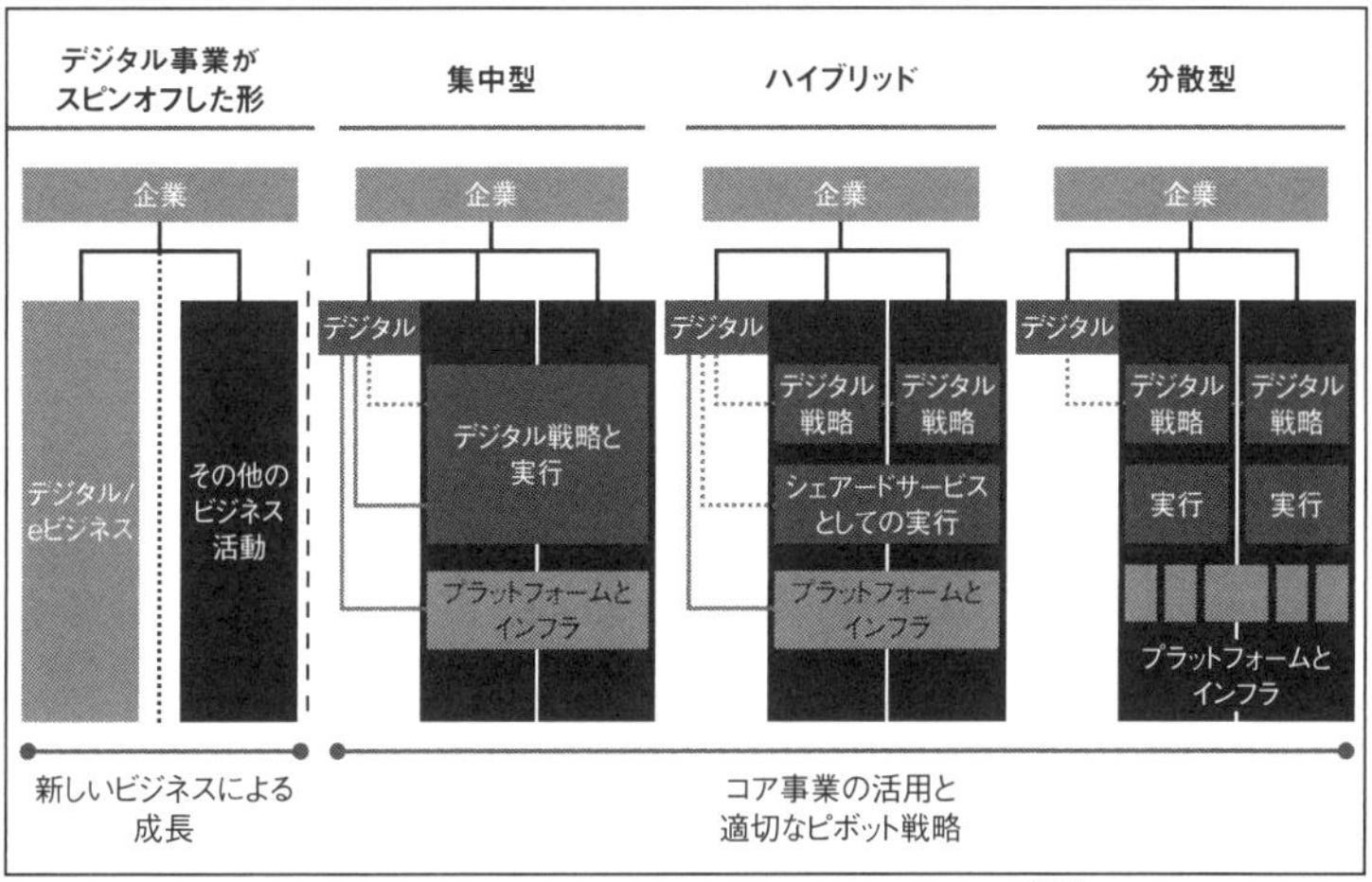

【図9-2】新しいビジネスモデルに向けて、組織構造を変化させる(注10)

しかし、垂直的で境界線の明確な指揮系統と、サイロ化したデータフローを必要とする従来の事業を継続しながら、同時に、新しいビジネスモデルのためのエコシステムを創出（あるいはエコシステムに参入）するのは、決して簡単ではない。この困難な作業を、企業は具体的にはどう進めていけばいいのだろうか？

手順の全体像を図9‐2に示した。ここでは段階的な改革が必要になる。現在の中央集権的な組織構造を、まずは実行機能にデジタル戦略を取り入れたハイブリッド型に変化させ、次に分散型に移行する。そして最終的に、デジタル戦略と実行機能が、プラットフォームを使った特定の事業と強く結びついた形態を目指す。この段階にいたれば企業は、必要なリソースを手に入れるために、適切なエコシステムにいつでもアクセスできるようになる。

状況に合わせて、プラットフォームの規模や範囲、形態に変化させ、利益をパートナーと共有し、エコシステム内の不正行為を処罰する。こうした作業すべてを適切なタイミングで行うのが、プラットフォームビジネスのリーダーの役割だ。これはつまり、エコシステムによい習慣が根付くようなインセンティブを与え、時にぶつかり合う個々の参加者の目的や戦略をうまく調整するということでもある。

アセットヘビー対アセットライト

産業用プラットフォームの作成は、企業が慣れ親しんだ製品市場を離れて、幅広いエコシステムの市場に利益を求めることを意味する。すると、企業にとって、アセットライトなのか、アセットヘビーなのかが重要な意味を持つようになる。

典型的なアセットヘビーの企業——たとえば、産業機械という古くて巨大な市場に足場を置くエンジニアリング企業などは、おそらく改革に必要な資本を集めるのに苦労するだろう。なぜなら、事業の核となる産業機械の周りには、無数のデベロッパーやサプライヤー、外注企業、顧客から構成されるハードウェアのエコシステムがすでにできあがっており、その変化についていくだけでもかなりの労力が必要だからだ。

逆にエアビーアンドビーやウーバーなどに代表される、アセットライトなプラットフォーム運営企業の課題は、エコシステムの制御である。たとえば、自社で施設を持たないまま、宿泊のコーディネートだけを行うエアビーアンドビーでは、プラットフォームのパートナーつまり、

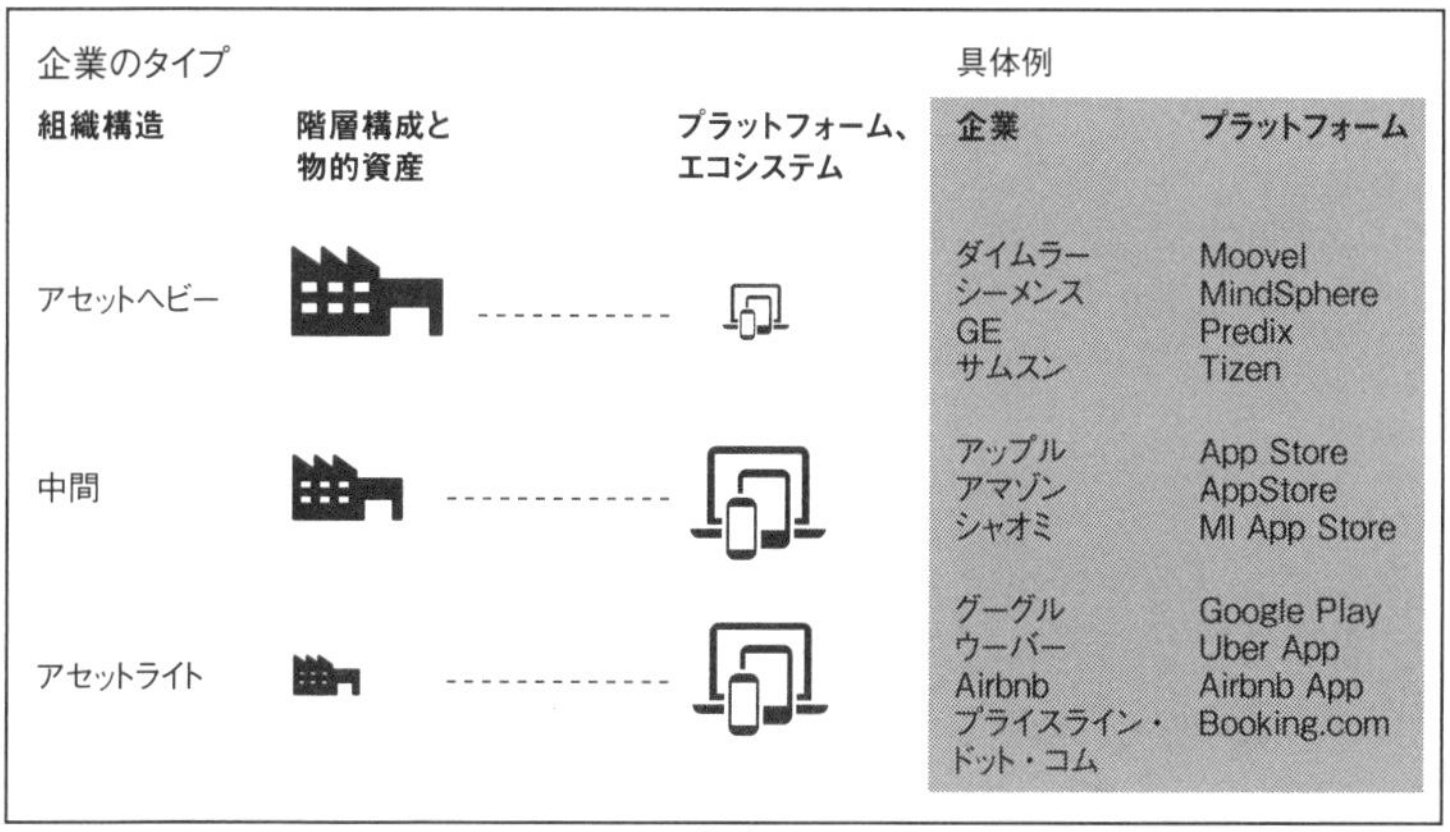

【図9-3】企業タイプ別のプラットフォーム（注11）

個々の部屋の持ち主が宿泊者に提供する環境を細かくコントロールできない。

そのため、アセットライトな企業は、ソフトウェアベースのマッチングメカニズムをつくるだけでなく、サービスを提供する人間を教育して、サービスの水準を安定させなければならない。今後の成功は、こうした事業のコントロールがうまくいくかどうかにかかっている。

製造業の大半は、アップルのような先進的なＩＴ企業も含めて、アセットライトとアセットヘビーの中間に位置している。たとえば、ドイツの自動車メーカー、ダイムラーは、コア事業の自動車製造を継続しながら、それとは関連性の低いカーシェアリングやその他のモビリティ・ソリューションなどの新事業にも積極的に投資している。いまのダイムラーの大きな目標は、レガシー事業の競争力を保ちつつ、規模や環境の面で変化を続ける新しいプラットフォームをつくるための資金と人材を確保することだ。（注12）

プラットフォームをつくる時に注意すべき五つのポイント

プラットフォームを使って常に利益を出し続けるには、最新の状態を保つための運営手法が必要だ。市場の変化に反応し、進化する技術を取り入れることができて初めて、プラットフォームはパートナーや顧客に大きな利益をもたらす。

では、どうすればプラットフォームの柔軟性を確保できるのだろうか。

以下に、成功に必要な五つの要素を示す。これらがそろった時、その相乗効果によって、プラットフォームは「臨界点」を突破することができるようになるだろう。

1 オープンであること

ソフトウェア・プラットフォームのエコシステムでは、ソフトウェア開発者が利用しやすいようにモジュールを標準化しておく必要がある。そして、エコシステムの参加者全員に重要な情報を共有するにあたって最も信頼性のある方法は、アプリケーション・プログラミング・インターフェース(API)であり、開発機能を持った産業用プラットフォームには必須だ。APIの導入は、モジュールの標準化だけでなく、柔軟かつシームレスなデータフローを実現する。さらに、プラットフォームの拡張性を高め、新しい機能を簡単に追加できるようになる。

もし、ソフトウェア開発者全員に共通のAPIを提供できれば、それぞれが協力して問題を解決し、バグに対処して、タスクをこなせるようになるだろう。

たとえば、中国のDHゲート・ドット・コムは、世界中の顧客との取引を可能にする、製造業向けの卸売りプラットフォームである。売り手として参加する企業は、DHゲートを通じて、物流やインターネット上での決済、イノベーションのツールなどの標準化されたサービスを提供するエコシステムを利用できる。DHゲートのメンバーになれば販売主導でものづくりに取り組めるので、利ざやが拡大し、取引サイクルが短縮し、プラットフォームが提供する強力な言語機能によって海外の顧客との取引を拡大することができる。一方、買い手側は、レベルの高いカスタマーサービスのおかげで、スムーズかつ安全に大量の品物を購入できる。信頼性の高いAPIをベースとしたモジュール方式でなければ、このような柔軟かつ効率的な取引プラットフォームは実現できなかったにちがいない。(注13)

2　柔軟な価格設定が可能なこと

従来のビジネスモデルでは、製品やサービスの無料提供は、経営陣にとって気乗りのしない戦略だった。しかし、プラットフォームビジネスという視点からすると、十分に魅力的な選択肢となる。需要側か供給側のどちらかが、もう一方にぜひとも参入したいと考えている状況においては、特にそうだ。企業は、市場からプラットフォームへ――つまり、これまでとは逆方向に流れる情報から利益を得ることができるため、従来とはまったく異なる基準による製品の価格設定が可能になる。ほかにもプラットフォームにはリアルタイムで変化する多くの要素が含まれており、そこからは柔軟な発想ができるだろうし、またそれが必要とされている。たとえば、製品そのものを無料《フリー》で配布し、高度な機能を使いたい場合には追加料金《プレミアム》を取る「フリーミアム」のようなやり方も、デジタル技術を使えば容易に実現できる。顧客が製品やサービスを使った時に、使った分だけ支払うペイ・アズ・ユー・ゴーの仕組みや、需要に合わせて製品の価格をリアルタイムで変化させる手法も可能だ。最近では、デジタル技術によるオペレーションモデルを最大限に活用して、柔軟な価格戦略をとるプラットフォーム企業が数多く出現している。

オンラインの取引プラットフォームである、イーベイはその典型だろう。リアルタイムで変化するオークション形式の価格設定こそイーベイのコアメカニズムだ。さらに、買い手が売り手を選ぶ「リバースオークション」の仕組みを提供するMyHammerやVasthouseなども同様だ。また、意外に思われるかもしれないが、空き部屋を宿泊施設として提供するエアビーアンドビーも、実はこうした価格戦略をとる企業の一つだ。同社が提供しているシステムには、各地域の需要に合わせて自動で宿泊料金を調整する機能が組み込まれている。また、ウーバーも、新興国でのタクシー料金の上限規制に、自社のレートを合わせる際などに、デジタルプラットフォームの柔軟性を大いに活用している。(注14)

3 適応力があり、俊敏であること

プラットフォームをつくる企業は、それが、いつまでにどれくらいの規模に成長するかについて、ビジョンを持っていなければならない。また、市場の動向に素早く反応したり、新しい参加者を受け入れる柔軟性を確保したりする必要もある。俊敏性と拡張性が重要であることに、エコシステム内の経営者たちが気づけるかどうかが、今後の成否を分ける鍵だ。さらに、必要な製品やサービス、決済手段や（アリババグループのアリペイなど）、アプリケーションなどを提供する企業と、柔軟に協力することも求められる。こうした環境設定がうまくいけば、プラットフォームは健全かつスピーディーに成長していくはずだ。

4　パーソナライゼーションが可能なこと

すべてのチャネルにわたる個人や組織を対象にした、大規模なサービスを展開するためには、これからは「マス・パーソナライゼーション」が必要となる。つまり、消費者一人ひとりの意図を理解し、個人の要望に沿ってカスタマイズした製品やサービスを、顧客体験のなかでシームレスに提供する能力である。たとえば、アマゾンでは、サイトでの滞在時間を延ばすために、個々の消費者の好みや目的を分析するツールを活用している。ただ、どこまでパーソナライゼーションが許されるかは、サービスを展開する国や地域の個人情報やプライバシーに関する法律によっても変わってくるだろう。(注15)

5　サイバーセキュリティーが確保されていること

これは必須だ。顧客はデータの安全性には妥協しない。強固なセキュリティー対策はプラットフォームの前提条件である。ログインやサイト上での行動が本人のものであることを確認するのは、プラットフォームのオーナー（あるいはそのパートナー企業）の役目であり、その責任は、従来のオフラインビジネスの場合よりもはるかに重い。そして、プラットフォームの安全性を高めるには、予防と保証、二つの面からの対策が必要となる。これも、プラットフォーム間の競争における差別化のポイントである。DHゲート・ドット・コムでは、製品のトラッキング機能を用意し、さらに、サイトに偽造品を出品させないため、製品の真贋《しんがん》を見分ける技術を使っている。また、出品者の評価を常に最新の状態に更新するとともに、決済に第三者が取引の安全性を保証するエスクローを採用し、安心して買い物ができる環境を提供している。(注16)

要点 Take aways

01―― データ主導のスマートサービスによって、製造業の様相は一変する。これからは、複数のエコシステムを利用したプラットフォームベースのサービスを通じてスマートプロダクトがコネクトされ、個人の用途や使用状況に合わせた体験をユーザーに提供するようになるだろう。

02―― 製造業の多くの企業にとって、エコシステムとプラットフォームは改革と成長の原動力になる。これから起きる変化は急速かつ破壊的で、市場における競争のルールを大幅に書き換えるだろう。

03―― 自社のデータを大切にしよう。データ主導経済のもとでは、それは製品そのものであり、多くの価値を生むからだ。

04―― エコシステムと一体化せよ。従来の製品ごと、会社ごとの競争は、デジタルプラットフォームが主導するエコシステム同士の争いに変化する。自社の製品、あるいは会社そのものを、外の世界とつなげる準備を始めよう。

05―― 製造業にはこれから数多くのエコシステムが出現する。この流れに正面から向き合い、積極的に準備をしよう。事業に有益なエコシステムとのつながりを構築し、自社をエコシステムと一体化させるには時間がかかるうえに、組織構造やビジネスに対する考え方を大きく変える必要がある。何もしないで自然とこうした準備が整うということはありえない。

PART

Ⅲ

未来はすでに始まっている

第10章

未来のビジョン
——デジタル化したものづくり企業

社会、そして経済や産業にデジタル技術が普及することで、私たちのライフスタイルは根本的な変化を遂げつつある。テクノロジーの飛躍的進歩によって起こるこの大変動は、個人や企業の常識を、いまとはまったく異なるものにする。次々と登場し、しかもそれぞれが常に進化を続ける新たな技術によって、私たちの生活や仕事、コミュニケーション、さらに、発想や行動にいたるすべてが、次の数十年間で大きく変わる。製造業の世では間もなく、テクノロジーの発達が臨界点を突破し、業務モデルのドラスティックな転換が起きるだろう。本書でここまで解説してきた通り、企業の重点は、物理的な商品の販売から、サービスを基礎とした成果の提供に移る。おおむね２０３０年頃までには、世界中の多くの市場で、製造業の大半が後者を中心としたビジネスモデルへの移行を果たすだろう。企業はこれをチャンスと捉えて、初期の段階からこの流れに乗らなければならない。デジタル技術導入の基礎工事をなるべく早く終えて、いまのうちに経験を積み、知識を蓄積して、成果型エコノミーの到来に備えるべきだ。これこそ、私がここまでに繰り返し訴えてきたことである。だが、実は、もう一つ考えておくべきテーマがある。それは成果型エコノミーの先には何があるのかというテーマだ。そのため、この章では、いずれ企業が準備を整えて飛び込んでいくことになる、２０３０年以降の世界を予想してみよう。

本書では、事業の運用モデルを含め、製造業全体を根本的に変えるであろう、目覚ましい進化を遂げたテクノロジーの数々と、その応用例を紹介してきた。いまから数十年にわたって、デジタル技術は産業界で、新しいビジネスモデルを創出し、大きな価値を生み出し続けるだろう。私は世のビジネスリーダーたちが、デジタル技術の大きなポテンシャルに気づいてくれることを強く願っている。

現在、さまざまな分野のテクノロジー（マイクロエレクトロニクス、ソフトウェア・プログラミング、クラウドコンピューティング、モバイルコネクティビティ、センサー技術、ビジネスアナリティクス、人工知能、演算能力）において、さまざまなブレークスルーが同時に起こっており、それぞれの技術の組み合わせによって、歴史上かつてない規模の変化が工業生産の世界に訪れようとしている。また、こうした新技術が安価に使用できるようになったことが、ＩＩｏＴ普及の大きな原動力になっている。さらに、企業や労働者、顧客が「産業の消費者運動《インダストリアル・コンシューマーイズム》」を通じて、商品やサービスそのものではなく、そこからもたらされる体験を最も重視するようになりつつある。本書で分析、解説を加えてきたのは、このような内容についてである。

ではここで、私たちの社会が現在経験している、テクノロジーの変化の速さを示すため、過去の数字との比較をいくつか取り上げてみよう。そのスケールの違いにきっと驚くはずだ。まず、現在の iPhone は、１９７５年時点で世界最速だったスーパーコンピューターとほぼ同等の処理能力を持っている。当時、５００万ドルのコストがかかったパワーが、いまではたったの４００ドルで手に入るわけだ。１ドルあたりで購入できるサーバーのパフォーマンスはたった18カ月で倍になると言われている。また、高度なネットワークに接続される産業機械の数は過去5年間で4倍速超、産業用ロボットの数は過去3年間で約1・7倍になった。

アメリカのIT史研究家で、フューチャリスト（未来学者）のレイ・カーツワイルによれば、これから数十年、いまと同じペースで進化が続いたと仮定すると、2050年には、全人類の脳を合わせたのと同じぐらいの能力を持つコンピューターが、冷蔵庫ほどの値段で購入できるようになるという。(注1) さらにカーツワイルは、今後10年間で、機械が自然言語を完全にマスターし、人間と見分けがつかないレベルの文章を書き、読み、理解して、行動するようになると予想している。

こうした流れのなか、産業界のデジタル化が加速するのは当然だろう。現場からボートルームにいたるすべての場所で、私たちの働き方が、現在とは根本的に違うものになったとしても、何ら不思議ではない。

この段階では、もはや、サーバーの容量や処理速度はボトルネックにはならない。事実上、無限に近くなった計算能力を背景に、IIoTはいよいよその姿を現す。「第2の機械時代」において、製造業界全体と個々の企業のネットワークが形成する有機体は、ユビキタスになったソフトウェアの「神経組織」でつながれることになる。企業のみならず、国のレベルでも、エコシステム間の境界線はきわめてあいまいになり、お互いを容易に行き来することが可能になるだろう。

自律型エコノミーにおけるクラウドソースによるものづくり

現在の最先端ビジネスは、このはるか遠い未来の雰囲気をすでに漂わせている。

たとえば、ヒューレット・パッカードが提供するプリンターのカートリッジ交換サービス、「HPインスタントインク」などはその一例だ。ユーザーはHPインスタントインク対応のプリンターを購入し、サービスに登録するだけ。あとはプリンターがインクの使用量を判別し、そのデータをヒューレット・パッカードに自動で送信する。インクが少なくなったタイミングでカートリッジが配送され、ユーザーは使用量に応じた料金を払う。(注2)

この仕組みは、120台のプリンターを使って1日に数百ページを印刷する大企業から、ひと月に11ページしかプリントしない個人事業主まで、業種や規模の別を問わず、どの顧客に対してもまったく同じように機能する。

今日の製造業界では、すでにこうしたサービスが現実のものとなっている。これは比較的シンプルなケースだが、それでも、発達した自律型エコノミーが、さまざまなセクターにおいて最終的にどのような形で発展していくのかを概観するのには十分だろう。顧客はハイパー・パーソナライズされたサービスを必要な時に受け取れる。一方、企業は、個人の需要に自動で反応してアクションを起こすことで、マネジメントの無駄を徹底的に省いた形でサービスを提供できる。

そしておそらく、このような仕組みづくりこそ、２０３０年の産業界における優先課題であるはずだ。機械やトラックなどの生産財は、分散化を可能にする技術――たとえば、３Ｄプリンターや、流動的な製造工程の組み合わせ、あるいは、一時的なパートナー企業との協力などを通じて、需要に即座に対応する形でつくられ、供給される。

その頃には、すべてのビジネスリーダーが、本書で解説した成果型エコノミーの概念を戦略に組み入れているだろう。２０３０年のビジネススクールでは、顧客に対して、ハードウェアではなく、成果を直接供給することの必要性を、最初の授業で教えているはずだ。

そして、成果の提供にソフトウェア対応の高性能のハードウェアが必須、という考えは常識となる。実際、エンジンメーカーが航空会社に対して、エンジンの２８６０時間の稼働を保証したり、トラックメーカーが採掘業者に、４５００トンの鉄鉱石を内陸にある鉱山から港に運ぶという成果を提供したりするのは、そうしたプロダクトの力がなければ不可能である。

また、自律型エコノミーのもとでは、モノの所有という概念もいまとはまったく違ったものになる。たとえば私が「家を暖める」という成果をある会社から購入したとする。その会社は、私の家に設置されたエアコンの所有権を持つとともに、電力会社との交渉も担当する。さらに、適切な機種のエアコンを、最も安価に製造するメーカーから調達したり、稼働状況をプロダクトライフサイクル全体にわたって監視したりもする。しかも、これらすべてのアクションは、私のニーズや使い方のパターンに合わせて自律的に動き出す。

これまで近代資本主義社会の歴史全体を通して主流であった、プッシュ経済のビジネスモデルは、あらかじめ予測した需要に対して、画一化されたデザインのハードウェア（たとえば車やシェーバーなど）を製造し、お決まりのマーケティング、販売手法を使って、顧客の顔が見えないマスマーケットに製品を投入するというものだった。一方、自律型エコノミーにおけるビジネスの流れはまったく逆だ。スタート地点は、顧客の需要、つまりプルである。しかも、現場に多数配置されたセンサーから送られるデータを高度なアルゴリズムで処理することで、企業は、顧客自身が気づいていない需要まで把握できるようになる。

加えて、開発コンセプトに照らしてアイデアをすぐにテストできることや、ワンツーワン・マーケティングに基づいて個人に合わせた製品をリアルタイムで提供できることなども、自律型エコノミーの大きな特徴である。

まるで心を読む超能力のような、ありえない話に聞こえるかもしれない。だが、自律型エコノミーがその産声を上げていることを示す例は、すでにいくつもある。たとえば、マイクロソフトの認識ソフトウェアと人工知能を搭載した鏡を店舗に設置し、鏡に映った客のボディーランゲージから、その客が製品を購入する確率を判定したり、世の中のトレンドをアルゴリズムで分析し、その結果を本やテレビ番組の制作に取り入れることで、ヒットの可能性を高めたりするといった手法が、すでに実際に使われている。つまり現在、「需要の所有権」が消費者の手を離れつつあるのである。

こうした流れを受けて、これから多くの工業製品が、シームレスかつエンドツーエンドの工程を経て、調達、製造されるようになるだろう。

そして最終的に、製造業のビジネスは、幅広い分野や地域において、専門に特化した多くの企業からなるエコシステムの動きに沿って進行するようになる。その関係は、オープンかつ柔軟で、企業は、エコシステムとの緩やかなつながりのなかから必要な能力だけをその都度借りてくる形になるだろう。

さらに、より小さく、目的に特化した部品ユニットを顧客の要望通りに組み上げて提供する「コンポジットビジネス」も始まる。この手法についても、すでに取り入れている企業がいくつか存在する。たとえば、イギリスのＲＰＤインターナショナルという会社では、大企業の依頼を受けて、製品の製造や開発を手伝っている。あなたがアイデアを持ち込めば、ＲＰＤはそれをもとに、グローバルな委託製造企業のネットワークを使って、製品の設計、試作、製造を行う。もし望むなら、顧客への配送までやってもらうことも可能だ。(注3)

自律型エコノミーのもとでは、究極的には、「ロット数が１」の製品をつくるために、企業同士が一時的な提携をすることになる。製品の生産が終われば即座に提携は解消され、次の注文に備える。これからは、工場からバックオフィス、研究開発チーム、サプライチェーン、マーケティングチーム、請負業者、エコシステムのパートナーまでがデジタル技術によって、有機的につながる。そして顧客は、局地的な需要に合わせて常に自由にその姿を変えるサービスの提供者から、ハイパー・パーソナライズされた工業製品を、たった数回、マウスをクリックするだけで購入できる。

つまり、これからの工業生産は、その場限りの臨機応変なプロセスになるというわけだ。製

造業界では、企業の多くが顧客ロイヤルティーを失う一方で、一部の大手が、そのブランド力をさらに高めるだろう。(注4)

多次元的なネットワークを生成、運用し、成果を生み出す有力なエコシステムの中心となる能力を持った企業が、未来の自律型エコノミーにおける真の勝者となる。

テクノロジーがものづくりをより柔軟にする

自律型エコノミーのなかで、テクノロジーがより重要な役割を果たすようになるのは明らかだ。現在でもすでに、デジタルとフィジカルの境界線はあいまいになりつつあるが、ここから20年でこの傾向は一気に加速する。

コネクテッド・インテリジェンスの新しいレイヤーの台頭が、いままでよりもはっきりと感じられるようになるだろう。そして、デジタル技術で強化された機器の導入によって職場では個々の労働者の能力の拡張やプロセスの自動化が進む。デジタルの力が強くなることで、逆に目に見えるフィジカルの世界への知見が深まり、そのコントロールが容易になる。

本書で解説してきたすべてのテクノロジーは、２０４０年以降の自律型エコノミーのもとでも、まだ工業生産の主役の地位を維持しているだろう。しかし、その形態はより洗練され、製品、プロセス、顧客、コミュニケーション、ワークフォースのなかに溶け込んでいるはずだ。

また、搭載されたソフトウェアによって、まるで「友だちのように」顧客のニーズをくみ取り、満たすことのできるリビングプロダクトが、ものづくりの市場の中心になる。このハイパーコネクテッドなリビングプロダクトによって、メーカーと顧客の関係はこれまで以上に密接なものとなるにちがいない。

作り手と買い手がつながることで、製品のパーソナライズが必須となり、生産は工場だけで行われるものではなくなる。自律型エコノミーのもとでは、代わりに、他社との競争状況や消費者の好みに応じて、その場で複数のプロセスを組み合わせるやり方が主流になるだろう。

たとえば、2030年の自動車メーカーが、古い型の車を修理することになり、多数のパーツが必要になったとしよう。パーツの調達にはいくつかの選択肢が考えられる。一つ目は、ユーザーからの注文が入ったあとに、本社でプランを立て、地域の工場で生産する方法。二つ目は、ニーズに合わせてデザインしたパーツを、ユーザーの家の3Dプリンターで生成する、「デスクトップ・マニュファクチャリング」という方法もある。ほかにも、ユーザーが製造用のプラットフォームを使ってデザインしたパーツを企業が製造、発送する方法や、企業が提供した設計図をもとにユーザー自身がデザイン、製造を行うという「オープン・マニュファクチャリング」という手法も考えられる。

工業生産の世界も2040年までには、大きく様変わりしているだろう。ファスト・プロトタイピング、マス・カスタマイゼーション、非ローカライゼーション、ラピッド・マニファクチャリングのような手法が業界の枠を超えて現在よりも広く普及するだろう。以前なら半年かかっていた試作品、たった一週間で発注先から届く。

また、プロセス全体の効率化によって製品の単価が下がり、手に入りやすくなることで、パーソナライズされたサービスや成果への需要がさらに大きくなる。また、資産やリソースの稼働率の向上によって、現在よりもサステナビリティーの高いビジネスが可能になり、顧客と企業の両方が大きな恩恵を受ける。

たとえば中国の深センにある携帯電話工場の集積地などが、その変化の先駆けになるかもしれない。深センに集中している企業の力を組み合わせれば、注文からわずか数日で、これまでにはない形の携帯電話をつくって届けてくれるだろう。車のような大量生産品も、製造工程が柔軟になることで、自由なカスタマイズが可能になる。これからは大規模な、グローバル市場向けの製造工場ではなく、地域に特化した小規模な工場が、個々の注文に素早く対応するようになる。

ただ、本書で取り上げてきた産業用プラットフォームは、20年後の自律型エコノミーでも中心的な役割を果たしているはずだ。ソフトウェアのデベロッパーコミュニティーの渦の中心にはハードウェアがあり、アプリケーションやソフトウェアが付加されることで、さまざまな用途に対応する。

現在で言えば、アップルがすでにiPhoneで達成したことが、未来の工業製品のロールモデルになるだろう。プラットフォームをつくるハードウェアこそ、自律型エコノミーにおける最もパワフルなエコシステムの核となる。

核となるプロダクトを持たない緩やかなエコシステムも、消えることなく存在し続けるだろうが、どちらにせよ2030年までには製造業のすべての企業が、何らかの形でエコシステムの一部になるのは間違いない。それは生存の必須条件である。さらに、主要なプラットフォームやエコシステムの統率者になるのが、長い歴史を持つブランド企業だとは限らない。スタートアップスタイルの破壊的な新興企業が、素早くその地位を奪うことも十分にあり得る。ウーバーのようなサービスが製造業でも猛威を振るう可能性は非常に高い。

製造業で生み出される膨大な量のデータは、ハブとなるサーバーで分析し、プロセスの自動制御を行うという従来の方法だけでは処理しきれなくなる。そのため、エッジ・コンピューティングやフォグ・コンピューティングはますます発達するだろう。ただ一方で、サービスとしてのソフトウェア（SaaS）というコンセプトは産業分野全体に広がる。なぜなら、自動車や重機の生産あるいは公益事業などを手がける個々の企業では、自社サーバーを持つことはなくなり、代わりにデータの保存や処理などの機能をクラウドに頼るようになるからだ。

また、バッテリーの容量が劇的に増えることで、身ぶりなどの合図や声を拾うデバイスや、ワイヤレスのセンサー、ウェアラブルデバイスが発達する。現時点でも、急増する携帯デバイスの電源需要に対応するため、コネクター形状のユニバーサル化や、表面給電（チャージング・サーフェス）、ワイヤレス給電など、すでにさまざまな試みが行われている。さらにエネルギー効率の向上を図るため、太陽光や運動エネルギーだけでなく、バイオ燃料による充電なども実用化されている。

産業用ロボットの進化によって、規模の大きい工場でも、現場や管制室に高い技術を持った少人数の監視者がいれば、十分に操業が可能になる。しかもその生産性はこれまでにないほど高い。現場にいる少数の機械オペレーターたちは、スマートグラスをはじめとするウェアラブルデバイスをフルに活用して、視力、聴力、筋力などを補って働く。

コラボレーティブ・ロボット、通称コボットも、企業のあらゆる場所に導入される。研究開発やカスタマーサービス部門では、生産性向上のため、数多くのコボットが「同僚」として働くことになるだろう。２０３０年までに、製造業の仕事のうちの最低でも3割から4割程度が何らかの形でコボットに代替されると、われわれは予想している。経営部門にすら、ホワイトカラーのコボットが導入されるようになるはずだ。

さらに、高度に発達した、自動によるプロセス最適化や、ウェアラブルデバイス・コンピューティング、機械学習、顧客の状況を感知しそれに適したサービスを提供するコンテキスト・アウェア・サービスなどの技術が、企業のマネジメント業務にさまざまな形で応用される。その結果、企業からは中間管理職がいなくなる。当初は、クラウドソーシングや広報活動を目的としてつくられたソフトウェアアルゴリズムが、仕事の割り当てや調整という用途にも使えるようになり、従来その役割を担っていた人間に取って代わる。２０３０年以降の企業は、高度な予測ツールを当たり前のように使っているだろう。

ネット上での変化を反映するように、企業の内外でも、音声認識やハプティクス（触感フィードバック）、ジェスチャーなどが、次世代のマンマシンインターフェースの主流になるだろう。コンピューターは、視線の動きや感情が動いたことを示す身ぶりなど、非言語のシグナルから人間の意図を解釈し、行動を予測する。コボットは私たちの心を文字通り、読むようになるのである。

こうした能力の実現には、いまよりもスマート化したタッチスクリーンに加え、多感覚インターフェース、拡張現実などの技術が必要だ。実際、人間の意図を読み取る、埋め込み式感覚センサーの開発がすでに始まっている。製造業の全面的なデジタル化が完了し、新しい設計、製造工程が動き始めれば、センサーの普及は一気に進む。(注5)

そして、そこから取り込まれるデータによって、機械は生活とさらに深い関わりを持つようになる。テクノロジーは人間の感覚を利用することで、より直感的になり、最後には「見えなく」なる。その時、私たちは人間と、機械、プラットフォーム、さらに交通やヘルスケア、セキュリティーや都市空間をはじめとする幅広いエコシステムとのインタラクションを目撃するだろう。たとえば、空気清浄機や車が、都市の大気汚染データを取得し、ヘルスモニターと連動して情報を表示したり、橋や道路のようなインフラがスマート化し、道を通る個々の人間とやりとりするようになる。

未来の製造業界における、ソフトウェアが果たす役割の重要性や、創出する価値の大きさについては、ここまで詳しく触れてきた。しかし、現在におけるソフトウェアの進化のスピードの速さを考えると、2030年には一体どのような状況になっているのだろうか。製品の製造元であるかサービスの提供者であるかを問わず、ハードウェアとソフトウェアのサイクルの同期が、すべての会社にとって必須になるのはまず間違いない。これは、ソフトウェアの変化についていくために、ハードウェア開発をペースアップして、製品をソフトウェアにより近い存在にしなければならないことを意味する。

将来的には、ハードウェアとソフトウェアの間にある種の共生関係が発生し、お互いの歩調は自然と合うようになってくるだろう。たとえば、自由に形を変え、物理的な性質（たとえば電導性など）を変化させる素材によって、ハードウェアがまるでソフトウェアのように「アップデート」可能になるためだ。

そして、高度になったクラウドコンピューティングや、動的な、ビジュアライズされたネットワークアーキテクチャ、コグニティブ・コンピューティングなどを背景に、インターネットと製造業のＩＩｏＴは、創造主の意図を離れて、想像もつかない方向へと自らの意思で動き始める。

ここがまさに一大転換点である。企業は自己組織化する事業体になり、遠隔からの制御だけで運営可能になる。エコシステムは自らその能力を発達させ、顧客に成果を届けるタイミングを決定する。

アルゴリズムは膨大な量のデータを分析して、人間や機械の振る舞いから意味を読み取るようになる。それと同時に、状況に応じた価値を創出して、ほかのアルゴリズムとの競争を生き残るため、自らコードを書き換えることまで可能になるだろう。

最後に、リビングプロダクトと、ハイパー・パーソナライゼーション、それに非常に柔軟性の高い生産設備の組み合わせが、製造業にリショアリング（製造業の国内回帰）の流れを起こす。

小規模なオートメーションの工場がエンドユーザーに近い場所に建てられるようになり、「Me Economy（顧客中心主義）」がグローバリゼーションに取って代わる。

こうした環境では、ネットワークアーキテクチャは、ニューラルネットワークによる意思決定を活用する形で設計されるようになる。つまり一部のコネクションがほかのつながりを上書きすることで、ネットワーク自体がものごとを学習するようになる。

自律型エコノミーとは本質的に変化のスピードが速い世界である。そのため、市場に出したい製品やサービスがどんなものであっても、企業はそのサプライチェーンまで含めて、最大限モジュール化するよう努めなければならない。統率者であるかサプライヤーであるかを問わず、自律型エコノミーと一体化して働く必要がある。

何をするにせよ、常に顧客のニーズを頭に入れたうえで、ソフトウェアを製作するつもりでとりかかろう。これからは数週間あれば何でも（少なくともプロトタイプなら間違いなく）つくることができる。顧客体験を戦略的な最優先事項として、製品が役目を終えるまでは、何とかしてそれに結びつける方法を考えよう。製品は低コストで製造し、同時に市場のトレンドに合わせて簡単にカスタマイズできなければならない。個々の製品のライフサイクルが短くなる一方で、リサイクルはこれまで以上に求められるようになる。

結局、ビジネスで大切なことは変わらない

ここまで駆け足で、現在、そして未来の世界におけるさまざまな風景をのぞいてきた。製造業のデジタル・ビッグバンは、たったいま始まったばかりだということがわかってもらえたと思う。これから製造業という宇宙はしばらくの間、おそらくは２０３０年を超えるまで、膨張を続けるだろう。

環境は常に変化する。しかし、変わらないものもある。２０３０年になっても、本書で示したデジタル化を進めるための鉄則、「小さく始めて、うまくいったら大きくする」はそのまま通用する。柔軟かつ行動的に、常に好奇心を忘れないようにしよう。経営には、俊敏に動く組織と、従来の製品や部門の縦割りといった社内の壁だけでなく、企業、業界、市場の壁を越えた従来の枠にとらわれない思考が求められる。

そして何よりも大切なのは、コア事業を成長させながら、新事業に重心を移す努力を続けることだ。

２０３０年になってもまだ新事業を目指しているのはおかしいのではないかと思うかもしれない。しかし、何が新事業かは、その時代とともに変わっていく。そのため、常に前進を続ける必要がある。新事業に重心を移すことができたら、それを軸として、また次の一歩を踏み出さなければならない。それがうまくいったら、さらに次が待っている。

つまり、このストーリーには、明確な終わりがない。
世界が広がり続ける限り、企業は成長し続ける必要がある。

第11章

インダストリーX.0の世界観と日本企業への提言（日本語版向け特別書き下ろし）

インダストリーX.0は、望む・望まないにかかわらず、われわれの「いま、目の前にある世界」を変え、社会を変え、日常生活を変え、製品・サービスを変え、これまでとはまったく異なる世界観・価値観を各分野にもたらす可能性がある。

ウーバーの登場によって、サンフランシスコで最大のタクシー会社イエローキャブは2015年、破産にいたった。「安くて便利」を実現するウーバーのシェアリングエコノミーのビジネスモデルに、既存のタクシー会社がもはや対抗できなくなったためだ。こうした新たな世界観・価値観がもたらす地殻変動は世界各地で起きている。しかも、本書が強調するように、われわれはまだ変化の始まりにいる。その段階では、不確実性も複雑性も伴う。だからこそ、本書で繰り返し述べている成果型エコノミーの創造をビジネス戦略アジェンダの上位に位置づけておくことが欠かせない。

日本企業に目を転じると、「インダストリー4.0」や「IoT」に関して要素技術ばかりに注目が行きがちで、これらが第4次産業革命に匹敵する創造的破壊をもたらすと受け止めている企業は、きわめて少ないように感じる。そこには、戦後、敗戦の荒廃から世界第2位の工業国まで登りつめた技術立国としての自負が背景にあるのかもしれない。しかし、もはや要素技術だけではグローバル市場で勝てなくなってきているのは明らかだ。

本書では、「デジタル」「IoT」「AI」「拡張現実（AR）／バーチャルリアリティー（VR）」「クラウド」「プラットフォーム」などの一般的となってきた技術用語が登場する一方で、「成果型エコノミー」「プロダクト・アズ・ア・サービス（XaaS）」「ハイパー・パーソナライゼーション」「デジタル・トランスフォーメーション」「コネクテッド」など、まだ一般にはなじみの薄いが鍵となるビジネス用語も登場する。本章では、インダストリーX・0のインパクトを日本の読者に、なるべくわかりやすくお伝えするとともに、本書が指摘する「成果型エコノミー」の実現に向けてどのようなアプローチをとるべきかを、日本ビジネスのコンテキストに照らし合わせながら考察してみたいと思う。

本書では、「コネクテッド・スマートプロダクト」（42ページ参照）が変革のコアであると述べている。モノはソフトウェアのコンテナであり、そこから得られる情報をクラウド上あるいはエッジングデバイス上で収集・分析することでこれまで物理世界だけでは実現しえなかったさまざまなビジネス価値を創造する。デジタルの世界におけるハイパー・パーソナライゼーションと新しい顧客価値を提供することがマーケットにおける創造的破壊をもたらすと述べている。

このメカニズムをもう少し詳しく見ていこう。iPhone のビジネスモデルはデザインの斬新さやオープン／クローズド戦略などの切り口ですでに数多く研究されている。本書の切り口で米アップルのビジネス戦略を見ると、そのコアは、iPhoneをモノとして捉えるのではなく、ソフトウェアのコンテナとして捉えている点にある。

iPhoneでできることは何か？「同僚や友人にメールを送信する/受信する」「旅先で人気のレストランを検索する」「道をナビゲートしてもらう」「すてきな料理の写真を撮る」「フランス語のメニューを日本語に翻訳する」――。つまり、現実世界のほぼすべての行動をアプリケーションでサポートしてくれる。また、iPhoneは、製品として「完成した状態」では出荷しておらず、利用するうちにユーザー個別の仕様に変化していく。他人には使いにくいが、自分だけが使いやすい。もちろん製造検査などの工程は踏んでいるが必要最低限のものに絞り、出荷後に顧客価値を最大化する仕掛けをたくさん詰め込んでいる。ソフトウェアを動かすためのOSそのものを顧客の手元に届けたあとにアップデートしたり、前述のような顧客が望むアプリケーションを組み込むことができたりする。こうした基盤をプラットフォームと呼ぶ。このプラットフォーム上では顧客がいつ、どこで、何を、誰と、どう過ごしたかまで、すべて把握できる仕掛けが整っており、顧客にそれを意識させることなく、デジタル化された仮想空間上のコミュニティーに属すことになる。

この「コネクテッド・スマートプロダクト」の発想は、携帯電話に限った話ではない。自動車、電車、飛行機、産業機械などの重工業製品に限らず、日常生活で使用する洋服も靴も、趣味のゴルフクラブや野球のバットも、すべてのモノがデジタル化され、「コネクテッド・スマートプロダクト」になる可能性を持っている。

では、モノがデジタル化されることによるビジネス価値をどのように考え、それを実行に移し成果に結びつければよいのだろうか。本書では、「コネクテッド・スマートプロダクト」により「インダストリー4・0エフィシェンシー」の獲得と「新しい顧客体験」の提供の二つが可能になると述べている。コネクテッド製品から収集したデータの分析・最適化・自律化などにより、生産性や品質が劇的に高まりオペレーションコストの削減が可能となる。このような恩恵を本書では「インダストリー4・0エフィシェンシー」と呼ぶ。また、収集データをもとに、より顧客が求めるニーズにダイレクトに応えることができ、ひいてはハイパー・パーソナライゼーションされたサービスを提供して収益に大きく伸ばすことも期待できる。

アクセンチュアでは、デジタルストラテジーフレームワークを提示している（第3章図3-5）。デジタルビジネスを、チャネルやオペレーションのデジタル化に加えて、ビジネスモデルそのものをデジタル化することと捉えている。「顧客体験のデジタル化」とは、デジタルテクノロジーを活用してマーケティングや営業、アフターサービスをより洗練された方法で顧客に訴求すること。「オペレーションのデジタル化」とは、デジタルテクノロジーを活用して設計開発・生産・サプライチェーン全体の管理はもとより、ファイナンス部門や調達、人事、IT部門などの間接部門もつなげたビジネスモデルを構築し、オペレーションプレミアムを創出すること。「市場の破壊」とは、デジタルテクノロジーを活用し、既存マーケット、あるいはまったく新しいマーケットをイノベーティブなビジネスモデルにより創出して売り上げ・収益を生み出すことと、それぞれ定義している。

参考までに、アクセンチュア・ドイツオフィスが試算したデジタル・ストラテジー分析の結果を紹介する。分析対象は、乗用車のみを開発・生産・販売している架空の自動車会社で、売上高500億ユーロ程度、EBITDAが50億ユーロという前提だ。

分析では、「ビジネス・アズ・ユージョアル」(自社は何もデジタル化に取り組まず、競合他社がデジタル化に取り組み、それらのリスク管理で対応)の場合、78億ユーロの減収インパクトがあると試算している。一方、デジタルビジネスに取り組み新しいビジネスモデルを実現した場合は、214億ユーロの増収となった。また、チャネルやオペレーションなど一部のデジタル化だけでも、100億ユーロ近いビジネスチャンスがあることを明らかにしている。出発点は、モノをソフトウェアのコンテナとして見る点であり、そこからすべてが始まる。

「モノ」から「コト」へ
――成果型エコノミーへのビジネス転換例

多くの企業はチャネルのデジタル化や、プロセスのデジタル化を推進、もしくは着手した状態なのではないだろうか。日本の街頭には、顧客情報に応じたデジタルサイネージ広告が増えたり、商談の場ではタブレットが使用されたり、オペレーションサイドでもRFIDなどのセンサーテクノロジーを活用した倉庫ピッキング業務の効率化、自動搬入、アナリティクスを活用した工程の自動化、製造現場でのタブレットの使用など、さまざまなシーンでデジタル化が進んできている。一方で、「モノ」から「コト」づくりによる成果型エコノミーに取り組もうとしている企業は、まだ少ないのが現実だ。

ここで、成果型エコノミーのビジネスモデル創出をアクセンチュアが支援した事例として、ゼネラル・エレクトリック（GE）の「ビヨンド・ザ・エンジン」とミシュランの「タイヤ・アズ・ア・サービス」を紹介したいと思う。

GEは航空機のエンジンを開発・設計・製造・販売しており、エンジンという枠を超え、エンドユーザーまで含めた業界全体で顧客課題を抽出し、航空機全体のメンテナンスサービスや運航計画を策定するサービス事業へとポジショニングを転換することに成功している。エンジンや機体のメンテナンス不備によって航空機が計画通りに飛行できないのは、航空会社にとって膨大なロスにつながる。そこでGEは、航空機が運航した分だけ料金を請求するという新しいビジネスモデルをつくりあげた。また、LCC（格安航空会社）向け予約発券顧客システムのシェア8割を押さえるアクセンチュアと組むことで、[注1] GEは最も利益の上がる路線を計算し、LCCに最適な運航管理サービスを提供できるようになった。この事業転換をアクセンチュアは6カ月の事業転換コンサルティング、10カ月のジョイントベンチャー設立と事業立ち上げ（交渉4カ月、準備6カ月）という短期間で支援した。

ミシュランは既存のタイヤ販売ビジネスからクルマの走行距離に応じて課金するビジネスモデルへと転換している。従来のようにタイヤの性能向上や製造コスト削減で競争するだけでは、もはや大きな成長は見込めず、業界全体が成長の壁に突き当たっていた。そこでミシュランは、

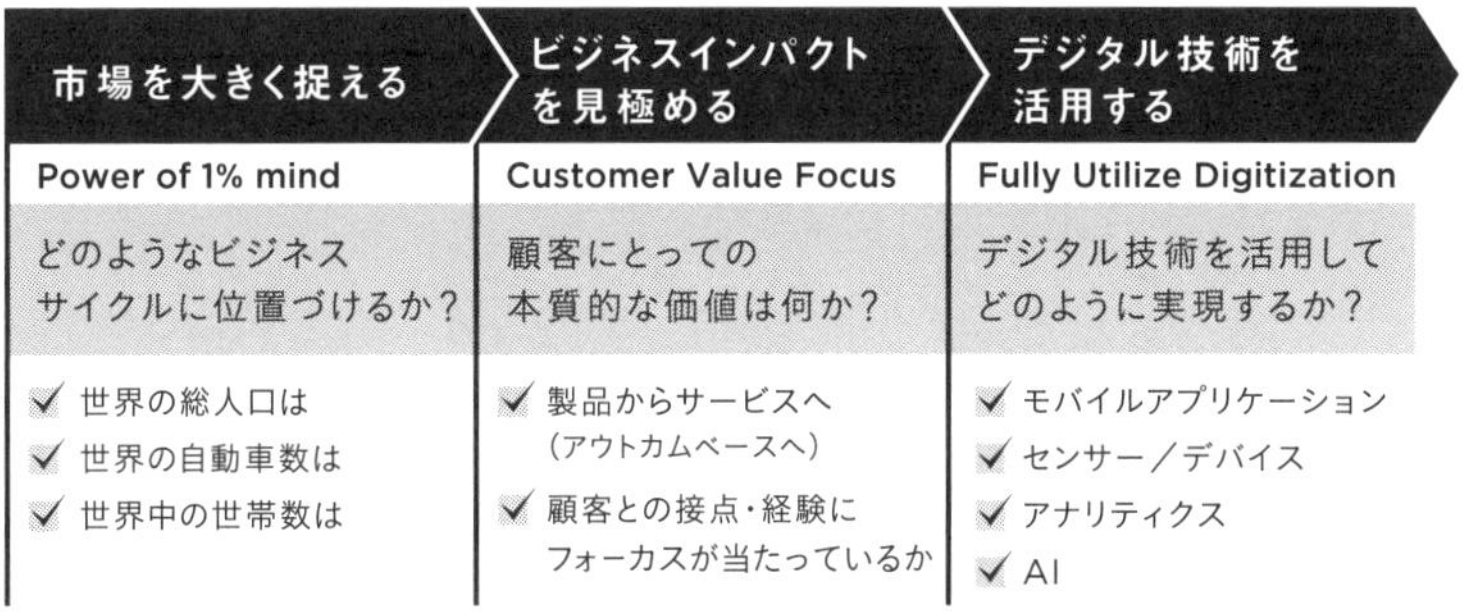

市場を大きく捉える	ビジネスインパクトを見極める	デジタル技術を活用する
Power of 1% mind	Customer Value Focus	Fully Utilize Digitization
どのようなビジネスサイクルに位置づけるか？	顧客にとっての本質的な価値は何か？	デジタル技術を活用してどのように実現するか？
✓ 世界の総人口は ✓ 世界の自動車数は ✓ 世界中の世帯数は	✓ 製品からサービスへ（アウトカムベースへ） ✓ 顧客との接点・経験にフォーカスが当たっているか	✓ モバイルアプリケーション ✓ センサー／デバイス ✓ アナリティクス ✓ AI

【図11-1】成果型エコノミー実現の3ステップ

タイヤにセンサーをつけ、運用コストの最適化サービス（整備時間の短縮や自動化、燃費の改善やタイヤ交換のタイミング）の提供を始めた。さらに次の段階では、走行距離に応じたタイヤ使用料を受け取るビジネスモデルへと転換した。具体的には、運送会社に提供している「デジタルタコメーター」から得たデータからドライバーや経路の特性、ガソリンの消費傾向を分析し、たとえば加速度実績をスコアリングし、ドライバーに改善を促して燃料費を削減するなど、運送会社に成果を担保するビジネスモデルに転換を果たした。アクセンチュアは、5カ月の事業転換コンサルティングと10カ月のサービス共同開発、子会社立ち上げ支援などを通じて、ミシュランの取り組みをサポートした。

このような成果型エコノミーへのビジネスモデルの転換が可能になった背景には、顧客や製品の状況がリアルタイムにモニター可能となり、成果が測定可能な状況になったという前提はあるが、大きく三つのステップを踏んでいる（図11-1参照）。

まず、（1）既存ビジネスにおける市場規模を大きく捉え、

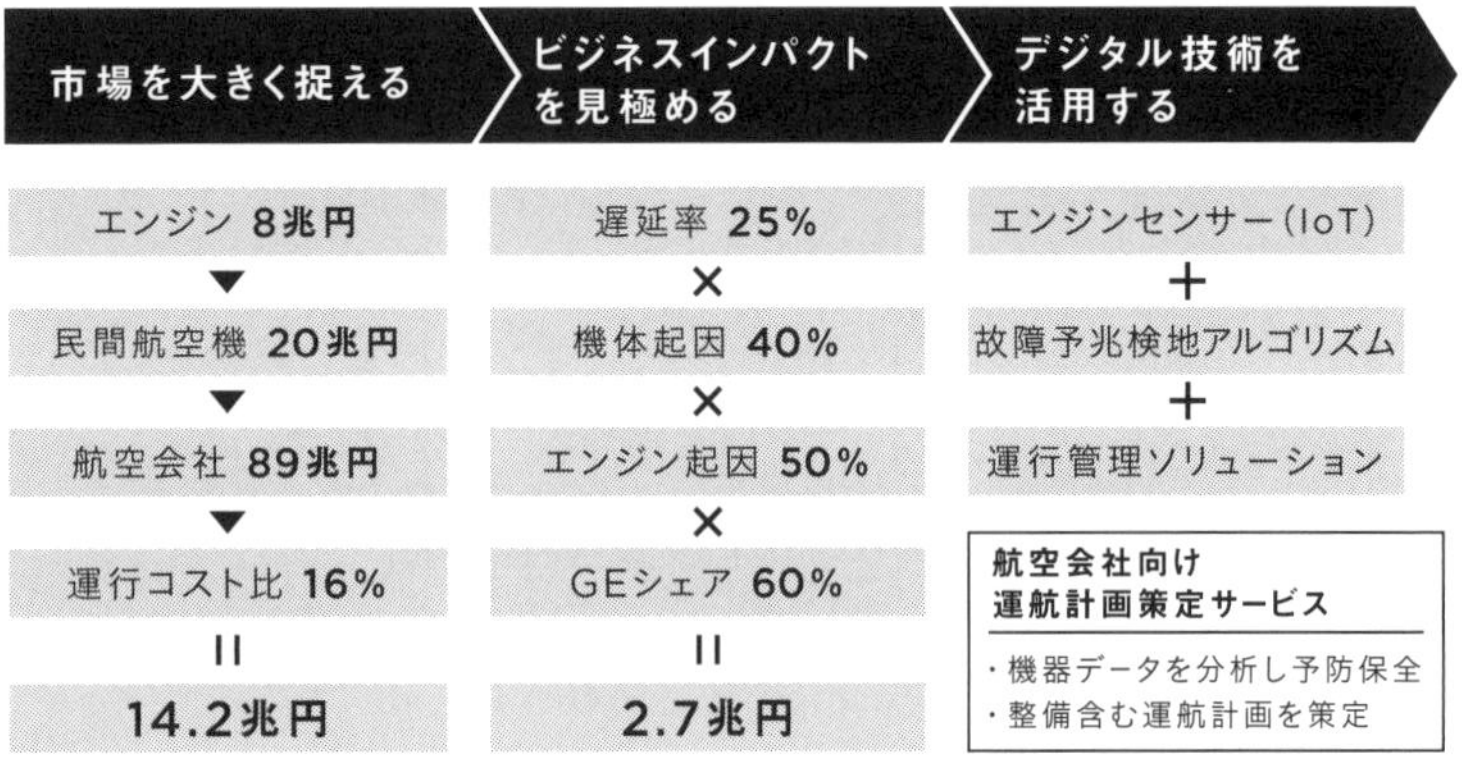

【図11-2】GEのビヨンド・ザ・エンジンアプローチ

（2）そのうえで顧客価値にのっとったビジネスインパクト（モノを供給することによる顧客にとっての本質的な価値＝サービス）を見極め、（3）それを実現するためのデジタルテクノロジーの活用を具体化・検証していく、というアプローチと言える。

たとえば、GEの「ビヨンド・ザ・エンジン」（図11-2参照）では、航空機のエンジン市場だけを見ると約8兆円だが、エンジンの納入先である航空機市場は20兆円、航空会社の市場まで含めると89兆円となる。航空会社のエンジンメンテナンスに伴う運航コスト比は16%なので、14・2兆円の市場と捉えた[注2]。ビジネスインパクトの見極めでは、エンジンの本質的な顧客起点による価値は「速く、安全な移動」「不具合による機体整備の遅延がない運航」「エネルギー効率を最大化した飛行」と課題分析し、これらのモノの背後にある付加価値に注目した。航空機の平均遅延率は25%、そのうち機体起因である遅延は40%、さらに機体起因のなかでもエンジン起因によるものは50%であること

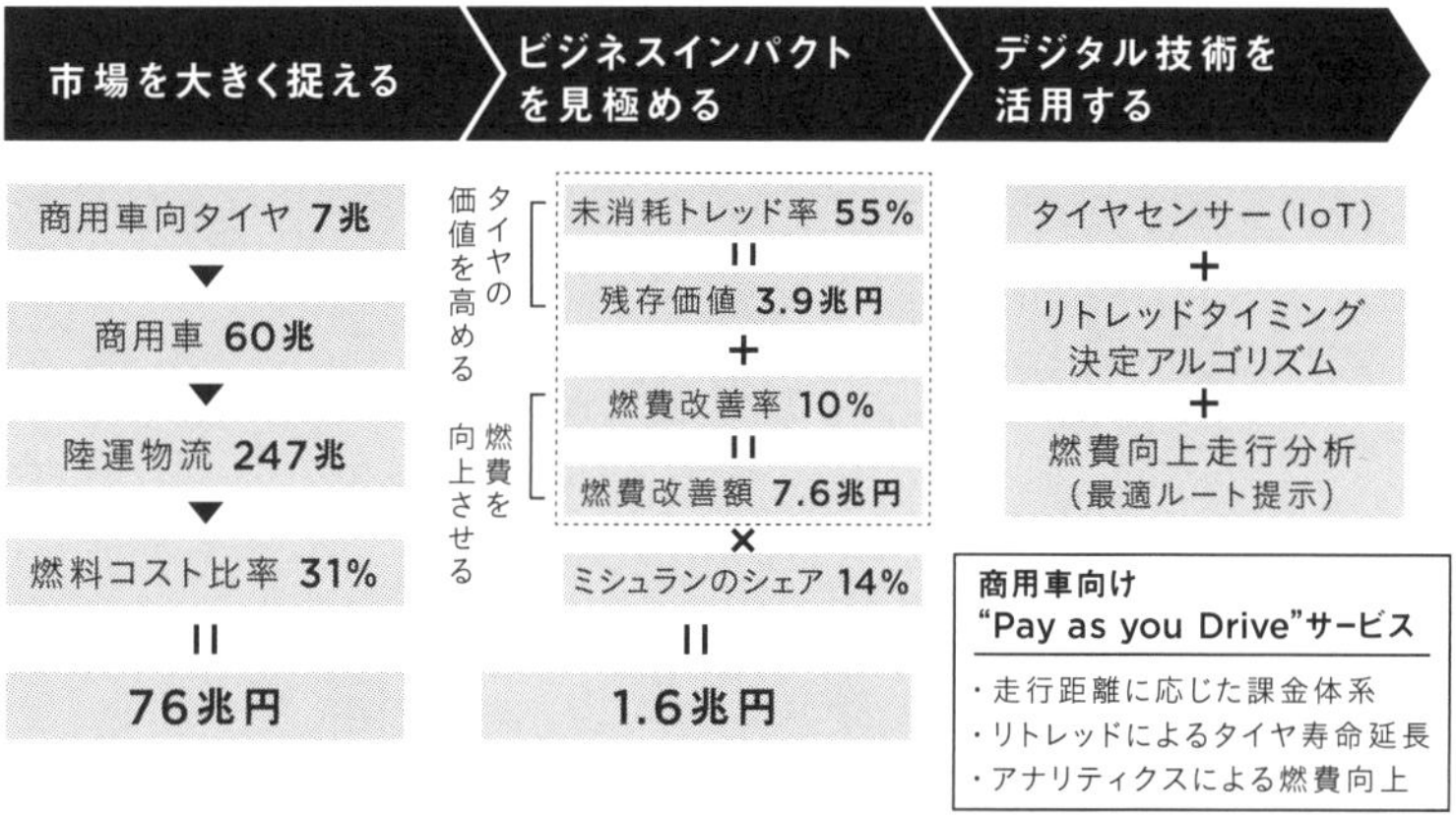

【図11-3】ミシュランのタイヤ・アズ・ア・サービスのアプローチ

は、統計情報からわかる。GEのエンジンシェアは60％なので、GEがモノからサービスへ転換することにより、14・2兆円のうち約2・7兆円の市場を見込めることが判明した。次の段階では、そうしたサービスを実現するためのデジタルテクノロジーの活用を検討する。サービス提供に必要なデータを見極め、エンジンへのセンサー設置、データを収集するプラットフォームの構築、故障予兆検知アルゴリズムの検討、効率的な運航管理を支援する運航管理ソリューションの創造などを経て、航空会社向けの運航計画サービスを実現できるようになった。

ミシュランの「タイヤ・アズ・ア・サービス」（図11－3参照）では、商用車タイヤは7兆円の市場規模があった。タイヤとして市場を捉えるのではなく、商用車として捉えるとその市場規模は60兆円となり、さらに陸運物流となると市場規模は247兆円に膨らむ。陸運物流会社の燃料コスト比率は31％にのぼり、商用車の燃料コストは76兆円と算出できる。ビジネスインパクトの見極めでは、タイヤというモノを通してミシュランが顧客に提供しているビジネスインパクトとして、計画通りに移動するため「(消耗やパンクを減らし)タイヤの価値を高める」ことと、「燃費効率の向上」に注目した。統計情報によると、実際に使われているタイヤの未消耗トレッド率は55％なので、商用車向けタイヤ市場7兆円のうちタイヤ残存価値は3・9兆円と推定できた。また、タイヤのメンテナンスにより燃費を10％改善できた場合、約7・6兆円の市場があると試算した。ミシュランのタイヤシェアは約14％なので、新しいサービス提供による潜在市場は、3・9兆円(タイヤの価値向上)と7・6兆円(燃費効率の向上)の合計11・6兆円の14％にあたる1・6兆円と試算した。(注3)

タイヤを製品ではなく、サービスとして提供するためのデジタル技術の活用方法では、サービスに必要なデータ取得のためのセンサーの活用、リトレッドタイミング決定アルゴリズムの開発、燃費向上走行分析(最適ルート提示)などのサービスを開発した。現在では、物流会社を中心に600万台超の商用車が、ミシュランのサービスを利用している。

ここまで成功モデルの3段階アプローチを紹介してきたが、もちろん根底には、既存のビジネスモデルで培った顧客理解に基づく課題設定力、成果を踏まえたビジネスデザイン力、デジタルを活用した課題解決力、検証のための場、データの保有、サービスをマーケットへ投入できるノウハウ、サービスをスケールする顧客基盤が整っていたことが挙げられる。

ビジネスインパクトの見極め方
――ポイントは名詞（モノ）から動詞＋副詞／形容詞の品詞変換

「モノがコモディティ化する」という言葉をよく聞くが、これを実感として持っている人はどのくらいいるだろうか。コモディティ化の定義はさまざまだが、「成果型エコノミー」を生み出すビジネスモデル全体を見渡した時、生産プロセスの付加価値は、R&Dや販売後のアフターサービスなどと比較すると相対的に下がる。その意味で、競争優位の源泉はモノそのものではなくなりつつある、という意味で捉えておいてほしい。たとえば、アップルは、カリフォルニアでデザインし、中国のフォックスコンで製造し、販売後はアフターパーツやiTunesのコンテンツマーケットやアプリマーケットで高い収益を稼ぎ出すモデルとなっている。アップルの営業利益率は約40％だが、製造工程を担当するフォックスコンはわずか数パーセントと言われている。付加価値を生み出す成功セオリーとしてスマイルカーブが知られているが、成果型エコノミーのビジネスモデルでは、伝統的な付加価値の源泉が逆転してきている。

次に消費者の視点で見てみよう。アクセンチュアの調査(注4)によると、59％の消費者は「よりよい条件の製品を、適切な場所やタイミングで紹介されたら、切り替えるのに躊躇しない」と回答する一方で、自らが好むサービスは使い続けると答えている。モノを所有することへのこだわりや憧れは薄れ、モノをどのようにどう利用するかに価値を見いだす「非常に合理的で賢い」選択が行われるようになってきた表れではないだろうか。その背景には、インターネット

顧客の本質的欲求・問題点を実際に洞察し、同じコンテキストに身を置くことでインサイトを共感する。

ペルソナやジャーニーマップなどアウトプットベースで他部署を巻き込み、一緒に創り出す。

簡易な形で素早くプロトタイプをつくる。アイデアを発展させ、収束させる。

実際のユーザーや社内のさまざまな人にプロトタイプを使ってもらうことで、検証する。トライ＆エラーでアイデアをブラッシュアップする。

製品・サービスを市場に投入し、市場動向や有効性をモニタリングし、バージョンアップにつなげていく。

【図11-4】アクセンチュアのデザイン・シンキングのアプローチ

の普及や、サスティナブルな世界を創り出すことへの人間の本質的な欲求などもあると考えられる。

モノを企業が顧客に送り出す「一方通行型」のビジネスモデルにおいては、プロダクトライフサイクルマネジメント分析による時間軸での自社製品の分析や、競合との関係性でのポジショニング分析、市場と競合との関係で捉えるプロダクトポートフォリオマネジメント戦略、市場と自社の関係性で捉えるSWOT分析などが、製品開発やマーケティング戦略で有効とされてきた。しかし、こうした伝統的なマーケティング手法に基づくものづくりは、機能不全に陥ってしまうだろう。

成果型エコノミーにビジネスモデルを転換するには、顧客にとっての本質的な価値の見極めと、それをもとにしたイノベーティブなビジネスモデルが欠かせない。それを実現するためにはデザイン・シンキングのアプローチが有効だと考えられている（図11－4参照）。

「デザイン」という言葉を聞くと日本では「このクル

マ（洋服）のデザインはとてもいい」など、モノの形や色など「結果」のみとして捉えられることが多い。しかし、デザイン・シンキングにおける「デザイン」は結果だけではなくその過程そのものを含む。欧米でデザイン・シンキングは、「人間のニーズに目を向け、その解決として製品やサービスを開発すること」と捉えられている。

デザイン・シンキングは、デザイナーのデザイン開発のプロセスを体系化したものだが、その過程はサービスを実際に開始するまで、①ディスカバー／共感して理解する、②ディスクライブ／コンセプトを描く、③アイディエイト・プロトタイプ／息を吹き込む、④テスト／検証する、⑤インプリメント／市場に投入する、の五つのステップを踏む。具体的には、顧客のニーズを深掘りし、どの問題を解決するかを定義し、そこで発見されたアイデアをもとに実際にモノをつくって検証を繰り返し、テストを経て市場投入するというサイクルを回すことと言える。

デジタルを活用することで「モノ」から「コト」づくり産業が新たに創出されると前述したが、「①ディスカバー」で重要なポイントは製品をモノとして見るのではなく、顧客体験を引き上げる本質的な価値に着目する。たとえば、クルマの場合、顧客体験とは「安全に移動する」「渋滞なく時間通りに目的地に着く」「家族・友人・恋人と楽しく過ごす」「一人の時間を楽しむ」などクルマという「名詞」を「動詞＋副詞／形容詞」の顧客体験に変換することが可能である。こうした検討をサポートするツールとして、ワードクラウド（図11-5参照）などが有効となるだろう。

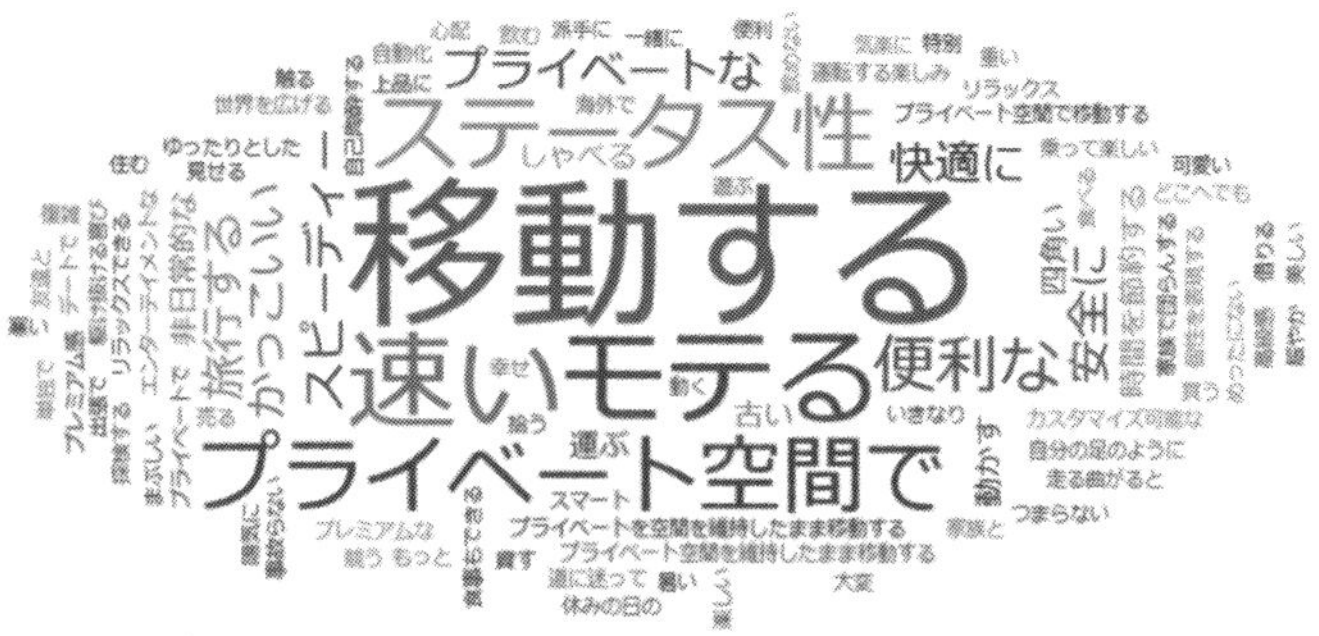

【図11-5】ワードクラウドのサンプル

ワードクラウドとは、文章中で出現頻度が高い単語を複数選び出し、その頻度に応じた大きさで図示する手法。上記はアクセンチュア社員（約50名）を対象に、「クルマの本質的価値とは？」の質問に対する回答サンプル。

ワードクラウドとは、文章中で出現頻度が高い単語を複数選び出し、その頻度に応じた大きさで図示する手法。上記はアクセンチュア・ジャパンの社員（約50名、調査時点は2017年5月）を対象に、「クルマの本質的価値とは？」の質問に対する回答サンプルだ。

この検討のポイントは社会を見つめることであり「自社の製品を見つめること」ではない。また前述したように市場を大きく捉える必要がある。成果型エコノミーのビジネスモデル構築において、顧客体験を発見しようとする時には、市場規模を大きく捉えることに特に留意すべきだ。

次のステップとして、どの問題を解決するのかというレバレッジポイントを「②ディスクライブ」することになる。つまり、「①ディスカバー」で可視化された顧客体験のうちどの問題に着目すれば新しいビジネスモデルを創出できるかを、有用性、実現可能性、持続可能性の観点から定義する。

デザイン・シンキングを新しいビジネスモデル創出の手法として取り入れるのであれば、ここにも非常に重要なポイントがある。デザイナーにとってのアウトプットは製品だ。成果型エコノミーの新たなビジネスモデルを生み出そう（③アイディエイト）とする場合、さまざまな知見や経験が必要になる。たとえば、デザイナーは形や色だけではなく、材質や加工方法を検討しながら形にしていく。その際、材料に関する知識や加工に関する知識、価格感、量産品であるならば量産フェーズまで踏まえた知識をフル活用してデザインすることになる。

成果型エコノミーのビジネスモデルを生み出すには、ビジネスモデル全体に関する知識のみならず、実にさまざまな知識が必要とされる。

・各プロセスにどんな制約条件があるのか
・どこにどんな課題があるのか
・それらを解決するためにどんな専門知識が必要なのか
・どのように収益を稼ぎ出すのか
・コストはいくらかかるのか
・法規制はどうなっているのか
・どのようなデジタルテクノロジーが必要となるのか
・それは有用か
・データをどのような粒度・頻度・鮮度・粒度で取得すれば有効な分析結果が得られるのか

・アナリティクスをどこまで活用すれば最適なサービスが提供できるのか

これらを自社内のリソースだけで実施するのはもはや不可能だろう。こうした条件を満たすには、それぞれの分野のエキスパートからなるハニカム構造が想起され、それぞれの原子が結びつき新たな化合物を生成するというイメージを持って取り組むべきではないだろうか。

新たなビジネスモデルの創出の次には、「③プロトタイプ」を行う。製品におけるプロトタイプと同じく、新たなビジネスモデルにおいてもプロトタイプは重要となる。デジタル化されている環境においては、プロトタイプの垣根は低く、定量的な効果もすぐに分析可能なので、そのサイクルを回しながらフィードバックを重ねていくことで、新たなビジネスモデルがより鮮明にシェーピングされていく。

デザイン・シンキングでもう一つ重要なのは、ユースケースだ。ユースケースも誤解の多い言葉である。ソフトウェア工学やシステム開発の現場では、システムが備える機能に対してどんなアクター（画面や機能を操作する人）が登場するのかを整理する手法として知られているが、デザイン・シンキングでは、「③プロトタイプ」で検証する、いわゆるたたき台となる新たなビジネスモデルのことを指す。

理解を深めるため、プロトタイプまでの流れについて、化粧品を題材にデザイン・シンキングのアプローチから新たなビジネスモデルを検討してみよう。

1｜ディスカバー――共感して理解する

化粧品をモノではなく、消費者に本質的に提供している価値とは何か。ターゲットとしている国、性別、年齢、嗜好などのセグメンテーション情報を抜きにして顧客価値に着目し、コンテキストを探ってみる。それらをワードクラウドとして表現すると、どのようなアウトプットとなるだろうか。

2｜ディスクライブ――コンセプトを描く

できあがったワードクラウドからレバレッジポイントを識別する。美容を保つという顧客欲求の裏側には、隠された潜在ニーズがあるかもしれない。それらのコンテキストの中から、サービスとして提供すべきデザインを探る。この段階では正解・不正解はない。次のステップで検証すればいいだけの話だ。プロトタイプは1個ではなく、10個程度同時に走らせるのが望ましい、と現在のビジネスの世界では分析されている。

3｜アイディエイト・プロトタイプ――息を吹き込む

これらの潜在ニーズに付加価値を提供するビジネスモデルを検討する。より詳細な肌データの分析には、DNAキットやウエラブルパッチなどのデータを取得することや、食生活や生活のリズム、温度・湿度環境など空間に関するデータは、より最適な化粧品レシピに必要かもしれない。そうした情報は既存のデータから取得できるものもあれば、温度・湿度環境など空間に関するデータであれば、ウェラブルを再度登場させるか、携帯電話のGPS情報と、空調設備に含まれているIoTデータとを連携させることで取得できる可能性がある。それらを分析し、最適なソリューションを提供するための分析アルゴリズムも欠かせない。アナリティクスの専門家も、有意な分析結果を得るために医学的な知識を必要とするかもしれない。

同時に、ビジネスモデルやビジネスケースも、このステップで検討すべきだ。たとえば、検討結果として、顧客価値に合致するコンテキストを備えたハイパー・パーソナライゼーションされた美容サービスを、化粧品を通じて提供することになったとする。もし、現在、約1カ月で使い切る化粧品を、美容コンサルタントが百貨店の店頭で提供するビジネスモデルの場合、デジタル化を起点にすると、たとえば次のような変革が想定される。

・DNAサンプルにより肌の状態をデータで取得し、肌プラットフォームにデータを載せる。
・高度なアナリティクスを活用することで、肌データと化粧品レシピを突き合わせ、ハイパーカスタマイゼーションされたデジタルレシピを提案する。
・提案されたレシピに基づき、最短のリードタイムで納品できる製造工場をAIが提示し、即座に製造ラインに製造指図が発行される。

このビジネスモデルを想定した場合、デパートの20%程度を占めると言われる化粧品売り場は不要となるかもしれない。一方、デジタル化すべきもの、たとえば販売員の暗黙知やノウハウの可視化の必要に迫られる可能性もある。また、製造工場の製造拠点配置やデカップリングポイントも、従来とは異なる発想で検討することになるかもしれない。

次に、ビジネスモデルを実際にトライ&エラーで試してみる。まずデジタル上で、プロトタイプを実施すれば、そのビジネスモデルをクイックかつ、データ化されているという意味では定量的に評価・検証できる。プロトタイプの評価結果によっては、もう一度、「①ディスカバー」に戻り、フィードバックしながらこのビジネスモデルの有用性や実現可能性、持続可能性を再度検討してみることが欠かせない。

ところで、まとめとして次の点をお伝えしておきたい。モノというのは、体験型と実用型に分類できる。体験型は「パーソナライゼーション」が、実用型は「自動化」がレバレッジポイントとなる傾向が観察されている。化粧品などの体験型は、さまざまな顧客の志向、生活スタイルがデジタル化されているため、分析可能な状況になっている。アナリティクスによるレコメンドで、消費者個々人のニーズにダイレクトに刺さるものづくりが今後行われていくことになるだろう。

実用型は効率性が最も重視される。タクシーは実用型のモノであり、「乗客の適切なタイミングで安く安全に時間通りに移動したい」という効率性が求められる。ウーバーは、こうしたレバレッジポイントに着目した新たなビジネスモデルと捉えることができる。

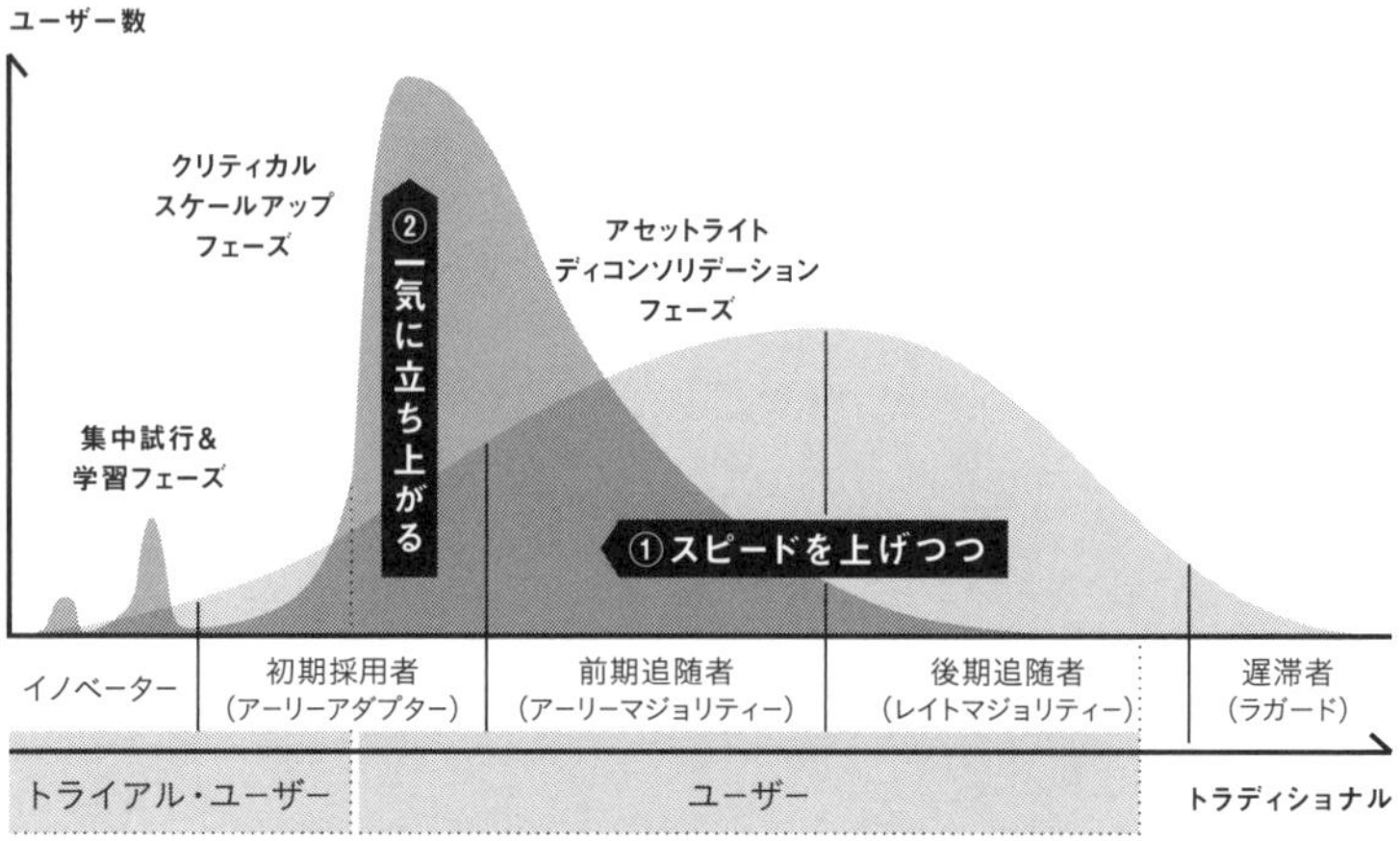

「シャークフィン型」マーケットの特徴

集中試行&学習フェーズ
トラディショナルな市場での初期採用者トライアル・ユーザーに吸収される

クリティカルスケールアップフェーズ
デジタルでは、マーケット導入期間が極端に圧縮される

アセットライトディコンソリデーションフェーズ
ビジネス縮小時の設備投資額が最小化される

【図11-6】シャークフィン理論

また、シェアリング・ビジネスでは、消費財よりも耐久財のほうが新たなビジネスモデルを構築しやすいという点も見逃せない。本章ではあえて身近な化粧品を例にデザイン・シンキングのアプローチを提示したが、GEのビヨンド・ザ・エンジンやミシュランのタイヤ・アズ・ア・サービスをケースとして、デザイン・シンキングのアプローチを読者ご自身で検討してみてほしい。

最後に、シャークフィン理論[注5]を紹介する(図11-6参照)。

製品のマーケティング戦略を時間軸の観点で分析する製品ライフサイクルの考え方に、いま変化が起きている。従来のプロダクトライフサイクルマネジメントの考え方では、製品が、導入期、成長期、成熟期、衰退期の四つの段階を経るので、各フェーズに合った最適なマーケティング戦略や事業判断を実行することが定石となっていた。しかし、最近のデジタルサービス市場の規模拡大は、トライアルユーザーによる集中志向や学習フェーズを経て、一気に立ち上がる傾向がある（クリティカル・スケールアップフェーズ）。この傾向から言えることは、トライ&エラーで試しながらサービスを磨き上げてことがポイントになる、ということだ。また、クリティカル・スケールアップフェーズ以降、急速に規模が落ち込むことも観察されている。このため、ビジネス縮小時に備え、柔軟なビジネスモデルを準備しておく必要があることも示唆している。

インダストリーX.0に対する日本企業にとってのチャレンジ

「デジタイズ・オア・ダイ（デジタル化するか、死ぬか）」という言葉が急速に一般的になった。アクセンチュアも2014年からデジタル・トランスフォーメーションを全社アジェンダとして、世界中で支援させていただいている。インダストリーX.0の世界観は、相当なインパクトをもってさまざまな経営学の概念を覆していくだろう。テクノロジーの進化や低コスト化、消費者のライフスタイルの変化の波に乗り、インダストリーX.0の世界観は、各所で創造的破壊を引き起こしながら急速に広がっていくと予想されている。こうした状況のなか、日本企業はインダストリーX・0の世界にどう立ち向かっていくべきなのだろうか。

日本が得意とする製造業は、いわゆる先発優位で研究開発により新たな発明をテコに「すり合わせ」「カイゼン」によって経験曲線や習熟曲線で勝負し、高機能、高性能・高品質を提供し続けることを得意としている。一方で、成果型エコノミーの新しいビジネスでは、既存市場に「デジタル・ケイパビリティー」をテコに新たな価値観をもたらすイノベーションを創造し、新たな顧客体験を成果として提供する。既存の競争条件での生産性の向上やカイゼン、ビジネス・プロセス・リエンジニアリング（BPR）的な発想ではなく、新しいビジネスモデルはコトづくり、いわば不可能を可能にする発想であり、すべてがエンドユーザー起点の考え方となる。また、その成長は前述のシャークフィン理論のようなスケールアップが観察されており、前提条件や発想を転換しないと、これまでの「勝ちパターン」はいつの間にか「負けパターン」になってしまう可能性すらある。

インダストリーX・0の世界で戦うには、従来の勝ちパターンの過程でつくりあげられたサイロに、きちんと目を向ける必要がある。とりわけ（1）経営者自身のサイロ、（2）ビジネスオペレーティングモデルのサイロ、（3）組織のサイロ、（4）情報のサイロ、（5）人材のサイロの五つが、伝統的な製造業にとって非常に大きなチャレンジとなるだろう。

（1）経営者自身のサイロ

アクセンチュアが実施したＩＩｏＴに関するグローバルＣＥＯ調査によると、グローバルと

Q 今後12カ月で、競合企業がビジネスモデルを大きく変化させると考えていますか？

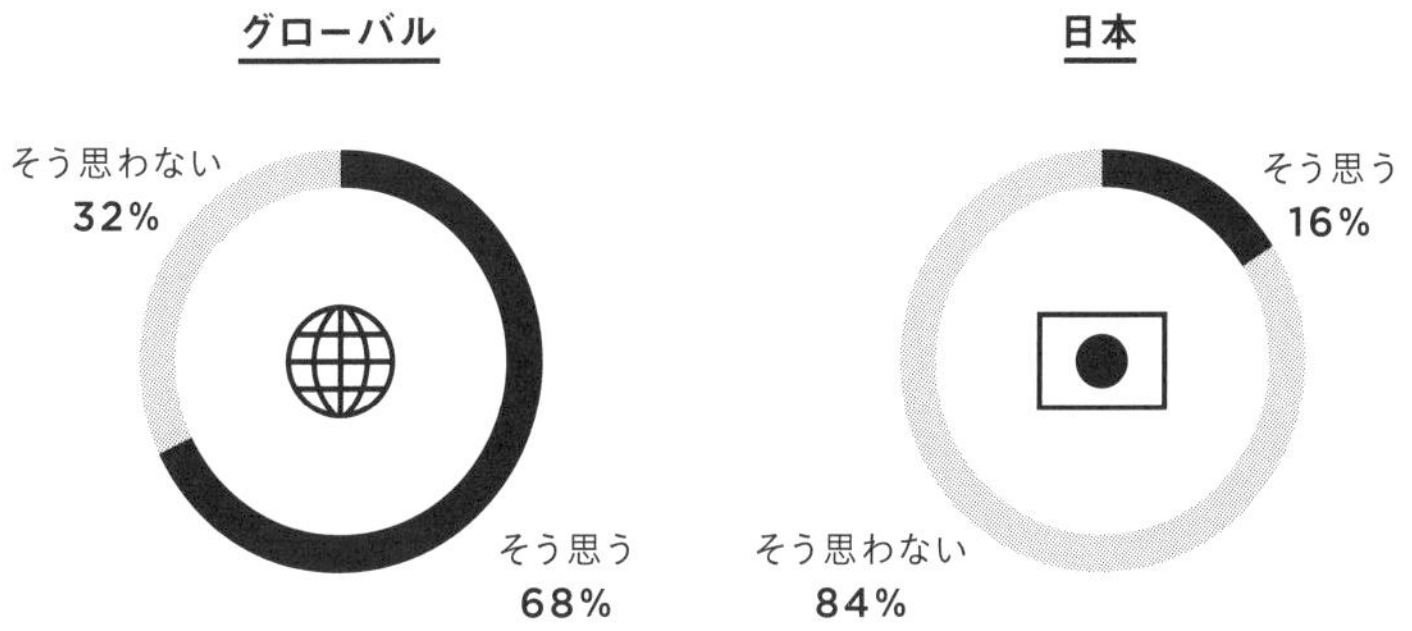

世界各国の経営者の70%近くが、競合企業がビジネスモデルを大きく変化させる可能性があると考えているが、日本ではその割合は16%と全体の4分の1以下。

Q IIoTはオペレーションの効率化や生産性向上と、新たな収益源の創出のどちらにより貢献すると考えていますか？

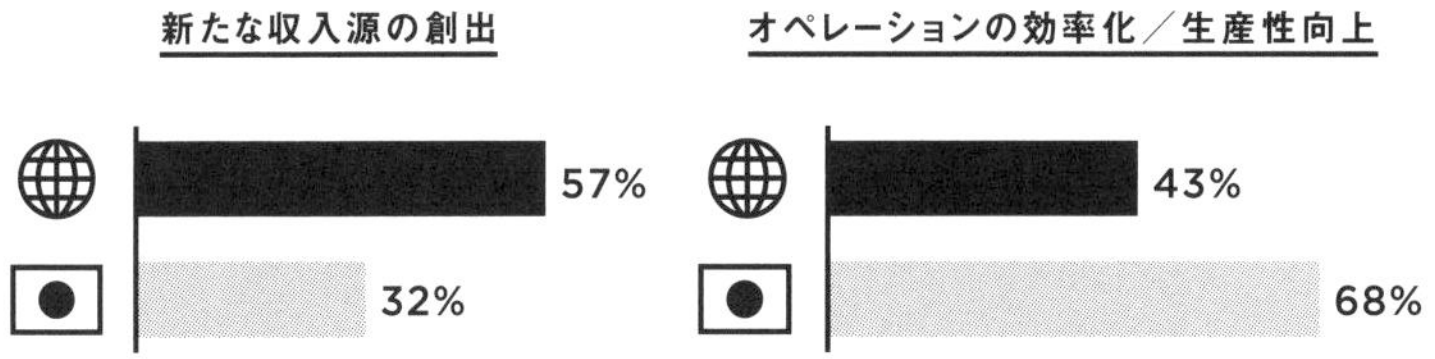

世界各国の経営者の約60%（日本では32%）がIIoTが新たな収益源の創出に貢献すると考える一方、日本企業の経営者の大半はオペレーションの効率化や生産性の向上に貢献すると考えている。

【図11-7】事業のサービス転換に関する経営者の認識

（出典）アクセンチュア、グローバルCEO調査2015

日本の経営者とでは、意識の差が歴然と表れている。グローバルの経営者は、「ＩＩｏＴが市場における創造的破壊をさらに加速させる」と考えているのに対し、「競合企業が市場のルールを一変させる」との懸念を持つ日本の経営者は全体の16％しかいない。また、ＩＩｏＴがビジネスにプラスのインパクトをもたらす可能性として、グローバル企業の半数以上が、「新たな収益源の創出」を挙げているが、日本企業の経営者は「効率化」という比較的取り込みやすい側面への注目度が高い。

ＩＩｏＴ、ＡＩなどをテクノロジーに関する現象、あるいは効率化や自動化による生産性向上の新しいＩＴトレンドと捉えてしまうと、インダストリーＸ・０はＣＩＯのアジェンダとして位置づけられてしまいがちだ。しかし、ビジネスチャンスとしてどう捉え、どの方向にかじを切るのかといった大きな意思決定を伴う点で、ＣＥＯアジェンダに組み込まれるべきだと言える。

また、今後は、顧客の経営課題と、課題解決によるアウトカムを見いだしたうえで、自社のサービスの貢献の仕方やビジネスモデルを創造するという、まったく異なるケイパビリティーが求められる。言い換えると、これまで伝統的な製造業に求められてこなかったケイパビリティーが求められていると経営者自身が語り、経営陣に徹底共有させながら全社的にメッセージを発信していく必要があるだろう。

ＧＥのジェフリー・イメルトは、２００１年に「サービス２・０」を打ち出し、サービスを軸としたサービスプロバイダーに生まれ変わるという思想を宣言した。すでに自動車業界でも、メルセデス・ベンツ、GM、フォードが自動車メーカーから「移動サービス」へと変わる宣言をし、日本ではトヨタ自動車が２０１６年11月、「クルマをつくって売る会社であると同時に、移動サービスを提供する会社になる」と宣言した。所有価値が高い一部の超高級自動車を除き、「コモディティ化するクルマ」を売り続けるビジネスモデルから、顧客の本質的価値に響くサービス事業への転換へと段階的に移行していくプランが着々と動き始めている。

（2）ビジネスオペレーティングモデルのサイロ

成果型エコノミーのビジネスモデルをイノベーションするためには、前述したような「市場を大きく捉える」「ビジネス価値を見極める」「デジタルテクノロジーを活用する」の三つのステップが必要だ。このアプローチはトライ&ラーンを前提としているため、人的リソースも含めた投資管理や評価のあり方も新しく考える必要がある。

サービス事業を新たに立ち上げる際にはキャッシュフローの観点からのハードルが存在する。顧客に一括で対価を請求する「モノ売り」と異なり、顧客に継続的にサービス・フィーを請求するサービスモデルでは、サービス提供初期に、自社のキャッシュフローはマイナスにならざるを得ない。サービス契約が積み上がっていくにしたがって、将来支払われるサービス・フィーは受注残額やバックログとして自社のビジネスに安定的な収益をもたらす。そこまでサービス事業を辛抱強くサポートし、育てていけるかどうかが、事業のサービス転換を達成できるかどうかの分かれ目となる。

また、サービス開始後は、相対契約を前提としたスキームをとることが多いため、個々の契約を管理する仕組みや、サービス全体の収益を管理するファイナンスモデル、サービスを維持・管理していくためのアフターサービス管理の仕組みなど、将来の事業展開を見据えた検討も欠かせない。

（3）組織のサイロ

日本では、オペレーションの最適化の取り組みに関して、多くの企業は一定の成果を上げている。しかし、欧米のように、成果型エコノミーのビジネスモデル全体をデザインするような部署や、アナリティクス・ＡＩの専門部署などを新設している企業はごくわずかだ。

ビジネス価値を見極める段階ではデザイン・シンキングのアプローチが有効なことを紹介した。徹底的に調査し、リスクを最大限排除したうえで「手を挙げてから発言する」ことが多い日本人にとってなじみが薄く、デザイン・シンキングのように「考える前にやってみる、失敗する、失敗してトライ&エラーで修正する」やり方は、日本のビジネス特性とは大きな隔たりがある。

新しいビジネスを実行するための組織体制は、従来のシステム構築あるいはＢＰＲとはまったく異なる。お客様視点から新サービスを企画し、各役割担当者に指示を出す総合プロデューサーが中心となり、必要な機能を組み合わせる方法が一般的だ（図11－8参照）。

これらのメンバーを組織上、配置する方法には、プロジェクト単位で考えるやり方と組織構造に組み込んでしまうやり方がある。いずれにせよ、伝統的な枠組みとは異なる発想が必要となる。

（4）情報のサイロ

インダストリーX・0の世界観は、究極的にはデジタルの世界で収益を上げる構造を想起させる。これまでの物理世界でのモノ、ヒト、カネ、情報の移動を前提とした、先行・応用研究、

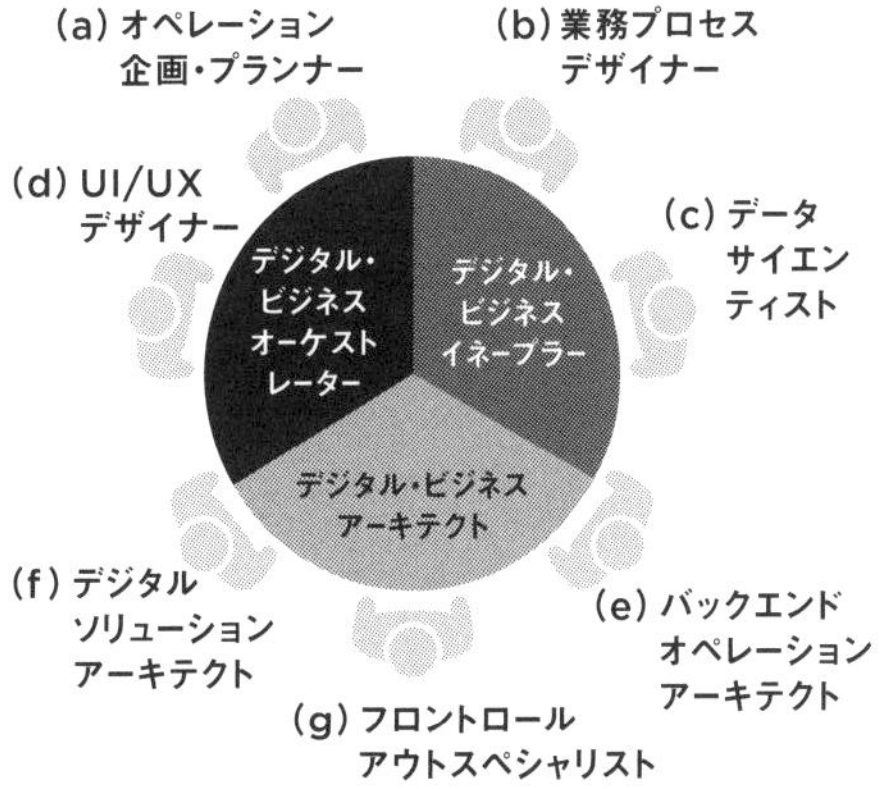

a― お客様視点から新サービスを企画し各役割担当者に指示を出す総合プロデューサー
b― 組織および社内・社外を横断してサービス提供に必要な業務プロセスの変革ポイントをデザイン・調達する人
c― サービス意思決定を支えるために探索的データ解析とモデリングを繰り返し行っていく人
d―（デジタルの世界ではサービスの成否を左右する）ユーザーインターフェースのデザインに責任を持つ人
e― オペレーションの実行に責任を持つ人。人手とIT化の選択肢を柔軟に組み合わせて企画する力が必要
f― オペレーションを支えるソリューションの設計に責任を持つ人。既存のITへの影響を避けつつ新規サービス実証後は既存ITと融合させる、柔軟な知恵と変化対応が必要
g　現場に近いところで社内外関係各所の文化・風土を理解してサービス展開・バージョンアップの落とし込みに責任を持つ人

【図11-8】成果型エコノミーの実行体制サンプル

開発、設計、調達、生産、物流、販売、アフターといった長い一方通行型のビジネスプロセスではなく、それらがデジタル化され、そうしたバリューチェーンに加えてデジタルでコネクテッドされたもう一つの世界も組み合わさってビジネスが繰り広げられる。

日本企業のビジネスにも、ＥＲＰやＢＩツール、ＰＬＭなどは、ある程度浸透してきたように見える。一方で、製造現場の情報に関しては、「ものづくりの現場」に高い付加価値を見いだしていた時代の流れを受けたせいか、欧米に比べて統合する価値を低く見積もっているように見える。ＩＩｏＴは機械装置、ＰＬＣ、ＳＣＡＤＡ（監視制御システム）、センサー・デバイスだけではなく、製造現場で働くコネクテッドワーカー、工場内を移動するモノまですべて必要な情報がデジタル化されていく。そうした製造現場を統合管理する仕組み（ＭＥＳ／ＭＯＭ）が今後日本のマーケットでも隆盛を迎えることになるだろう。

（5）人材のサイロ

課題を解決するために必要なケイパビリティーが、自社内に存在しないケースが多くある。特に、デザイン・シンキングをファシリテーションするような総合プロデューサーや、高度な分析ケイパビリティーを持つデータサイエンティスト、ＩＩｏＴのデジタルテクノロジーに精通した人材などは、そもそも労働力人口が減少している日本社会には枯渇しており、自社で調達することは困難となるだろう。

こういったチャレンジを乗り越えるには、社外とのパートナリングを積極的に活用することも一つのオプションだ。特に、海外のIIoT先進企業では、社外とのパートナリングを活用し、場合によっては、顧客との関係自体もメーカーからサービス事業者へと変えながら、早いタイミングで市場シェアの獲得を目指そうとしているケースが多く見られる。

「独創的な製品がない」と悩む経営者は多いが、実際には「成果型エコノミー全体のビジネスモデルがない」だけかもしれない。同様に以下のような勘違いもよく見受けられる。

勘違い▼「スティーブ・ジョブズやイーロン・マスクのような天才がいない」
現実▼「成果型エコノミーを創出する組織・アプローチが手探り状態なだけ」
勘違い▼「優秀な社員がいない」
現実▼「顧客起点のビジネスモデルを創設・運用する組織体系・評価体系となっていない」
勘違い▼「アマゾンやGE、ミシュランのようなプラットフォームがない」
現実▼「ビジネスモデルの捉え方が自社製品・組織を起点としており、本質的には社会を起点としていない」

現在の第2次産業革命、第3次産業革命を勝ち進んだビジネスモデルは、変革をいや応なく求められている。組織の根幹となる、人材、資本、サプライヤー、顧客、ITすべてがインダストリーX・0から挑戦を受けているようなものと言えるだろう。

ジャパンIoTセンター（仮称）の開設

アクセンチュア・ジャパンでは2017年12月にジャパンIoTセンターの開設を予定している。インダストリーX・0の世界観に対しては、コンサルティングにも新しい方法論、推進チーム、成果報酬（契約スキーム）などが必要という認識のもと、アクセンチュアではイノベーション・アーキテクチャを定義し、その一環としてグローバルで順次IoTセンターを開設中である。

その先駆けとなるドイツのガーシン（ミュンヘン郊外）のIoTセンターを簡単に紹介しよう。ガーシンのIoTセンターは、ドイツのミュンヘン空港から車で30分程度の物流拠点エリアにある。オフィス外観は物流倉庫そのもので、出入りはトラックヤードから行い、両隣には物流会社のトラックが横付けされている。IoTセンター内には、アクセンチュアがグローバルで有する最新のインダストリアル関連のデジタル・ショーケースが並んでおり、デザイン・シンキングを行う専用部屋が併設されている。ここでは、クライアントとともにデザイン・シンキングを行い、アイデアの創出から課金まで含めた新たなビジネスモデルのプロトタイプを実行することができる。ショーケースは、顧客起点のエンドツーエンドのビジネスモデルをカバーしており、ERPやPLM、MESといったアプリケーションのデータ連携や、ミニチュアの工場・設備、ロボット、ウェアラブル・デバイス、アナリティクス、セキュリティー、センサー、タグなどを準備している。プロトタイプを高速に実施しながら、課題や改善を繰り返しデジタル価値獲得に向けたプロトタイプを繰り返し行えるようになっている。

すでに顕著な成果が出ており、たとえばフランスの重電大手シュナイダーエレクトリックは自社製品の遠隔監視の仕組みを構築する際にこのセンターを活用し、企画からプロトタイプまでの期間を従来の3分の1に縮めた。また、イタリアの木工機械メーカーのビエッセは自社製の機械にセンサーを取り付けて遠隔監視することで、故障を予測する仕組みを構築した。また、利用客の機械の使用方法や癖を把握することができ、正しい使用方法を助言できるようにもなった。世界中で稼働する5万台の機械を順次つなげ、1台から1日あたり約6万件のデータを集めている。

ジャパンIoTセンターでは、アクセンチュア・グローバルのアプローチを踏襲しつつ、日本の経営者やリーダーのプロトコルに変換し、日本のイノベーション発信基地を目指すべく準備を進めている。アクセンチュアがグローバルで有する最新の知見やアセットをショーケースとしてただ紹介するだけではなく、イノベーションを加速させるためのユースケースやシナリオを準備して、数時間から数日のワークショップを運営する想定だ。ここではイノベーション・オーケストレーターがワークショップをファシリテートし、参加者も企業だけではなく、経済界だけにとどまらないさまざまな領域の専門家を招聘するプログラムも検討している。

最後に、本書が日本の新たな時代のものづくりに果敢にチャレンジする次世代のリーダーたちに共感をもって受け入れられ、来たるよりよい未来に向け、ともに歩んでいけることを期待してやまない。

アクセンチュア 製造・流通本部
マネジング・ディレクター　河野 真一郎
シニア・マネジャー　花岡 直毅
デジタルコンサルティング本部
マネジング・ディレクター　丹羽 雅彦

各章の要点一覧

第1章　現在進行中の製造業のデジタル革命は今後さらに加速する

1．製造業は重大かつ劇的な進化を遂げつつある。変化を促進する要素は、ネットワーク技術の普及、プラットフォームとデータ最適化、ハイパー・パーソナライゼーション、ＸａａＳビジネスモデルなど、数多い。そして、変化はまだ始まったばかりである。

2．個々のプロセスが密接に連携する製造工程がこれからすぐに主流になる。産業用モノのインターネット（ＩＩｏＴ）は、工場、製品、労働者などの要素をデジタル技術を活用して統合することで、巨大な価値を生み出す。

3．デジタル化された新しい産業界で成功するには、正しい技術を適所に展開し、デジタル・ワークフォース運用の準備を整えて、それぞれをうまく協調させなければならない。さらに、適切なパートナーとのエコシステムのなかで事業を展開することも必要な条件となる。

第2章　IIoTはどのようにして成果型エコノミーをもたらすか

1. IIoTは企業内部の業務や他社との関係、さらに顧客への製品の売り方を劇的に変化させる。
2. この変化が「製品の終わり」をもたらし、これまでにはなかった成果型エコノミー（または「使用型エコノミー」）を出現させる。私たちが長く慣れ親しんできたハードウェア製品は、さらに便利なサービスやユーザー体験、さらにそれらが形成するエコシステムに取って代わられる。そして最後には「成果」が製品として売られるようになる。このような成果型エコノミーを形づくるのは、リビングプロダクトとXaaSビジネスモデルの組み合わせである。
3. 企業は硬直した縦割りのビジネスから脱却し、俊敏性の高いエコシステムの一部となる時代がくる。そして、これまでには考えられなかったパートナーと協力することになる。この変化に対応できない企業は、長くは生き残れない。

第3章　デジタルが生み出す巨大な価値――デジタル戦略の道しるべ

1. 従来のやり方はもう通用しない。バリューチェーン全体をデジタル化したメーカーは、直ちに（しかも持続的に）大きな利益を得ることになる。さらに、企業価値の向上による社会全体への波及効果も非常に大きい。
2. 企業がデジタル化に向けた戦略を立てる際には、その価値を理解しておくことが不可欠となる。デジタル化のペースが違えば、発生する価値の質も変わってくる。また、デジタル化によって得られる価値の量は、業種ごと、企業の部門ごとに異なる。

3．新しいデジタルビジネスモデルは、まだその真価を発揮できる状態ではない。ただ、競合他社（既存、新規を問わず）に先んじて投資を行った企業だけが、新しいビジネスの潜在能力を生かし、業界をリードする存在になれる。

第４章　「失敗を防ぐ」ための六つの必須能力——デジタル化へのシンプルな道のり

1．会社のデジタル化は、一見、全部署を巻き込む大改革のように思えるかもしれない。しかし実際は小規模からスタートできる。

2．デジタル化には、唯一絶対の正解は存在しない。事前に詳細な予定を立てるのは不可能に近く、実際に立てたとしてもほとんど役に立たない。しかし、手をこまねいてはいられない。大まかな方針を決めて、前に進もう。

3．デジタル化を進めるにあたっては、「まずはやってみる。うまくいけば続ける。だめだったら次にいく」というスタートアップ企業のやり方が適している。さらに、企業内にデジタル化したプロジェクトが進展する方向を観察できる実験場のような場所が複数あると理想的だ。

4．ＩＩｏＴを活用するための基礎として企業が備えるべき、「失敗しない」ための必須能力は以下の六つである。「ライフサイクルを同期させる」「ソフトウェア・インテリジェンスとコネクティビティを組み込む」「生産設備を俊敏性の高いものに変える」「経営判断にアナリティクスを取り入れる」「XaaSビジネスモデルへの移行を進める」「エコシステムを創造し、動かす」

5.「失敗を防ぐ」ための六つの必須能力をまずは一つずつ伸ばして、その後、組み合わせる。行動なくして成果はない。とにかく始めてみよう。

第5章　ズームイン——データ分析を活用する方法

1. データと、それを分析することで得られるビジネスや市場への知見は、21世紀の産業界の血液と言える存在になる。

2. 社内には、これまでに蓄積したデータが眠っているはずだ。それをうまく活用できれば、(a) 顧客体験、(b) 製品性能、(c) 労働力、(d) 運用効率、(e) 新製品・新サービスのポートフォリオの最適化という、企業活動における五つの主要分野で大きな効果を上げることができる。

3. まずは、社内のITシステムに眠っているデータの分析から始めよう。それがうまくいったら、今度は外部のデータとの統合に着手する。販売する製品がスマートになり、コネクティビティが高まったら、顧客との直接のつながりを増やしていく。

4. まずは、特定のユースケースに焦点をあてた、小規模でリスクの低い分析プロジェクトを試験的に始める。これをなるべく多くの分野で行い、うまくいったプロジェクトはすぐにスケールアップさせる。

5. これらの改革を進めるため、企業の枠にとらわれずに、データ分析能力を構築しよう。ほかの会社が提供するアナリティクスサービスを利用すれば、トップラインとボトムラインの両方を見据えたプロジェクトを、素早く進めることが可能になる。

第6章 ズームイン——デジタル化製品の開発をどう進めるか

1. 製品開発の全工程が、スマート化した「コネクテッドプロダクト」の出現によって再定義される。

2. ソフトウェア関連の機能を強化すべし。製品にはこれまで以上にソフトウェアが内蔵され、それが可能にするサービスやユーザー体験がこれからは重要視されるようになる。それぞれのペースで必要な体制を整えていこう。

3. 健全なデジタル・プロダクトライフサイクルマネジメント（DPLM）は、新時代のデータ主導型製品「リビングプロダクト」を開発するうえでの基礎となる。俊敏性、拡張性、ソフトウェア・インテリジェンス、そして統一されたデータフローを兼ね備えた、DPLMシステムを構築しよう。

4. ハードウェアとソフトウェア、二つの開発サイクルを調和させよう。ただ、動かせないように固定してはいけない。また、提供する価値や顧客満足度の最大化につながるようなマーケティング活動を行おう。

5. 事業プロセス全体にわたるエンドツーエンドのDPLMを行い、会社のDNAに組み込もう。

第7章　ズームイン――コネクテッド・ワークフォースを準備する

1. 未来の労働者は、工場でも、エンジニアリングセンターでも、製品が稼働する客先でも、データに基づいた判断を下す意思決定者、あるいは機械に対する監督者の両方の役割を果たすようになる。
2. コボットや人工知能の導入によって、企業のあらゆる機能が影響を受ける。最終的には工場からボートルームまですべての場所で、人間と機械が協調して働くようになる。
3. 手をこまねいていてはいけない。自社に訪れる変化を積極的に受け入れよう。
4. 社員教育、採用についての戦略はいますぐに立てるべし。従業員に技術を身につけさせ、優秀な人材を獲得しなければ、必要なスキルはすぐに不足する。デジタルに強い労働力を確保するため、クラウドソーシングのような新しいモデルも積極的に活用しよう。
5. 現場の管理職は、ワークフォース全体の改革の鍵を握るうえに、その役割自体もこれから大きく変化する。

第8章　ズームイン――新しい世界でのイノベーションの起こし方

1. 体験は製品に勝る。近年、製造業の企業に最も多くの価値をもたらしたのは、イノベーションによる顧客体験の向上である。

2. イノベーションへの新しいアプローチを取り入れることで、特に産業機械、一般消費財、家電といった分野では大きなリターンを得られる。

3. 製造業では、イノベーションへの投資方針に関して、企業間の違いはほとんど存在しない。成否を分けるのは「何に投資するか」ではなく、投資した資金を「どのように使うか」だ。

4. 社外に目を向けよう。競合他社への認識を変え、オープンかつ流動的なエコシステムのなかで活動することが、成功の鍵だ。

5. ブリリアント・イノベーターは、ソリューションセントリックで、プラットフォームから得た知見を重視し、中心的なリーダーシップを養成したうえで、スピードの異なる業務を同時に展開するという特徴を持つ。

第9章　ズームイン——プラットフォームとエコシステムを最大限活用する

1. データ主導のスマートサービスによって、産業界の様相は一変する。これからは、複数のエコシステムを利用したプラットフォームベースのサービスを通じてスマートプロダクトがコネクトされ、個人の用途や使用状況に合わせた体験をユーザーに提供するようになるだろう。

2. 製造業の多くの企業にとって、エコシステムとプラットフォームは改革と成長の原動力になる。これから起きる変化は急速かつ破壊的で、市場における競争のルールを大幅に書き換えるだろう。

3. 自社のデータを大切にしよう。データ主導経済のもとでは、それは製品そのものであり、多くの価値を生むからだ。

4. エコシステムと一体化せよ。従来の製品ごと、会社ごとの競争は、デジタルプラットフォームが主導するエコシステム同士の争いに変化する。自社の製品、あるいは会社そのものを、外の世界とつなげる準備を始めよう。

5. 製造業にはこれから数多くのエコシステムが出現する。この流れに正面から向き合い、積極的に準備をしよう。事業に有益なエコシステムとのつながりを構築し、自社をエコシステムと一体化させるには時間がかかるうえに、組織構造やビジネスに対する考え方を大きく変える必要がある。何もしないで自然とこうした準備が整うということはありえない。

著者について

著者のエリック・シェイファーは、アクセンチュアのシニア・マネジング・ディレクターである。製造業のデジタル化支援を目的とした「デジタル・インダストリーX・0・プログラム」のリーダーとして活動。デジタル化による新しいサービスやビジネスの開発、さらには組織全体の変化を、各企業がチャンスに変えられるようサポートを行ってきた。

シェーファーはまた、アクセンチュアの国際事業の一つ、「アクセンチュア・プロダクト・ライフサイクル・サービス」のリーダーでもある。これは、エンジニアリング・バリュー・チェーン全部門――イノベーション、製品開発、製造、アフターサービス、保証サービスの製品データから価値を引き出し、業務効率を高める、エンドツーエンドのサービスを意味する。

専門分野は、自動車や産業機器の製造業だが、運送、物流、交通、旅行業などにも注目している。これまでに、複数の大手多国籍企業を顧客とする、技術的な変更を含む複雑な事業改善プログラムを率いてきた。グローバル事業を担当する前は、フランス、ドイツ、スイスにおけるアクセンチュアのプロダクト（産業機器、一般消費財、製薬、小売関連）の責任者を務めた。アクセンチュアへの入社は１９８７年。学生時代には高等電気学校（École Supérieure d'électricité）でエンジニアリングを専攻した。

現在、フランスのパリ在住。

13. Accenture, "Five Ways to Win with Digital Platforms," 2016. https://www.accenture.com/lu-en/_acnmedia/PDF-29/Accenture-Five-Ways-To-Win-With-Digital-Platforms-Full-Report.pdf
14. Accenture, "Five Ways to Win with Digital Platforms," 2016. https://www.accenture.com/lu-en/_acnmedia/PDF-29/Accenture-Five-Ways-To-Win-With-Digital-Platforms-Full-Report.pdf
15. Accenture, "Five Ways to Win with Digital Platforms," 2016. https://www.accenture.com/lu-en/_acnmedia/PDF-29/Accenture-Five-Ways-To-Win-With-Digital-Platforms-Full-Report.pdf
16. Accenture, "Five Ways to Win with Digital Platforms," 2016. https://www.accenture.com/lu-en/_acnmedia/PDF-29/Accenture-Five-Ways-To-Win-With-Digital-Platforms-Full-Report.pdf

第10章　未来のビジョン
――デジタル化したものづくり企業

1. http://archive.fortune.com/2007/05/01/magazines/fortune/kurzweil.fortune/index.htm, accessed January 25, 2017
2. http://support.hp.com/gb-en/document/c03760650, accessed January 26, 2017
3. http://www.rpdintl.com/, accessed January 26, 2017
4. http://www.cooperationcommons.com/node/416, accessed February 3, 2017
5. World Economic Forum, "Deep Shift-Technology Tipping Points and Societal Impact," September 2015. http://www3.weforum.org/docs/WEF_GAC15_Technological_Tipping_Points_report_2015.pdf

第11章　インダストリーX.0の世界観と日本企業への提言

1. 「成果」を売る戦略：顧客価値からつくるビジネスモデル、ハーバード・ビジネス・レビュー、2016
2. IBIS World, Transparency Market Research, Accenture Analysis
3. "*Step on the Pedal of Cloud Services*" CruxialCIO.com,2013
4. Accenture Adaptive Consumer Research Survey, 2015
5. Larry Downes, Paul Nunes, *Big Bang Disruption* (Penquin 2014)

January 30, 2017
17. © Accenture
18. Accenture, "Incubator or Respirator? —— Why you need to change the way you innovate. Now.," 2015. https://www.accenture.com/t20160629T222744__w__/us-en/_acnmedia/Accenture/Conversion-Assets/DotCom/Documents/Global/PDF/Strategy_7/Accenture-Strategy-Incubator-or-Respirator-Change-the-Way-You-Innovate.pdf
19. https://business.lesechos.fr/directions-numeriques/digital/transformation-digitale/0211405096985-schneider-electric-doit-apprendre-a-s-adapter-301320.php, accessed January 26, 2017

第9章　ズームイン
——プラットフォームとエコシステムを最大限活用する

1. https://www.theguardian.com/technology/2014/oct/30/china-xiaomi-third-biggest-smartphone, accessed January 27, 2017 Endnotes
2. Accenture, "Bridgemakers: Guiding Enterprise Disruption through Open Innovation," 2015. https://www.accenture.com/t20150523T033707__w__/us-en/_acnmedia/Accenture/Conversion-Assets/DotCom/Documents/Global/PDF/Dualpub_9/Accenture-Bridgemakers-Guiding-Enterprise-Disruption.pdf#zoom=50
3. © Accenture
4. The Center for Global Enterprise, "The Rise of the Platform Enterprise," January 2016. http://www.thecge.net/wp-content/uploads/2016/01/PDF-WEB-Platform-Survey_01_12.pdf
5. http://www.billboard.com/biz/articles/news/1559622/seven-ways-itunes-changed-the-music-industry, accessed January 26, 2017
6. https://www.statista.com/statistics/276623/number-of-apps-available-inleading-app-stores/, accessed January 26, 2017
7. http://www.go-globe.com/blog/alibaba-statistics-trends/, accessed January 25, 2017
8. http://www.handelsblatt.com/my/unternehmen/mittelstand/betonpumpenbauer-putzmeister-hochbetrieb-auf-der-virtuellen-baustelle/14896760.html?ticket=ST-2296993-eXA6aYU47vxc9bUNbOb3-ap2, accessed January 26, 2017
9. acatech, "Smart Service Welt —— Recommendations for the Strategic Initiative Web-based Services for Businesses," March 2014. http://www.acatech.de/fileadmin/user_upload/Baumstruktur_nach_Website/Acatech/root/de/Projekte/Laufende_Projekte/Smart_Service_Welt/BerichtSmartService_engl.pdf
10. © Accenture
11. © Accenture, based on The Center for Global Enterprise, "The Rise of the Platform Enterprise," January 2016. http://www.thecge.net/wp-content/uploads/2016/01/PDF-WEB-Platform-Survey_01_12.pdf
12. http://www.pcworld.com/article/2602260/mercedesbenz-maker-daimlergets-deeper-into-ridesharing.html, accessed December 8, 2016

Accenture, "Digital Transformation of Industries: Digital Consumption," January 2016. https://www.accenture.com/t20160503T050949__w__/hu-en/_acnmedia/PDF-16/Accenture-Digital-Consumption.pdf; Accenture, "Thriving on disruption," 2015. https://www.accenture.com/t20160215T053953__w__/us-en/_acnmedia/Accenture/Conversion-Assets/Outlook/Documents/1/Accenture-Thriving-On-Disruption-Web-PDF.pdf#zoom=50; Accenture, "Mastering operational flexibility," 2016. https://www.accenture.com/t20160628T022829__w__/us-en/_acnmedia/PDF-24/Accenture-Mastering-Operational-Flexibility-POV.pdf; http://www.mckinsey.com/business-functions/strategy-and-corporate-finance/our-insights/strategic-principles-for-competing-in-the-digital-age, accessed January 30, 2017; http://www.stratasys.com/resources/case-studies/automotive/honda-access, accessed January 30, 2017

7. © Accenture
8. © Accenture
9. http://www.ceasiamag.com/2016/03/bosch-launches-cloud-connectedworld-iot-conference-berlin/, accessed January 26, 2017
10. http://www.expressbpd.com/healthcare/trade-trends/carestream-wins-2016-north-america-frost-and-sullivan-award-for-new-product-innovation-leadership/221260/, accessed January 26, 2017
11. https://www.bloomberg.com/news/articles/2016-01-04/intel-buys-ascending-technologies-in-further-drone-push, accessed January 26, 2017
12. © Accenture
13. © Accenture
14. © Accenture
15. © Accenture
16. © Accenture, based on: https://www.merkleinc.com/blog/transforming-consumer-behavior-through-mobile-data-science, accessed January 30, 2017; http://www.caterpillar.com/en/news/corporate-press-releases/h/caterpillar-and-uptake-to-create-analytics-solutions.html, accessed January 30, 2017; World Economic Forum, in collaboration with Accenture, "Industrial Internet of Things: Unleashing the Potential of Connected Products and Services," January 2015. http://www3.weforum.org/docs/WEFUSA_IndustrialInternet_Report2015.pdf; https://www.theguardian.com/media/2014/feb/23/netflix-viewer-data-house-of-cards, accessed January 27, 2017; http://www.businesswire.com/news/home/20160331005382/en/Pitney-Bowes-Launches-Single-Customer-View-Software, accessed January 30, 2017; http://www.mckinsey.com/global-themes/asia-pacific/a-ceos-guide-to-innovation-in-china, accessed January 30, 2017; http://blogs.wsj.com/cio/2015/05/04/apple-healthkit-helps-cedars-sinai-tackle-patient-engagement-challenge/, accessed January 30, 2017; https://consumergoods.com/2016-review-outlook-innovation-trends, accessed

destination-organizational-transparency
12. Accenture, "Machine Dreams-Making the most of the Connected Industrial Workforce," 2016. https://www.accenture.com/t20160506T052209__w__/us-en/_acnmedia/PDF-13/Accenture-Connected-Industrial-Workforce-Research.pdf#zoom=50
13. © Accenture
14. World Economic Forum, in collaboration with Accenture: "Digital Transformation of Industries: Digital Enterprise," January 2016. http://reports.weforum.org/digital-transformation/wp-content/blogs.dir/94/mp/files/pages/files/digital-enterprise-narrative-final-january-2016.pdf
15. © Accenture
16. Accenture, "Judgment calls —— Preparing leaders to thrive in the age of intelligent machines," 2016. https://www.accenture.com/t20161221T043743__w__/us-en/_acnmedia/PDF-12/Accenture-Strategy-Workforce-Judgment-Calls.pdf
17. World Economic Form, "The Future of Jobs-Employment, Skills and Workforce Strategy for the Fourth Industrial Revolution," January 2016. http://www3.weforum.org/docs/WEF_Future_of_Jobs.pdf
18. © Accenture, based on "The Future of Employment: How Susceptible are Jobs to Computerization?," Frey, C. & Osborne, M. (2013)
19. World Economic Form, "The Future of Jobs-Employment, Skills and Workforce Strategy for the Fourth Industrial Revolution," January 2016. http://www3.weforum.org/docs/WEF_Future_of_Jobs.pdf

第8章　ズームイン
——新しい世界でのイノベーションの起こし方

1. Accenture, "Incubator or Respirator? —— Why you need to change the way you innovate. Now.," 2015. https://www.accenture.com/t20160629T222744__w__/us-en/_acnmedia/Accenture/Conversion-Assets/DotCom/Documents/Global/PDF/Strategy_7/Accenture-Strategy-Incubator-or-Respirator-Change-the-Way-You-Innovate.pdf
2. Accenture, "Incubator or Respirator? —— Why you need to change the way you innovate. Now.," 2015. https://www.accenture.com/t20160629T222744__w__/us-en/_acnmedia/Accenture/Conversion-Assets/DotCom/Documents/Global/PDF/Strategy_7/Accenture-Strategy-Incubator-or-Respirator-Change-the-Way-You-Innovate.pdf
3. http://www.pcworld.com/article/155984/worst_tech_predictions.html, accessed December 8, 2016
4. http://www.pcworld.com/article/155984/worst_tech_predictions.html, accessed December 8, 2016
5. Accenture, "Beyond the Product: Rewriting the Innovation Playbook," 2016. https://www.accenture.com/t20160907T071628__w__/us-en/_acnmedia/PDF-17/Accenture-Innovation-Driven-Growth-Umbrella-PoV-1.pdf#zoom=50
6. © Accenture, based on: World Economic Forum, in collaboration with

12. http://www.stratasys.com/resources/case-studies/automotive/bmw, accessed January 25, 2017
13. http://www.stratasys.com/resources/case-studies/automotive/honda-access? returnUrl=http://www.stratasys.com/resources/case-studies?industries =Automotive, accessed January 25, 2017
14. http://www.gereports.com/post/77131235083/jet-engine-bracket-from-indonesia-wins-3d-printing/, accessed January 25, 2017
15. © Accenture
16. © Accenture
17. https://www.tesla.com/support/software-updates, accessed January 27, 2017
18. http://knowledge.insead.edu/customers/to-succeed-at-crowdsourcing-forget-the-crowd-4227, accessed January 25, 2017
19. © Accenture
20. http://en.dcnsgroup.com/parole-expert/virtual-reality-and-augmented-reality-their-naval-defence-applications/, accessed January 25, 2017
21. Accenture Research

第7章　ズームイン
――コネクテッド・ワークフォースを準備する

1. © Accenture
2. Accenture Research
3. © Accenture
4. Accenture Research
5. http://articles.sae.org/14207/, accessed February 16, 2017
6. Accenture, "Machine Dreams ―― Making the most of the Connected Industrial Workforce," 2016. https://www.accenture.com/t20160506T052209__w__/us-en/_acnmedia/PDF-13/Accenture-Connected-Industrial-Workforce-Research.pdf#zoom=50
7. © Accenture
8. Accenture, "Machine Dreams ―― Making the most of the Connected Industrial Workforce," 2016. https://www.accenture.com/t20160506T052209__w__/us-en/_acnmedia/PDF-13/Accenture-Connected-Industrial-Workforce-Research.pdf#zoom=50
9. Accenture, "Machine Dreams ―― Making the most of the Connected Industrial Workforce," 2016. https://www.accenture.com/t20160506T052209__w__/us-en/_acnmedia/PDF-13/Accenture-Connected-Industrial-Workforce-Research.pdf#zoom=50
10. Accenture, "Machine Dreams ―― Making the most of the Connected Industrial Workforce," 2016. https://www.accenture.com/t20160506T052209__w__/us-en/_acnmedia/PDF-13/Accenture-Connected-Industrial-Workforce-Research.pdf#zoom=50
11. Pollock, Sara, "Final Destination: Organizational Transparency," Clear Company Blog, April 3, 2014. http://blog.clearcompany.com/final-

2. © Accenture, based on: IDC, "IDC FutureScape: Worldwide IT Industry 2016 Predictions —— Leading Digital Transformation to Scale," November 2015; https://hbr.org/2016/02/companies-are-reimagining-business-processes-with-algorithms, accessed January 26, 2017; IDC, "IDC Accelerating Innovation on the 3rd Platform," March 2015; IDC, "IDC FutureScape: Worldwide CIO Agenda 2016 Predictions," November 2015; http://www.informationweek.com/healthcare/3d-printingbreakthrough-could-change-healthcare/d/d-id/1322856, accessed January 26, 2017; IDC, "IDC FutureScape: Worldwide Datacenter 2016 Predictions," November 2015
3. © Accenture
4. http://www-01.ibm.com/common/ssi/cgi-bin/ssialias?infotype= PM&subtype=AB&htmlfid=IMC14702USEN, accessed January 20, 2017
5. © Accenture
6. http://www.zf.com/corporate/en_de/products/product_range/commercial_vehicles/zukunftsfaehigkeit/fit_for_the_future.html, accessed January 24, 2017
7. http://www-03.ibm.com/software/businesscasestudies/hr/hr/corp?synkey=M200424F25312E29, accessed January 24, 2017
8. © Accenture
9. © Accenture
10. © Accenture

第6章　ズームイン
——デジタル化製品の開発をどう進めるか

1. © Accenture
2. Accenture Research
3. http://www.pcadvisor.co.uk/feature/broadband/5g-release-date-3632607/, accessed January 24, 2017
4. © Accenture
5. Gartner, "Predicts 2014: Manufacturer R&D Gets Smarter About Innovation in the Digitalized Era," December 2013
6. http://www.aerospacemanufacturinganddesign.com/article/millions-of-data-points-flying-part2-121914/, accessed February 1, 2017
7. http://www.datasciencecentral.com/profiles/blogs/that-s-data-science-airbus-puts-10-000-sensors-in-every-single, accessed January 15, 2017
8. http://www.forbes.com/sites/gilpress/2015/11/10/transform-or-die-idcs-top-technology-predictions-for-2016/#4fe6e4827cec, accessed January 24, 2017
9. © Accenture
10. http://www.stratasys.com/resources/case-studies/aerospace/aerialtronics, accessed January 25, 2017
11. http://www.javelin-tech.com/3d-printer/ducati-accelerates-engine-design-with-fdm-prototyping/, accessed January 25, 2017

"Digital Transformation of Industries —— Demystifying Digital and Securing $100 Trillion for Society and Industry by 2025," January 2016. http://reports.weforum.org/digital-transformation/wp-content/blogs.dir/94/mp/files/pages/files/wef1601-digitaltransformation-1401.pdf
14. © Accenture
15. Accenture Research
16. Accenture Research
17. © Accenture
18. Accenture Research
19. Accenture Research
20. Accenture Research
21. Accenture Research
22. Accenture Research
23. Accenture Research
24. © Accenture
25. © Accenture
26. Accenture Research
27. © Accenture
28. © Accenture

第4章　「失敗を防ぐ」ための六つの必須能力 ——デジタル化へのシンプルな道のり

1. © Accenture
2. © Accenture
3. © Accenture
4. © Accenture
5. © Accenture
6. http://www.swp.de/heidenheim/lokales/giengen/bsh-will-kuehlschraenkeper-smartphone-steuern-7763920.html, accessed January 24, 2017
7. World Economic Forum, in collaboration with Accenture, "Digital Transformation of Industries: Automotive Industry," January 2016. https://www.accenture.com/t20160505T044104__w__/us-en/_acnmedia/PDF-16/Accenture-wef-Dti-Automotive-2016.pdf
8. Accenture, "Analytics —— Insight-Driven Growth in Automotive and Industrial Equipment," 2015. https://www.accenture.com/t00010101T000000__w__/gb-en/_acnmedia/PDF-4/Accenture-AIE-Analytics-Brochure-Final.pdf
9. https://datasundae.com/category/iot/, accessed December 8, 2016
10. © Accenture

第5章　ズームイン ——データ分析を活用する方法

1. IDC, "IDC FutureScape: Worldwide CIO Agenda 2016 Predictions," November 2015

uncovering value through digital transformation," June 2016. https://www.accenture.com/t20170112T131417__w__/us-en/_acnmedia/Accenture/Conversion-Assets/WEF/PDF/Accenture-Electricity-Industry-slideshare.pdf#zoom=50; World Economic Forum, in collaboration with Accenture, "Digital Transformation Initiative: Reinventing the wheel: digital transformation in the automotive industry," June 2016. https://www.accenture.com/t20170112T131415__w__/us-en/_acnmedia/Accenture/Conversion-Assets/WEF/PDF/Accenture-Automotive-Industry-slideshare.pdf#zoom=50; World Economic Forum, in collaboration with Accenture, "The digital transformation of logistics: threat and opportunity," June 2016. https://www.accenture.com/t20170112T131418__w__/us-en/_acnmedia/Accenture/Conversion-Assets/WEF/PDF/Accenture-Logistics-Industry-slideshare.pdf#zoom=50; World Economic Forum, in collaboration with Accenture, Consumer industries: keeping up with 'digital consumers', June 2016. https://www.accenture.com/t20170112T131416__w__/us-en/_acnmedia/Accenture/Conversion-Assets/WEF/PDF/Accenture-Consumer-Industries-slideshare.pdf#zoom=50

7. World Economic Forum White Paper, in collaboration with Accenture, "Digital Transformation of Industries —— Demystifying Digital and Securing $100 Trillion for Society and Industry by 2025," January 2016. http://reports.weforum.org/digital-transformation/wp-content/blogs.dir/94/mp/files/pages/files/wef1601-digitaltransformation-1401.pdf
8. © Accenture
9. World Economic Forum White Paper, in collaboration with Accenture, "Digital Transformation of Industries —— Demystifying Digital and Securing $100 Trillion for Society and Industry by 2025," January 2016. http://reports.weforum.org/digital-transformation/wp-content/blogs.dir/94/mp/files/pages/files/wef1601-digitaltransformation-1401.pdf
10. World Economic Forum White Paper, in collaboration with Accenture, "Digital Transformation of Industries —— Demystifying Digital and Securing $100 Trillion for Society and Industry by 2025," January 2016. http://reports.weforum.org/digital-transformation/wp-content/blogs.dir/94/mp/files/pages/files/wef1601-digitaltransformation-1401.pdf
11. World Economic Forum White Paper, in collaboration with Accenture, "Digital Transformation of Industries —— Demystifying Digital and Securing $100 Trillion for Society and Industry by 2025," January 2016. http://reports.weforum.org/digital-transformation/wp-content/blogs.dir/94/mp/files/pages/files/wef1601-digitaltransformation-1401.pdf
12. World Economic Forum White Paper, in collaboration with Accenture, "Digital Transformation of Industries —— Demystifying Digital and Securing $100 Trillion for Society and Industry by 2025," January 2016. http://reports.weforum.org/digital-transformation/wp-content/blogs.dir/94/mp/files/pages/files/wef1601-digitaltransformation-1401.pdf
13. World Economic Forum White Paper, in collaboration with Accenture,

Internet of Things: Unleashing the Potential of Connected Products and Services," January 2015. http://www3.weforum.org/docs/WEFUSA_IndustrialInternet_Report2015.pdf
15. Accenture Research
16. https://newsroom.accenture.com/news/accenture-and-siemens-complete-formation-of-omnetric-group-a-joint-venture-focused-on-smart-grid-solutions.htm, accessed January 27, 2017
17. Accenture, "Embedded Software —— The Foundation of New-and Unconventional Growth in Automotive and Industrial Equipment," 2015. https://www.accenture.com/t20150929T015349__w__/us-en/_acnmedia/Accenture/Conversion-Assets/DotCom/Documents/Global/PDF/Dualpub_20/Accenture-AIIT-Embedded-Software-Brochure-Final.pdf
18. World Economic Forum, in collaboration with Accenture, "Digital Transformation of Industries: Digital Enterprise," January 2016. http://reports.weforum.org/digital-transformation/wp-content/blogs.dir/94/mp/files/pages/files/digital-enterprise-narrative-final-january-2016.pdf
19. Accenture, "Embedded Software —— The Foundation of New-and Unconventional Growth in Automotive and Industrial Equipment," 2015. https://www.accenture.com/t20150929T015349__w__/us-en/_acnmedia/Accenture/Conversion-Assets/DotCom/Documents/Global/PDF/Dualpub_20/Accenture-AIIT-Embedded-Software-Brochure-Final.pdf

第3章　デジタルが生み出す巨大な価値——デジタル戦略の道しるべ

1. World Economic Forum White Paper, in collaboration with Accenture, "Digital Transformation of Industries —— Demystifying Digital and Securing $100 Trillion for Society and Industry by 2025," January 2016. http://reports.weforum.org/digital-transformation/wp-content/blogs.dir/94/mp/files/pages/files/wef1601-digitaltransformation-1401.pdf
2. © Accenture
3. © Accenture
4. World Economic Forum White Paper, in collaboration with Accenture, "Digital Transformation of Industries —— Demystifying Digital and Securing $100 Trillion for Society and Industry by 2025," January 2016. http://reports.weforum.org/digital-transformation/wp-content/blogs.dir/94/mp/files/pages/files/wef1601-digitaltransformation-1401.pdf
5. World Economic Forum White Paper, in collaboration with Accenture, "Digital Transformation of Industries —— Demystifying Digital and Securing $100 Trillion for Society and Industry by 2025," January 2016. http://reports.weforum.org/digital-transformation/wp-content/blogs.dir/94/mp/files/pages/files/wef1601-digitaltransformation-1401.pdf
6. © Accenture, based on: World Economic Forum, in collaboration with Accenture, "Digital Transformation Initiative: The electricity industry:

18. World Economic Forum White Paper, in collaboration with Accenture, "Digital Transformation of Industries: Automotive Industry," January 2016. https://www.accenture.com/t20160505T044104__w__/us-en/_acnmedia/PDF-16/Accenture-wef-Dti-Automotive-2016.pdf

第2章　IIoTはどのようにして成果型エコノミーをもたらすか

1. © Accenture
2. Barclays, "Disruptive Mobility —— A Scenario for 2040…," 2015. https://www.investmentbank.barclays.com/content/dam/barclayspublic/docs/investment-bank/global-insights/barclays-disruptive-mobility-pdf-120115-459kb.pdf
3. © Accenture
4. © Accenture
5. http://www.bbc.co.uk/news/technology-29551380, accessed December 8, 2016
6. http://www.proteus.com/discover/, accessed December 8, 2016
7. World Economic Forum, in collaboration with Accenture, "Digital Transformation of Industries: Digital Enterprise," January 2016. http://reports.weforum.org/digital-transformation/wp-content/blogs.dir/94/mp/files/pages/files/digital-enterprise-narrative-final-january-2016.pdf
8. http://www.philips.com/a-w/about/news/archive/standard/news/press/2015/20150416-Philips-provides-Light-as-a-Service-to-Schiphol-Airport.html, accessed December 8, 2016
9. World Economic Forum, in collaboration with Accenture, "Industrial Internet of Things: Unleashing the Potential of Connected Products and Services," January 2015. http://www3.weforum.org/docs/WEFUSA_IndustrialInternet_Report2015.pdf
10. Accenture, "Driving Unconventional Growth through the Industrial Internet of Things," 2015. https://www.accenture.com/za-en/_acnmedia/Accenture/next-gen/reassembling-industry/pdf/Accenture-Driving-Unconventional-Growth-through-IIoT.pdf
11. Accenture, "Driving Unconventional Growth through the Industrial Internet of Things," 2015. https://www.accenture.com/za-en/_acnmedia/Accenture/next-gen/reassembling-industry/pdf/Accenture-Driving-Unconventional-Growth-through-IIoT.pdf
12. © Accenture, based on: https://www.cbinsights.com/blog/startups-unbundling-fedex/, accessed January 31, 2017
13. © Accenture, based on "Embedded Software —— The Foundation of New-and Unconventional Growth in Automotive and Industrial Equipment," 2015. https://www.accenture.com/t20150929T015349__w__/us-en/_acnmedia/Accenture/Conversion-Assets/DotCom/Documents/Global/PDF/Dualpub_20/Accenture-AIIT-Embedded-Software-Brochure-Final.pdf
14. World Economic Forum, in collaboration with Accenture, "Industrial

documents/2016/ericsson-mobility-report-june-2016.pdf
3. © Accenture, based on: The Goldman Sachs Group, Inc., "The Internet of Things: Making sense of the next mega-trend," September 2014. http://www.goldmansachs.com/our-thinking/outlook/internet-of-things/iot-report.pdf; http://www.mkomo.com/cost-per-gigabyte-update, accessed February 3, 2017
4. World Economic Forum White Paper, in collaboration with Accenture, "Industrial Internet of Things: Unleashing the Potential of Connected Products and Services," January 2015. http://www3.weforum.org/docs/WEFUSA_IndustrialInternet_Report2015.pdf
5. World Economic Forum White Paper, in collaboration with Accenture, "Industrial Internet of Things: Unleashing the Potential of Connected Products and Services," January 2015. http://www3.weforum.org/docs/WEFUSA_IndustrialInternet_Report2015.pdf
6. World Economic Forum White Paper, in collaboration with Accenture, "Digital Transformation of Industries —— Demystifying Digital and Securing $100 Trillion for Society and Industry by 2025," January 2015. http://reports.weforum.org/digital-transformation/wp-content/blogs.dir/94/mp/files/pages/files/wef1601-digitaltransformation-1401.pdf
7. © Accenture
8. Accenture Research
9. Accenture, "Driving Unconventional Growth through the Industrial Internet of Things," 2015. https://www.accenture.com/za-en/_acnmedia/Accenture/next-gen/reassembling-industry/pdf/Accenture-Driving-Unconventional-Growth-through-IIoT.pdf
10. Accenture Research
11. Accenture, "Machine Dreams Making the most of the Connected Industrial Workforce," 2016. https://www.accenture.com/t20160506T052209__w__/us-en/_acnmedia/PDF-13/Accenture-Connected-Industrial-Workforce-Research. pdf#zoom=50
12. © Accenture
13. Accenture, in collaboration with The Economist Intelligence Unit, "From Productivity to Outcomes —— Using the Internet of Things to drive future business strategies," 2015. https://www.accenture.com/t00010101T000000__w__/gb-en/_acnmedia/Accenture/Conversion-Assets/DotCom/Documents/Global/PDF/Dualpub_11/Accenture-Industrial-Internet-of-Things-CEO-Briefing-Report-2015.ashx
14. http://www.datasciencecentral.com/profiles/blogs/that-s-data-science-airbus-puts-10-000-sensors-in-every-single, accessed January 15, 2017
15. http://www.aerospacemanufacturinganddesign.com/article/millions-of-data-points-flying-part2-121914/, accessed February 1, 2017
16. http://www.history.com/this-day-in-history/ford-motor-company-unveils-the-model-t, accessed January 24, 2017
17. © Accenture

原注 End Note

序文

1. http://www.gartner.com/newsroom/id/3165317, accessed January 15, 2017
2. World Economic Forum, "Deep Shift: Technology Tipping Points and Societal Impact," September 2015. http://www3.weforum.org/docs/WEF_GAC15_Technological_Tipping_Points_report_2015.pdf
3. Accenture, "Intelligent Automation: The essential new co-worker for the digital age," 2016. https://www.accenture.com/fr-fr/_acnmedia/PDF-11/Accenture-Intelligent-Automation-Technology-Vision-2016-france.pdf
4. http://www.mining-technology.com/features/featurerio-tinto-rolling-out-the-worlds-first-fully-driverless-mines-4831021/, accessed January 26, 2017

イントロダクション

1. Accenture Research
2. World Economic Forum White Paper, in collaboration with Accenture, "Industrial Internet of Things: Unleashing the Potential of Connected Products and Services," January 2015. http://www3.weforum.org/docs/WEFUSA_IndustrialInternet_Report2015.pdf

第1章　現在進行中の製造業のデジタル革命は今後さらに加速する

1. Accenture, "Driving Unconventional Growth through the Industrial Internet of Things," 2015. https://www.accenture.com/za-en/_acnmedia/Accenture/next-gen/reassembling-industry/pdf/Accenture-Driving-Unconventional-Growth-through-IIoT.pdf
2. © Accenture, based on: http://rethinkresearch.biz/articles/intels-end-to-end-iot-message-is-strong-but-quark-is-a-gamble-2/, accessed February 1, 2017; Cisco, "The Internet of Things-How the Next Evolution of the Internet Is Changing Everything," April 2011. http://www.cisco.com/c/dam/en_us/about/ac79/docs/innov/IoT_IBSG_0411FINAL.pdf; GSM Association, "The Mobile Economy 2014". http://www.gsma.com/mobileeconomy/archive/GSMA_ME_2014.pdf; https://www.mashery.com/blog/api-match-maker-developer-connect, accessed February 1, 2017; http://www.usability247.com/blog/making-app-top-usability/, accessed February 1, 2017; Ericsson, "Ericsson Mobility Report," June 2016. https://www.ericsson.com/assets/local/mobility-report/

著者紹介

エリック・シェイファー Eric Schaeffer

アクセンチュア・シニアマネジング・ディレクター。製造業のデジタル活用を支援する同社の「デジタル・インダストリーX.0プログラム」を主導する。また、同社がグローバル展開する「アクセンチュア・プロダクト・ライフサイクル・サービス」(バリューチェーン全体にわたって、製品データから価値と効率を引き出すエンドツーエンド・サービス)のリーダーとしても活動する。

監訳者紹介

河野真一郎 Shinichiro Kohno

アクセンチュア 製造・流通本部 インダストリアルグループ アジア・パシフィック統括 マネジング・ディレクター。

丹羽雅彦 Masahiko Niwa

アクセンチュア デジタルコンサルティング本部 モビリティサービスグループ統括 マネジング・ディレクター。

花岡直毅 Naoki Hanaoka

アクセンチュア 製造・流通本部 インダストリアルグループ シニア・マネジャー。

訳者紹介

井上大剛 Hirotaka Inoue

1981年、東京生まれ。大正大学、国際基督教大学卒。
翻訳会社勤務を経て、現在フリーランスの翻訳者として活動。

インダストリーX.0

製造業の「デジタル価値」実現戦略

2017年 9 月 4 日　第1版第1刷発行
2018年10月23日　第1版第3刷発行

著　者	エリック・シェイファー
監訳者	河野 真一郎、丹羽 雅彦、花岡 直毅
訳　者	井上 大剛
翻訳協力	株式会社リベル
発行者	村上 広樹
発行	日経BP社
発売	日経BPマーケティング 〒105-8308　東京都港区虎ノ門4-3-12 https://www.nikkeibp.co.jp/books/
ブックデザイン	小口翔平＋山之口正和＋喜來詩織（tobufune）
DTP制作	河野 真次
編集担当	沖本 健二
印刷・製本	中央精版印刷株式会社

Printed in Japan
ISBN 978-4-8222-5532-9
定価はカバーに表示してあります。